中国多支柱养老金制度结构优化研究

Research on the Structural Optimization of China's Multi - pillar Pension System

袁铎珍　著

中国财经出版传媒集团
中国财政经济出版社

图书在版编目（CIP）数据

中国多支柱养老金制度结构优化研究 / 袁铎珍著
. --北京：中国财政经济出版社，2019.11
ISBN 978-7-5095-9230-4

Ⅰ.①中… Ⅱ.①袁… Ⅲ.①退休金-劳动制度-研究-中国 Ⅳ.①F249.213.4

中国版本图书馆 CIP 数据核字（2019）第 195558 号

责任编辑：胡 博 张晓丽　　责任校对：张 凡
封面设计：孙俪铭　　责任印制：刘春年

中国财政经济出版社 出版
URL：http：//www.cfeph.cn
E-mail：cfeph @ cfeph.cn
（版权所有 翻印必究）
社址：北京市海淀区阜成路甲 28 号 邮政编码：100142
营销中心电话：010-88191537 北京财经书店电话：64033436 84041336
北京财经印刷厂印刷 各地新华书店经销
787×1092 毫米 16 开 13.75 印张 217 000 字
2019 年 11 月第 1 版 2019 年 11 月北京第 1 次印刷
定价：58.00 元
ISBN 978-7-5095-9230-4
（图书出现印装问题，本社负责调换）
本社质量投诉电话：010-88190744
打击盗版举报热线：010-88191661 QQ：2242791300

序

近年来，我国人口老龄化的程度不断加深，对养老保障的需求不断提升。2018年年末，我国60周岁及以上人口24949万人，占总人口的17.9%，其中65周岁及以上人口16658万人，占总人口的11.9%。根据预测，未来我国65岁及以上人口将最多达到4.2亿，占总人口的比例最高将达到33.79%。不断增加的老年人口要求完善多支柱养老金体系，增加养老资产积累。但一方面，我国养老金体系积累的资产严重不足。根据笔者此前的测算，2017年我国养老金体系三个支柱积累的养老资产约为7.05万亿元，仅占GDP（82.71万亿元）的8.52%。而美国2015年三个支柱积累的养老金资产总量为25.4万亿美元，占GDP（17.4万亿美元）的152%。我国养老金积累资产的不足难以适应人口老龄化对养老保障的要求。另一方面，我国养老金体系结构严重失衡。2017年，在养老金总资产中，第一支柱为4.64万亿元，占65.82%，第二支柱为1.3万亿元，占18.44%，第三支柱为1.1万亿元，占比15.74%。由于制度赡养率逐渐提升、参保人员缴费比例不断下降、对财政补贴的依赖性较大以及基金的当期结余减少，作为第一支柱的基本养老保险正面临较大的可持续发展压力。因此，急需优化多支柱养老金结构，提升养老金制度的可持续性及其对于经济社会发展和人口老龄化的适应性。

袁铎珍博士的著作《中国多支柱养老金制度结构优化研究》，对优化多支柱养老金结构作出了积极的探索。

第一，从理论上深化了对多支柱养老金制度优势的研究。她从自由及其价值的视角出发，提出政府在养老金制度中应恪守的权力边界。事实上，政府主导的养老金制度并不是保障水平越高越好。保障水平越高，意味着政府集中与配置的资源越多，企业、家庭和个人掌握的资源就会越少。充分发挥市场机制的作用，构建多支柱的养老金制度，既有助于增强我国养老金制度对于经济发展的适应性，又有利于实现向自由市场和有限政府转型。

第二，系统考察了多支柱养老金制度改革与发展的国际经验。近年来国际

上养老金制度改革的重要趋势是大力发展私营养老金，完善多支柱养老金体系。国际上主要经济体的私营养老金资产占GDP的比例不断提高，私营养老金对退休人员的收入贡献不断提升，覆盖的人群比例不断增加。政府控制公共养老金的缴费率以及税收优惠政策是私营养老金发展的重要动力。我国可以借鉴国际经验，充分发挥市场机制在养老金体系中的重要作用，通过降低基本养老保险费率为私营养老金的发展释放空间，通过税收优惠政策提升私营养老金的需求。

第三，全面分析了我国养老金体系的结构失衡、成因及其带来的问题。目前我国养老金体系的第一支柱独大，而第二、三支柱发展程度低，三个支柱之间发展不均衡。我国多支柱养老金体系存在严重结构失衡的原因包括：计划经济时代背景及原有的国家保险制度的负面影响，养老金制度改革的目标取向和政策方案存在不足，税收优惠等政策长期滞后以及政府在养老金制度领域权责失当等。养老金体系结构失衡造成养老金制度公平性差，可持续性堪忧，个人的自由和权利受到侵蚀以及市场机制的保障作用受限。

第四，基于实证研究提出了多支柱养老金体系的改革方案。一方面，基本养老保险要实施“小社会统筹＋大个人账户”的制度模式，更加明晰养老金产权，提升缴费与退休收益之间的联系，增强制度的激励性，既有效降低企业对于基本养老保险的缴费率，又避免降低退休者的养老金水平。另一方面，我国私营养老金具有巨大的发展空间，要采取政策措施鼓励企业为雇员建立企业年金，发展个人账户养老金制度，通过私营养老金的发展，构建相对均衡的多支柱养老金体系。

我国养老金制度改革需要自由、开放、竞争的思想市场，相关的政策及其调整将会受益于观念讨论。我相信，袁铎珍博士的著作有助于丰富养老金制度改革的研究，促进多支柱养老金体系的建立和完善。因此，我乐于作序，并向关注我国养老金制度改革的读者朋友推荐此书。

袁铎珍博士曾是我的硕士和博士研究生。她为人谦虚、朴实，待人诚恳。她勤奋好学，求学期间认真阅读了一系列具有相当思想深度的原著，逐渐培养自己的批判性和创造性思维能力、独立思考和综合分析的能力。我由衷地为她的成长感到高兴，并热切地期盼她在大学教师的职业生涯中以生命影响生命，鼓励和造就学生，发挥自己的影响力。

朱俊生

国务院发展研究中心金融研究所教授、博士生导师

2019年8月

前言

当前中国城镇职工基础养老金制度正面临着严重的可持续性发展困扰。据预测，在不考虑政府财政补贴的情况下，2019 年全国城镇企业职工基本养老保险基金结余为 -4621 亿元，到 2049 年将扩大到 -167270 亿元。这不仅与中国在“新常态”下经济增长放缓、人口老龄化程度加重有关，更与中国城镇职工基础养老金制度“一柱独大”，第二、三支柱发展缓慢有重大关系。因此，深入探究中国多支柱养老金结构优化问题，对于中国养老金制度可持续发展具有现实意义。

构建“多支柱养老金制度”已基本成为学界共识，然而仍有一些现实问题值得去深入探究和思考，即与单支柱养老金制度相比，多支柱养老金制度到底有何优势？多支柱养老金制度如何能够使养老金制度变得更加可持续？中国经过 20 余年发展的“多支柱养老金制度”为何仍严重“失衡”？当前中国应如何优化多支柱养老金的发展？本书即试图系统性地探讨以上问题。

第一，本书主要基于理论分析来阐释多支柱养老金制度所具有的优势：(1) 通过探讨个人（消极）自由具有的重大价值，进而延伸到出于对个人“自由”的保护，政府的权力边界以及市场应该发挥作用的空间，这即构成了个人、政府和市场在养老保障领域职责权限的理论依据。对此，单支柱养老金制度难免顾此失彼，只有多支柱养老金制度才能够平衡不同主体在养老保障中的权责，使各方主体在养老保障中的作用得到充分发挥。(2) 通过对“公平与效率”的界定和辨析，基于“底线公平”内涵，人人都应该享有底线生存的保障；而基于效率，每个个体在养老保障领域的权利与义务应对等，因而需要“多支柱”养老金共同发挥作用使两者得以协调。此外，出于不同养老保

障模式优劣互补，优化组合，提高效率的角度也需要构建多支柱养老金制度。

第二，通过对OECD养老金结构改革的剖析探索，回答了多支柱养老金如何能够使养老金制度变得可持续。总体来看，OECD养老金结构改革即是改变政府在养老金领域权力及负担过重问题，通过大力发展私营养老金引导个人、市场充分发挥在养老领域的作用，同时通过对不同养老金支柱之间，甚至同一支柱内部的保障目标及功能、保障模式的调整达到平衡“底线公平”与效率的目的。可见，多支柱养老金制度只有充分而又恰当地发挥不同责任主体的作用，合理设计不同养老金支柱的保障目标、保障功能才能够使多支柱养老金的优势得到体现，从而使养老金制度变得更加可持续。同时，结合中国养老金发展的现实情况可以得到如下启示，即中国在多支柱养老金结构改革中应充分发挥个人自我保障责任和市场机制的作用，注重不同保障目标和功能的优化组合以及对贫困老年群体的底线保障作用。

第三，通过对中国养老金结构探究发现，当前中国多支柱养老金体系存在严重的结构失衡。这主要是由于中国计划经济时代背景及原有的国家保险制度的负面影响，养老金制度改革的目标取向和政策方案存在弊端，政府税收优惠等相关法规发展滞后，政府在养老金制度领域权责失当等原因引起的。结构失衡将会导致养老金制度公平性差，养老金制度可持续性堪忧，个人的自由受到侵蚀、保障责任得不到充分发挥，市场机制的保障作用受限等后果。

第四，本书在实证分析和相关测算的基础上提出了公共养老金的改革方案。基于对中国企业最大社保缴费能力的测算，发现当前企业缴费率过重一定程度上抑制了私营养老金的发展。于是，从养老金结构优化的角度即有了降低企业养老保险缴费率的诉求，但在私营养老保障缺失的情况下，降低公共养老金缴费率又面临着会造成退休者待遇水平下降问题。因此，笔者假设不同的养老金制度方案，并对代表性参与者在不同养老金方案下的养老金收益率进行比较。结果发现，通过实施“小社会统筹+大个人账户”的制度模式，企业具有很大的降费空间，而总体来看又不会损害退休者的收益水平。原因在于该制度模式使养老金产权更加明晰，可以避免养老金的流失，同时密切了缴费与退休收益的联系，使企业费率降低的部分缴费收入可以通过提高制度遵缴率的方式得到一定程度弥补，也使“费率虚高”“费基不实”的企业社保缴费逐渐回归正轨。

第五，本书也论证了在中国发展私营养老金的可行性。通过实证数据对中国家庭人均最大私营养老金缴费能力进行测算，发现大多数居民已经具有参与私营养老金的资金基础。同时，通过方案假设和情景模拟来预测代表性个体在退休时点养老储蓄账户总本息额，发现个人养老金计划比相同金额、相同缴费期限的银行储蓄存款具有更高的收益额。

第六，本书提出多支柱养老金结构改革总体规划：第一支柱，基础养老金应采取“小社会统筹 + 个人名义账户”，并辅之以老年安全网保障；第二支柱，积极鼓励企业利用降低的部分基础养老保险缴费为雇员建立企业年金；对于第三支柱，本书提出发展个人账户养老金制度的初步方案。同时，本书也针对公私养老金改革发展提出了相关政策建议。

Preface

At present, the basic pension system for urban workers in China is facing severe problems of sustainability. It is predicted that without considering government financial subsidies, the balance of the basic pension insurance fund for enterprise employees in China will be -462. 1 billion yuan in 2019, and will reach -16727. 0 billion yuan by 2049, and it will continue to expand. This is not only related to China's slowing economic growth under the "new normal" and aging of the population, but also to the fact that China's urban workers' basic pension system "is one of the largest pillars" and the slow development of the second and third pillars has a major relationship. Therefore, the in - depth exploration of the optimization of China's multi - pillar pension structure is of great practical significance for the sustainable development of China's pension system.

The construction of a "multi - pillar pension system" has basically become the consensus of the academic community. However, there are still some major issues worthy of in - depth exploration and thinking. What is the advantage of the multi - pillar pension system compared with the single - pillar pension system? How can a multi - pillar pension system make the pension system more sustainable? How has China's "multi - pillar pension system" been "out of balance" after more than 20 years of development? And how does China currently develop a multi - pillar pension system? This thesis attempts to explore the above issues in depth.

First of all, this paper mainly explains the advantages of the multi - pillar pension system from the perspective of theoretical analysis: (1) thethesis explores the significant value of individual (negative) freedom and extends it to the protection of individual "freedom" from the government and the market. The definition of functions about the government and the market has become the theoretical basis for defining the role of all parties in the field of endowment guarantees. Compared with the single pillar pension system, only the multi – pillar pension system can balance the rights and responsibilities of different subjects in the pension security. The role of all parties in the pension security has been fully realized. (2) Through the definition and analysis of "fairness and efficiency", based on the "bottom line fairness", everyone should enjoy the guarantee of the survival of the bottom line; based on efficiency, the individual's ability to survive in the field of pension security in response to the rights and obligations, etc. Therefore, the pension support of different "pillars" is needed to coordinate the two. In addition, because different old – age security models can complement each other and improve efficiency, it is also necessary to develop a multi – pillar pension system.

Second, based on the practice of multi – pillar pension structure reform in OECD countries, this paper answers the question of how the multi – pillar pension system can make the pension system sustainable. On the whole, the reform of the pension structure of the OECD countries is to change the government's power and burdens in the area of pensions. Through the development of private pension funds to guide individuals and markets to fully play their roles in the field of pensions. Even the adjustment of the protection goals, functions, and security models within the same pillar achieves the goal of balancing the bottom line with fairness and efficiency. It can thus be seen that the multi – pillar pension system only adequately plays a role in ensuring the responsibility of different subjects, and rationally designing the safeguard targets and safeguard functions of different pension pillars can truly play the advantages of the multi – pillar pension system. Combining the OECD reform practice and the reality of the development of the Chinese pension system, the revelation is that China should give full play to the personal self – protection responsibility and the safeguard role of the market mechanism in the multi – pillar pension structural reform, focusing on the optimization and combination of different guarantee goals and functions and the

bottom line guarantee role for impoverished senior citizens.

Thirdly, the study of China's pension structure found that the current multi – pillar pension system in China has serious structural imbalance. The reasons are as follows: the negative effects of China's planned economy and the original national insurance system; the target orientation and policy options of the pension system reform have drawbacks; the development of related laws and regulations such as government tax preferences for the development of private pension lags behind, and the government is unbalance of power and responsibility in the area of pension system. Structural imbalance will result in poor fairness and sustainability of the pension system, insufficient personal freedoms and responsibilities, and insufficient effects of the guarantee mechanism of the market mechanism.

Fourth, based on the empirical studies and related calculations, this paper proposes a public pension reform plan. Based on the calculation of the largest social insurance payment capability of Chinese companies, it is found that the current overpayment rate of enterprises has inhibited the development of private pension funds to some extent. Therefore, the demand for reducing the contribution rate of the enterprise pension insurance was proposed, but it was also faced with the practical problem of reducing the feasibility of the pension insurance contribution rate of the enterprise, that is, in the absence of private pension insurance guarantee, The payment rate of public pensions will cause the problem of declining treatment levels of retired people. In this regard, the author assumes different pension schemes and compares the pension yields of representative participants under different pension schemes and found that through the implementation of the "small social pooling + large personal account" system model, companies have a great deal of space for fee reduction, but overall it will not damage to retirees' income levels. The reason is that the institutional model makes the pension property rights more explicit by linking the close payment and retirement income. It can avoid the loss of the pension, and the income of some funds whose corporate contribution rate is reduced can be compensated to a certain extent by increasing the system compliance rate. It also gradually returned the social security contributions of enterprises with "flat – rate" and "unreasonable costs" to the right track.

Fifth, through empirical data analysis, China's household per capita maximum private pension fund payment capacity is measured and it is found that most residents already have the fund base for private pension funds. At the same time, through project assumptions and scenario simulations to predict the total interest balance of the retirement savings account for the representative individuals at the time of retirement, it was found that the individual pension plan had a higher return than the same amount of bank savings deposits with the same contribution period, thus demonstrating that the practical feasibility of personal retirement savings plan.

Sixth, this thesis proposes an overall reform plan for the multi – pillar pension system: pillar 1, the basic pension fund adopts "small social pooling" + personal nominal account, supplemented by old – age safety net protection; Pillar 2, actively encourages companies to reduce some of the basic pension insurance contributions for employees to establish corporate annuities; for the third pillar, put forward the development of personal account pension system program. At the same time, this article also puts forward relevant policy recommendations for the reform and development of public and private pensions.

目录

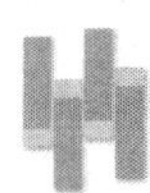

第1章　绪　论

1.1　研究背景

在人口老龄化及经济发展放缓的背景下，西方各国早已着手大力发展私人养老金，力求构建结构平衡的多支柱养老金制度，以期在维持退休者原有生活水平的前提下，缓解政府的财政压力，增强制度的可持续性与稳健性。经过一定时期的发展，多数国家现已初见成效。深受国际社会的影响，中国政府早在20世纪90年代初就提出了构建多支柱养老金制度的理念，经过近30年的发展，中国第一支柱基础养老金制度发展迅速，成为世界最大的养老保险制度之一。第二支柱企业年金制度从2004年建立以来，取得了一定的成就，但无论是从制度的覆盖面、基金积累规模还是待遇给付等方面所起的作用都十分微弱，职业年金也尚处于起步阶段。至于第三支柱，近些年来商业养老保险有一定程度发展，2018年4月我国出台了《关于开展个人税收递延型商业养老保险试点的通知》，规定从2018年5月1日起，在上海市、福建省（含厦门市）和苏州工业园区实施个人税收递延型商业养老保险试点，试点期限暂定一年。但个人税延型养老保险政策至今尚未真正落地，因而第三支柱总体发展规模有限，仍存在很大的发展空间。

中国多支柱养老金制度结构失衡问题导致诸多不良后果：一方面使私人养

老金制度的保障功能得不到有效发挥。特别是企业在高额的基础养老保险缴费的影响下，自主建立企业年金的空间受到很大挤压。据统计，截至2017年底我国居民存款总额为64.4万亿元，但由于缺乏政府相关法规的引导和鼓励，未能将其转化为养老投资。另一方面，公共养老金的可持续性和稳健性也受到了严重挑战。现收现付制的公共养老金制度常常忽略个人的自我保障责任，缺乏保值增值手段，不仅不利于保障公众的晚年生活，也使政府面临着巨大的财务风险。此外，单一的现收现付制公共养老金制度还可能造成资本市场的扭曲和企业的缴费负担过重等后果。

与中国相比，在多支柱养老金发展健全的国家，养老金制度往往更具有可持续性。因为在这些国家中，低水平普惠的公共基础养老金提供了稳健的底线保障功能；发达的私营养老金使企业和个人在养老保障领域的积极性和主动性得到充分发挥，在一定程度上起到熨平生命周期消费，增加投资收益，补充保障的作用。不同养老金支柱之间的协调发展，能有效地应对养老金制度面临的经济、政治和人口风险。

对此，中国在“十三五”规划纲要中也提出，“构建包括职业年金、企业年金和商业保险的多层次养老保险体系”。因此，在当前社会背景下，探究中国多支柱养老金制度结构存在的问题、成因及后果，努力寻求发展私营养老金和构建多支柱养老金制度的方案对于完善中国养老金制度的发展具有现实意义。

1.2 研究意义

1.2.1 理论意义

对于为何要发展多支柱养老金制度，在理论方面国内外学者主要从多支柱养老金制度实现保障功能的互补、风险分散以及多支柱养老金制度可以提高效率等角度加以阐述。笔者从个人自由的理论视角出发，提出多支柱养老金制度有利于增强个体的自我保障能力，有利于充分发挥市场机制的保障作用以及更

好地实现“底线公平”与效率的相协调。对此问题的研究进一步丰富了构建多支柱养老金制度的理论基础。

1.2.2 实践意义

如研究背景所述，当前中国多支柱养老金制度结构失衡已经产生了诸多不良后果，而在多支柱养老金制度发展健全的国家，养老金制度运营效果总体上也比较好。当前中国正处于致力发展多支柱养老金制度的关键时期，在深入探究中国多支柱养老金制度结构存在的问题基础上，借鉴国外的相关经验并立足中国养老金制度发展现实情况，提出完善中国多支柱养老金制度发展的政策建议具有实践意义。

1.3 国内外文献综述

已有文献对于多支柱养老金制度的研究主要集中在多支柱养老金制度理念的提出、建立的必要性、代表性国家对于构建多支柱养老金制度的实践及其效果以及中国多支柱养老金制度发展现状、原因及后果等方面。

1.3.1 多支柱养老金理念的提出

在人口老龄化和宏观经济波动的背景下，世界大多数国家养老金制度都面临着政府财务压力、给付的充足性以及制度可持续性等问题。产生这种情况尽管有外界环境的负面影响，但也在于政府主导的现收现付制单支柱养老金制度存在的弊端。由于现收现付制养老金制度以收支的短期平衡为原则，不会形成巨额的资本积累，尽管可以避免通货膨胀带来基金贬值风险及投资运营压力，但在人口老龄化不断加剧的情况下，该体系面临着清偿风险，最终可能导致养老金体系的破产（袁志刚，2001）。

为了应对外界风险，改善现有养老金制度结构缺陷。1994 年世界银行在《防止老龄危机 ：保护老年人及促进增长的政策》报告中首次提出通过发展养老金三支柱体系来共同应对老年人的养老风险。其中第一支柱是政府集中管理、通过一般税收收入融资和企业与个人缴费融资的强制性非基金积累制养老保险计划；第二支柱是私营化分散管理、引入个人账户、实行基金积累制的强制性养老保险计划；第三支柱是各种自愿性养老储蓄计划，比如商业寿险公司提供的各种养老保险产品（世界银行，1997）。此外，国际货币基金组织（IMF，2000）、经济合作与发展组织（OECD，2005）也都提出了三支柱养老金制度模式，与世界银行的三支柱模式大同小异。

尽管国际劳工组织也认为世界各国都需要发展多层次养老保障体系，但对世界银行的三支柱模式持有批判态度，反对世界银行不断扩张私营化观念和私营化改革行动，并指出世界银行过于注重发展的角色，而忽略了关注中下层阶级利益，对发展中国家产生了过多的影响和干预，认为多支柱养老金制度应维护其弹性结构（Beattie R，Mcgillivray W，1995）。因为当一国经济、人口和政治环境发生变化时，养老保险制度都可能随之要调整，并提出了四层次养老金制度模式。相比于世界银行所提出的模式，主要增加了基于家计调查而提供最低生活保障支柱，更加强调收入再分配和维护最基本公平（缪艳娟，2012）。此外，在实践中，一些依照世界银行进行三支柱模式改革的国家出现了养老金制度覆盖率下降，非正规就业者年金给付不足，收入差距扩大等问题（M Naczyk，S Domonkos，2016）。

为了弥补三支柱出现的一些问题，世界银行于2005年在三支柱理念基础上进一步提出五支柱的改革建议：提供针对终生贫困者的最低水平保障的非缴费型“零支柱”；与本人收入水平挂钩的缴费型“第一支柱”；不同形式的个人储蓄账户性质的强制性“第二支柱”；灵活多样的雇主发起的自愿性“第三支柱”；建立家庭成员之间或代际之间非正规保障形式的“第四支柱”。世界银行指出，在这五支柱建议中各国政府可以根据各自的情况在各支柱之间保持适当的平衡，各支柱的构成要根据实际的需要予以确定，甚至支柱的数量也可以视情况而定，不必拘泥于千篇一律（郑秉文，2006）。可见，“五支柱”一方面增加了对社会特殊群体的保护，另一方面也使其制度结构更有弹性。

值得强调的是，世界银行提出的“五支柱”并不是对原有“三支柱”的放弃，而是对其做进一步完善和修正。事实上，世界银行在1994年提出发展养老金三支柱体系之后，总结了自此之后的近11年来的经验，称“增进了对

养老保险改革的了解与认识……越来越认识到，更多的选择有助于有效保护老年人群，并保证财政可持续性”（世界银行，2005）。而且自从1994年世界银行的“三支柱”理念提出以来，经过10多年的发展实践，多支柱已经成为各国改革所坚持的一条基本经验，固守单支柱的国家所剩无几（郑秉文，2006）。

1.3.2 多支柱养老金建立的必要性

第一，多支柱养老金制度可以实现功能互补。通常而言，纯粹单支柱的养老金制度在运行中会产生很大问题。特别是在公共资源有限的情况下，在需求量大的国家短期内实行普遍的、统一标准的社会养老保障制度是不现实的，巨大的收入差距同样使建立无差别的养老保障不可行（辛本禄，蒲新微，2005）。如上文所述，现收现付制短期收支平衡的特性使其难以应对外界风险，但也有自身优势。而基金制由于每个人只为自己存钱养老，具有一定的资产积累，因而可以使公共财政摆脱不利的人口结构变化所带来的风险，但也面临金融风险、基金监管等问题（封进，2004）。而从个体偏好讲，不同的老年群体因其不同的社会生活条件和价值取向，可能偏好不同的养老保障制度（辛本禄，蒲新微，2005）。不同的模式具有不同的制度特征，每种养老模式都通过各自不同方式发挥着其他模式无法替代作用（辛本禄，蒲新微，2005）。对此，世界银行在《防止老龄危机：保护老年人及促进增长的政策》报告中指出，一个国家的老年保障政策应具备储蓄、再分配和保险三项功能，而无论是单一的公共支柱体制还是其他单一支柱体制都不足以同时肩负上述三项职能。该报告建议将储蓄功能与再分配功能相分离，在两个不同的强制性支柱下，用不同的筹资和管理方式分别去完成，同时辅以一个自愿支柱作为补充。柳玉臻（2016）同样认为多支柱养老金体系在消除贫困、调节收入和促进经济增长等方面与单一体系相比有着明显优势。

第二，多支柱养老金制度可以实现风险分散。一方面，多支柱可以实现不同主体的责任分担，从而达到风险分散的目的。王延中（2001）主张完善中国多支柱养老金制度，他指出中国城镇传统养老金制度，过分依赖于企业、单位和政府的保障，认为“多支柱”体制可以调动各个方面参与养老保险的积

极性，对解决老年危机是一种积极的应对措施。赵春明、郑海燕（2001）指出美国社会福利改革是不断弱化政府主导作用的过程，并逐步建立起以私营保险为主、政府保险为辅、个人自愿保险为补充的多重保障机制，从而避免保障责任过分集中，起到分散风险的作用。冼青华（2011）认为建立多支柱养老金体系实现风险在国家、企业和个人之间的分散，强化企业和个人的责任，避免了单一的国家基本养老保险模式由国家承担过多风险的弊端，有利于减轻国家财政负担和保障社会经济的发展。另外，多支柱可以分散各支柱之间的收益风险。第一支柱通常是与工资收入密切联系的待遇确定型制度，而第二、第三支柱是积累的个人账户制度。与收入相联系的待遇确定型制度提供的给付是工资增长率的函数，它易受不同的个人或平均工资变动的影响。个人账户资金投资于金融资产，它易受资产收益风险变动的影响。由于工资增长率和投资收益率之间不完全具有关联性，因而可以分散风险，带来收益（Holzmann 2000；Lindbeck，Persson 2003；Nataraj，Shoven 2003）。赵春明和郑海燕（2001）也指出应注重发挥养老保险现收现付制、强制性储蓄与自愿性储蓄模式相结合的优势。

第三，多支柱养老金制度可以改善经济效率。刘昌平（2008）认为多支柱养老金制度更具经济效率，体现在以下四个方面：一是通过对多支柱养老金制度的改革，不仅可以规避现收现付制养老金制度产生的扭曲行为，且能提高养老金制度的经济效应；二是通过基金积累制养老金制度强化个人激励，促进金融市场的发展，引导储蓄向投资转化；三是通过基金积累制养老基金社会化投资，可以实现养老基金保值增值；四是养老金制度改革也可能引发一个更广泛的经济领域的系列改革，如宏观经济稳定、公共部门改革和国有企业改革等。萨缪尔森认为市场机制无法有效解决具有外部性的公共品配置问题，并给出了政府供给的效率条件。在此之后，科斯（Coase）、林达尔（Lindahl）、纳什（John Forbes Nash）等新自由主义学派的经济学家从不同视角来论证市场提供公共物品问题，认为非政府供给会更有效率。对于养老金制度，现代公共品理论普遍认为，政府应提供公共养老金制度以致力于解决社会公平问题，实现收入再分配；而非政府提供的私营养老金制度能更好地增进制度供给的效率（孙静，2005）。Robert Holzmann 和 Richard Hinz（2006）指出，尽管每个国家和个人的能力与偏好各不相同，但是一个由尽可能多的要素组合而成的制度均

可通过风险分散来提供一个相对公平、高效的退休收入，即通过分散风险本身可以实现潜在收益。

第四，多支柱制度可以充分发挥私人养老金的给付能力。董克用等（2016）以第二、三支柱发展较为充分的美国为例，指出在美国养老金待遇给付上，公共养老金能提供平均替代率水平为30%～40%，第二和第三支柱合计提供的替代率水平在40%～50%。一方面政府养老负担较小，另一方面个人养老保障比较充分。孙祁祥等（2013）指出，中国当前城镇职工基本养老保险制度内的在职职工与退休职工的人数比例为3∶1，21世纪30年代将变为2∶1，21世纪60年代将变为1∶1，这意味着届时在职职工20%左右的养老保险缴费率只能为退休职工提供大约20%的养老替代率。如果按照国际常用的85%的养老替代率标准来衡量的话，另外的65%无疑需要依靠第二支柱（如企业年金、职业年金）和第三支柱（商业年金）来解决。如果不能形成一个有效的市场体系参与养老保障的“生产”和“供给”，必将会加剧社会风险，并对第一支柱构成压力。

1.3.3　国外多支柱养老金的实践及效果

随着人口老龄化程度日益加深及经济持续下滑，多数国家都已认识到建立多支柱养老金的必要性。事实上，瑞士早在1963年修订的第六版《老年和遗属养老金制度》（the Old Age and Survivors Pension System）中阐明多支柱养老金制度所具有的优势。在1972年的全民公投中，瑞士通过了建立强制性基金积累制私人养老金制度的决议并在1985年正式要求全民强制参加，成为了OECD国家中最早建立强制性私人养老金制度的国家（Monika Queisser，Dimitri Vittas，2000）。在20世纪90年代初期，私人养老金制度就已经在丹麦、爱尔兰、荷兰、瑞典、英国等早期资本主义发达国家起着重要作用（Oana Claudia Ionescu，2013）。随着世界银行“三支柱”养老金制度理念的发表（1994），中东欧国家在其影响下也着手进行多支柱养老金制度改革。截至2013年，全球有30多个国家采用多支柱式私人养老保险制度，其中11个来自中欧和东欧（Oana Claudia Ionescu，2013）。当前几乎所有的OECD国家都不同程度进行多支柱养老金制度的改革，改革注重对公共养老金支柱的成本控制

以及增强对非公共支柱的引进、监管和税收激励等措施（David Natali，2009）。到2013年，在34个OECD国家中，有17个国家，私人养老金制度是强制的或者准强制的，覆盖率几乎都可以超过70%，另外有8个OECD国家私人养老金的覆盖率超过40%的工作人口（OECD，2015）。

在已建立多支柱养老金制度的国家中，多数都取得了显著成效。Oana Claudia Ionescu（2013）通过数据说明了一些OECD国家在引进私人养老金制度后，在保持退休者一定收入水平情形下，公共养老金的替代率得到较大幅度降低。他进而认为多支柱养老金制度可能有利于增强养老金的充足性和可持续性。Conde－Ruiz J I和González C I（2016）也指出与公共养老金占主导地位的俾斯麦模式国家相比，多支柱比较平衡的贝弗里奇模式国家公共养老金支出占GDP的比重一般要低于前者，俾斯麦模式更有利于有效缓解政府的财政负担。根据OECD国家数据，在私人养老金较为发达的澳大利亚、加拿大、冰岛、新西兰、英国、美国等国，公共养老金支出占GDP的比重低于OECD平均水平，而在私人养老金制度欠发达的奥地利、芬兰、法国、德国、希腊、匈牙利、意大利、日本、波兰、葡萄牙、西班牙、斯洛文尼亚等国公共养老金支出占GDP的比重要远高于OECD国家的平均水平（OECD，2015）。Javier Olivera（2010）利用秘鲁工人的相关数据资料，从养老金的公平性、养老金债务和福利三方面来评价实施多支柱养老金制度的效果，结果表明改革使领取退休金不平等现象明显减少；改革依据个人账户缴费额不同而相应不同程度地提高福利水平；并且养老金的债务水平也大幅度减少。Juan Yermo（2012）也指出多支柱养老金制度中的基金积累制可以减少就业扭曲，增加储蓄，提高金融中介的效率和水平，从而促进经济增长。郑秉文（2003）通过对英国多支柱养老金制度的改革研究，发现英国通过20世纪90年代的改革，养老金体系结构基本稳定下来，无论是国家的公共养老金计划还是私人养老金计划，都有针对不同收入阶层的相应安排。这大大提高了工作人口的养老金计划覆盖率，达到了既降低国家财政负担又减少老年贫困人口的目的，一定程度上实现了养老金制度的公平与效率的协调。

然而，多支柱养老金制度的改革也不尽如人意。一方面可能是多支柱养老金制度改革时间较短，其潜在优势尚未显现。如Oana Claudia Ionescu（2013）指出很多国家过去10年才引入私人养老金制度，仍然需要30～40年时间才能

对退休者的养老金领取真正发挥作用。同时私人养老金制度也面临着经济波动、基金投资监管等方面的挑战。另外，诸如匈牙利、波兰、斯洛文尼亚等一些中东欧国家在20世纪90年代末以来进行的多支柱改革因未能有效解决转制成本、相关利益群体反对、金融危机等因素的影响而停滞，甚至出现向第一支柱反弹的现象（Marek Naczyk，Stefan Domonkos，2015）。

尽管多支柱养老金制度改革并非一帆风顺，但在人口结构、经济发展及政府财政负担等压力下，大多数学者（William，2007；David Natali，2009；Juan Yermo，2012；Oana Claudia Ionescu，2013；郑秉文，2005；孙祁祥、锁凌燕、郑伟，2015；董克用，2016；高庆波，2016；柳玉臻，2016）都认为多支柱养老金制度是未来改革的趋势，多支柱养老金制度改革也是世界各国的主流改革方向。

1.3.4 中国多支柱养老金发展的相关研究

当前中国养老金制度结构失衡已成为基本共识。李连芬、刘德伟（2011）指出近年来中国“三支柱”模式比例严重失调。其中企业年金制度还处于起步阶段，个人储蓄性养老保险的发展严重滞后，使得中国退休收入几乎全部来自基本社会养老保险，形成了基本养老保险“一柱擎天”、第二支柱和第三支柱的地位并未真正显现的格局。董克用（2016）指出，截至2012年底OECD国家的第二、第三支柱的养老金占GDP的加权平均比重为77%，而中国第二支柱和第三支柱养老金占GDP的比重仅为1.1%，对参保职工的养老保障作用相当有限，特别是第三支柱个人税延型养老金尚未真正建立。郑秉文（2010）从世界银行五支柱的视角出发，指出中国第一支柱和第四支柱（个人预防性银行存款）几乎承受着全部压力，国家和个人的负担过大，而其他3个支柱没有承担起相应责任，尤其是第二支柱几乎形同虚设。关于第二、三支柱的具体发展情况，邵亚萍（2016）认为中国第二支柱企业年金制度存在起步晚、覆盖面窄、体系不健全，缺乏有效的市场机制，基金收益率低，税收机制不成熟、法律法规不健全等问题。郑秉文（2015）指出中国第三支柱商业养老保险与美国等发达国家相比差距悬殊，表现为保险密度小、保险深度低以及保险占GDP的比重非常小等诸方面。

关于结构失衡的原因，成欢、林义（2014）认为，当前中国基本养老保险“通胀模式”的确立，将个人账户完全积累的基金制和社会统筹的现收现付制在单一层次下整合，使得政府与市场分工协作被一并统筹进政府主导的单一层次内，这抑制了市场功能的发挥。孙祁祥等（2015）也指出政府在社会保障制度中的地位会“自我强化”，一旦政府将社会保障的提供视为其职责所在，就会以社会保障的覆盖面、保障水平作为量化的执政目标，而目标的实现作为“政绩”又会进一步激励政府继续为这些目标而努力，以使选民满意。因而在社会保障中，政府的角色定位，在很大程度上决定了市场的发展空间。韩烨（2016）认为多支柱体系发展不均衡主要是由于养老保险制度中“强政府 + 弱市场”的关系格局导致的，具体表现为第一支柱基本养老保险过多依赖于政府财政补贴，第二、三支柱的年金市场被动发展，缺乏供给能力。高庆波（2016）认为中国特有的经济、人口与制度发展路径，使公共养老金制度短期内对其他支柱形成了较强的制约作用。郭倚铭（2014）、郑秉文（2015）、董克用（2016）认为中国基本养老保险缴费率过高，不仅增加了企业经济负担、提高企业的生产成本，挤占了企业参加企业年金的缴费能力和空间；也意味着个人对基本养老保险的依赖性过高，从而降低了个人参加商业养老保险的积极性（蓝霞，王伟，2010）。除此之外，郑秉文（2015）、董克用（2016）、成欢、林义（2014）也认为缺乏税收优惠政策也是企业年金发展滞后的重要原因。

关于养老金制度结构失衡的后果，郑秉文（2016）指出在三支柱养老保险结构严重失衡的情况下，退休人员的收入结构单一，收入水平难有根本改善，政府财政负担较为沉重，这既不利于启动消费和转变增长方式，也不利于提高人民的生活水平。王国新、向雪（2015）认为中国基本养老金制度在人口老龄化背景下，支付压力大，而随着劳动年龄人口的减少，养老金的供给会相对减少，在制度的双重压力下养老金难以为继。杨华（2016）也认为，中国多支柱养老金体系尚未形成，使中国养老金制度的充足性和可持续性下降。

关于如何在中国发展和完善多支柱养老金制度，王延中（2001）主张首先应开辟非常规保险资金来源（如通过财政资金划拨，变现国有资产，发行社会保障国债等），解决基础养老金转轨成本，进而建立社会统筹基金与个人账户相互独立的管理体制，将第二支柱个人账户积累制度独立出来并将个人账

户基金交由独立的、具有竞争性的市场主体如基金管理公司运作，政府只起到监管作用。此后，王延中（2014）进一步提出了“双层”多支柱养老保障体系：首先，对于有一定缴费能力的劳动年龄人口，按照是否正规就业，建立职工基本养老保险和居民基本养老保险两种制度类型；其次，针对经核查无缴费能力的居民，达到退休年龄可享受中央财政直接支付的老年人的福利保障体系和（基于地方财政收入自愿建立的）地方性福利养老金；再次，剥离出企业年金、职业年金、个人账户制度等形成补充性养老保障制度并进行市场化投资运作。缪艳娟（2012）也主张首先通过专项预算资金、政府发行特别债券等方式解决第一支柱养老金的历史债务问题，进而对于基础养老金、企业年金和个人储蓄养老金计划分别采取征收社会保障税、强制性缴费、金融政策引导等方式予以重构。董克用、孙博（2011）提出，基于“公民”和“年龄”身份建立普惠制国民养老金作为“零支柱”，将城镇基本养老保险中的社会统筹部分独立出来改造为基本养老金作为“第一支柱”，将基本养老金“个人账户”部分与企业年金合并为职业年金作为“第二支柱”，自愿性个人养老金计划作为“第三支柱”。

1.3.5　文献评述

综上，多支柱养老金制度理念是国际社会在人口结构和宏观经济环境变迁的背景下，为应对以单支柱养老金制度为主的制度可持续发展危机而提出的改革方案。对于构建多支柱养老金制度的必要性主要从不同支柱之间功能互补、风险分散以及制度的经济效率等理论视角加以阐释。同时，通过对国外多支柱养老金制度发展实践和效果进行的介绍和研究也为中国多支柱养老金制度的发展提供了启示和借鉴。关于中国多支柱养老金制度，已有研究对中国当前养老金制度结构失衡的现状、成因以及可能导致的后果都有所涉及，并且也提出了多支柱养老金制度设计的一些宏观构想。这都为本书的研究提供了素材和基础。

但与此同时，以往的研究还存在以下不足：一是对多支柱养老金制度构建的理论基础缺乏系统深入的研究。当前对于多支柱养老金制度存在的意义多是从制度自身可能具有的经济功能角度加以阐释，而忽略了对多支柱养老金制度

的深层次内涵和外延意义的探究，比如从人的自由（权利）、多支柱养老金制度的发展中政府与市场的关系、公平与效率的影响等理论角度对其进行深入剖析。二是对中国多支柱养老金制度结构特征的成因及后果剖析不足。尽管当前中国养老金制度存在结构失衡问题已成为学界共识，但对于结构失衡的成因及后果仍缺乏系统深入的剖析，如没有结合中国养老金制度改革和发展的特有时代背景，探究养老金制度发展结构失衡的成因以及从个人自由与责任、政府与市场的关系、公平与效率等角度来探究结构失衡带来的系统性后果。三是提出的在中国发展多支柱养老金制度的相关政策建议过于宏观，缺乏可行性论证。已有研究多是提出在中国发展多支柱养老金制度的构想，而缺乏基于中国当前养老金制度现状对方案的效果或可行性加以论证。

1.4 概念界定及研究范围

1.4.1 相关概念界定

1.4.1.1 “养老金”“养老保险”与“养老保障”

养老金是指国家和社会为保障国民老年生活，通过经济再分配或者储蓄方式积累养老金融资产，为国民提供经济保障的制度安排。[①] 养老保险是指为了防范和应对老年风险，按照大数法则和风险分散的原理汇集各方资金，为社会成员在年老之后提供一定的经济补偿的制度安排，包括社会养老保险和商业养老保险两部分。[②]养老金和养老保险的内涵既有交叉也有区别（见图1-1）。在养老金体系中，第一支柱公共养老金采取现收现付制，由于具有互助共济性质，比如我国的城镇职工基本养老保险，因此不仅属于养老金体系，同时也属于养老保险范畴。但完全积累制的第二支柱职业养老金和第三支柱个人养老金只是参加者个人自身的养老储蓄工具，不具有任何保险属性，属于养老金体系但不属于养老保险范畴。

①② 董克用，姚余栋．中国养老金融发展报告（2017）［M］．北京：社会科学文献出版社．2017：51.

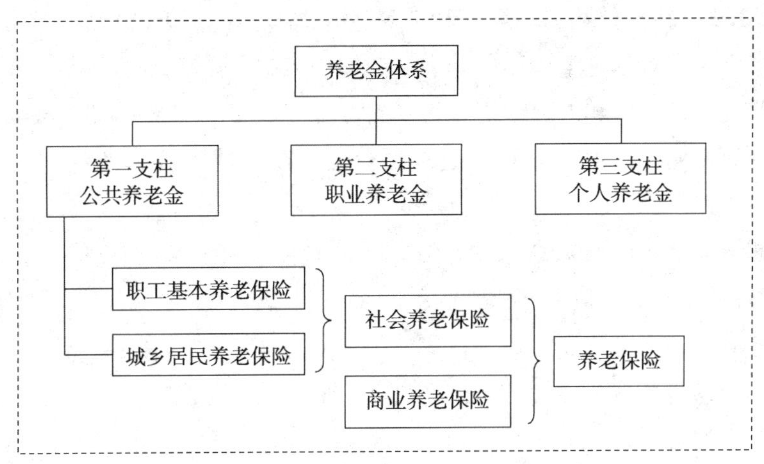

图1－1　养老金体系与养老保险体系的区别和联系

注：本图引自董克用，姚余栋．中国养老金融发展报告（2017）［M］．北京：社会科学文献出版社．2017：51.

由于商业养老保险是指商业机构为国民养老提供的保险产品，旨在为社会成员养老提供风险保障，因而属于养老保险范畴，但不属于养老金体系，是能看作养老金体系的重要补充。原因在于，一是养老金相关概念是西方引进的，英文中养老金体系用的 Pension System，包括 Public Pension，Occupational Pension，Individual Pension 三部分，而不是 Endowment Insurance。二是养老金体系主要功能是积累养老资产，商业养老保险核心是风险分散，两者目标存在显著不同。三是养老金体系中，政府责任更为突出，介入程度也更深。政府是第一支柱的兜底者，在第二、第三支柱中政府提供税收激励，监管也更严。而商业养老保险作为市场行为，政府介绍相对较少，主要负有监管责任。①

养老保障是指为了满足老年人各种养老需求，一个经济体建立的涵盖养老资金积累、老年风险分散和养老照顾等多方面的综合性制度安排。可见，养老保障涵盖了养老金和养老保险，内涵更为广泛。

① 董克用，姚余栋．中国养老金融发展报告（2017）［M］．北京：社会科学文献出版社．2017：51.

1.4.1.2 对"公共养老金"和"私营养老金"的界定

本书对于公共养老金和私营养老金的划分依据：一是管理运营主体是政府还是私营机构；二是养老金制度是否具有再分配性质。如果一项养老金制度是由政府主导建立的，并且具有一定的再分配性质，即可认为其是公共养老金制度。

公共养老金制度通常也都具有强制性。如果一项养老金制度主要由企业、金融保险机构等私营部门负责运营管理，并且养老基金不具有再分配性质，不管该项养老金制度是强制的还是自愿的都可认为其是私营养老金制度。而私营养老金制度又可分为企业（职业）年金计划和个人养老金计划。前者主要由企业面向内部员工发起的，并承担向员工个人账户缴费义务和负责运营管理的养老金制度；后者多指个人向商业保险机构或者金融机构购买的养老保险储蓄计划或个人基金账户计划等，多数雇主并不承担缴费义务。在多支柱养老金制度体系中，公共养老金属于第一支柱。而私营养老金制度中的职业养老金和个人养老金分别属于第二支柱和第三支柱范畴（见图1-1）。

1.4.1.3 对"多支柱"和"多层次"的辨析

依据养老金制度的提供主体和养老金制度在收入保障和维持方面承担的职能不同来划分养老金的"支柱"和"层次"。

就"支柱"而言，由国家或政府提供的公共养老金构成"第一支柱"，企业（雇主）、社会伙伴（工会）发起的职业养老金构成"第二支柱"，个人自主加入的个人养老保险储蓄计划或商业养老保险等构成"第三支柱"。由于划分"支柱"的标准是养老金制度的发起主体不同，养老金的来源主体只有政府计划，由工会或雇主设立的计划以及个人年金三种类型，这三种类别对于养老金提供者而言已穷尽所有的可能性，但在每个支柱内可以有许多类型的养老金计划。[①] 所以，三支柱养老金也无可厚非的称之为多支柱养老金制度。

就"层次"而言，根据养老金制度的收入保障目标不同可分为三个"层次"，其中第一层次是"最低收入保障"，第二层次是"维持退休前一定收入水平"，第三层次是"收入补充"。

一般而言，养老金制度的"支柱"与"层次"具有一定的对应关系。第

① Willmore L. Three Pillars of Pensions? A Proposal to End Mandatory Contributions [J]. Ssrn Electronic Journal, 2000.

一支柱养老金制度通常承担第一层次及（或）第二层次保障目标，第二支柱养老金制度承担第二层次保障目标，第三支柱承担第三层次保障目标。“多支柱”与“多层次”的区别在于前者强调了对养老金制度的发起主体或者责任主体的区分，同时也涵盖了不同支柱的保障功能（层次）区别，而后者更侧重强调不同保障制度所承担的保障目标和职能的不同。

由此可见，“多支柱”养老金制度与“多层次”养老金制度并无实质区别。在本书中，由于语境或法规等原因，也会使用“多层次养老金制度”作为“多支柱养老金制度”的替代。

1.4.1.4　对养老金“结构”的理解

所谓“结构”是指组成整体的各部分的搭配和安排。如果将养老金制度体系看成整体，而每个“支柱”属于构成整体的“部分”。那么，对多支柱养老金制度结构进行探究是在分析每一个支柱的发展程度和达到既定养老保障目标所起作用的大小。而本书试图构建的多支柱协调发展的养老金制度体系即是通过对各个支柱“部分”的改善来提高养老金制度“整体”的效率。

1.4.2　研究范围

在当前中国的多支柱养老金体系（见图1-2）中，第一支柱包括城镇职工基本养老保险和城乡居民养老保险；第二支柱包括企业年金和职业年金计划；第三支柱是指建立于20世纪90年代初期的职工个人养老储蓄计划。对多支柱养老金体系结构进行研究，理论上，可以采取两种考察方式：一是将“三个支柱”养老金直接进行比较，忽略各个支柱内部的差异性；二是着重对城镇企业就业人员养老金各个支柱进行对比研究，并在必要时对其他人群养老金制度进行辅助性考察。

本书选取第二种考察方式，原因如下：一是基于可比性。在第一支柱内部，城镇职工和城乡居民养老金待遇水平存在较大差距，很难直接与其他支柱进行比较。并且第二支柱职业年金初步建立，相关数据资料难以获得，也难以囊括在内。二是基于解决养老金制度现实问题。当前中国城镇职工基本养老金制度面临着潜在的不可持续性，企业年金也面临发展缓慢等问题。而城乡居民养老金制度和职业年金计划建立时间晚，制度弊端尚未凸显。此外，由于第三

支柱职工个人养老储蓄计划在当前几近消亡，新的个人养老金计划正处于构建阶段。故本书将研究重点放在对城镇职工基本养老保险、企业年金制度现有问题的剖析，并在此基础上提出完善多支柱养老金体系发展的相关方案。

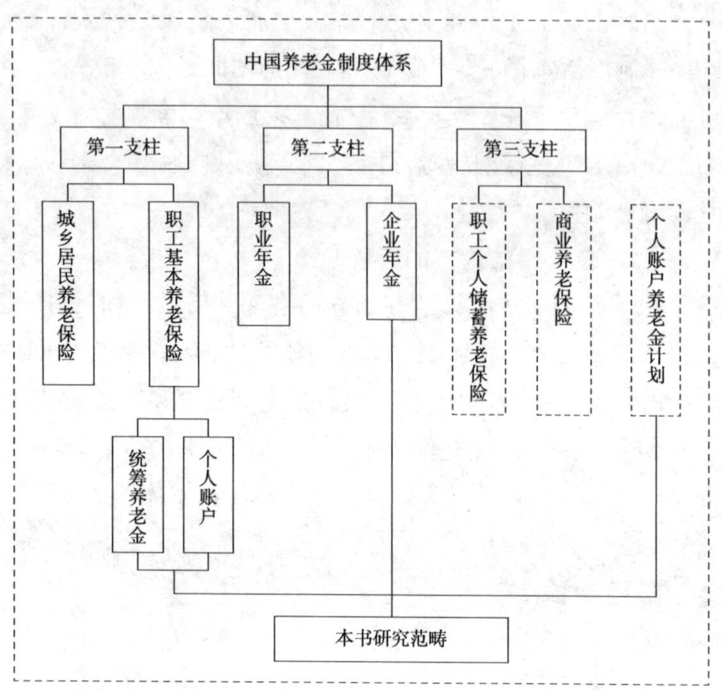

图 1-2　中国养老金制度体系及本书的研究范畴

注：职工个人储蓄养老保险当前基本已经不存在；商业养老保险属于养老保险范畴，但不属于真正的养老金体系；具有政府税收优惠性质的个人账户养老金计划在中国尚未真正建立。

1.5　研究方法、研究内容及研究框架

1.5.1　研究方法

1.5.1.1　理论研究与实证研究相结合

本书在第 2 章中从多个理论视角论证发展多支柱养老金制度的合理性，深

入探讨多支柱养老金制度所具有的优势作用。在第3章中主要运用案例实证研究方法——通过对OECD国家发展多支柱养老金制度卓有成效的实践经验的概述，进一步佐证发展多支柱养老金制度理论的有效性。尽管一项理论具有普遍性和一般性，然而考虑到国别的特殊性，笔者在第4章首先对中国多支柱养老金制度的发展现状与成因进行了剖析，从反面论证了在以单支柱养老金制度为主的国家或者说多支柱养老金制度结构失衡的国家所存在的诸多弊端及其后果。进而在第5章和第6章通过相关宏观和微观数据，运用实证方法测算出中国企业和个人社会保险及养老保险的缴费负担能力，并通过相关测算得出在中国大力发展私营养老金，构建多支柱养老金制度的有效性。

1.5.1.2 定性分析与定量分析相结合

在经济学研究领域中，定性的方法和定量的方法是相辅相成的。定性分析是定量分析的基本前提，没有定性的定量是一种盲目的、毫无价值的定量。正如美国方法论专家唐·埃斯里奇所言："我赞成在经济研究中运用数量方法，但数量方法只是手段，而不是目的。"然而定量分析又是十分必要的，它可以将定性分析具体化，使定性分析更加科学、准确，进而促使定性分析得出广泛而深入的结论。本书的研究以定性研究为主，但在具体的观点陈述时积极引用相关数据和指标加以论证。特别是在本书的第3章和第4章中，笔者运用了大量的国际经验数据通过相互对比、结构分析、趋势分析、比例分析等方法对文中所提的定性观点加以辅证。

1.5.1.3 归纳法与演绎法相结合

归纳总结与演绎推理是各种理论研究中的重要方法。归纳总结通常是从客观观察到的事实中得出新的概括的经验过程，并不依赖于以前的知识；而演绎推理认为如果单个前提是真实的，并具有整体的完整性，且推理也是正确的，则结论必然是可信的。在归纳法方面，本书通过对OECD国家不同养老金制度类型、改革举措以及养老金相关指标数据得出了发展多支柱养老金制度是OECD国家普遍趋势的结论，并对OECD国家内部不同体制类型国家的养老金改革举措、取得的成效及其成因进行了归纳分析。在演绎法方面，本书通过对当前中国企业的社会保险和养老保险缴费能力、基础养老保险缴费与给付的测算，并结合做实个人账户现实困境以及名义账户制的优点推演出中国基础养老金制度的改革应采用"低社会统筹+大名义账户制"的制度措施。同时，通

过对中国单支柱为主的养老金制度的弊端剖析、对家庭人均最大养老保险缴费能力及发展私营养老金潜在收益性的测算，推演出在中国也应大力发展私营养老金，健全多支柱养老金制度。

1.5.2 研究内容

本书的研究内容如下：

第1章为绪论部分。包括本书的研究背景、研究意义、国内外文献综述、概念界定、研究范围、研究方法和研究难点、创新点等内容。

第2章从对个人消极自由（权利）的维护、政府与市场职能的界定、公平与效率的关系以及现收现付制与基金制的优劣等四个方面阐述了构建多支柱养老金制度的理论必要性。

第3章主要探讨了OECD国家养老金制度改革的背景，改革采取的主要措施及OECD不同福利体制国家改革的内部差异性，OECD国家私营养老金发展的态势以及改革的总体成效，改革的启示等内容。

第4章主要探讨了中国多支柱养老金制度存在的结构失衡特征及成因，并结合中国基础养老金制度所存在的问题深入分析当前中国养老金制度结构失衡将会造成的后果。

第5章探讨了我国当前养老金制度改革的原则、目标以及改革的具体思路。

第6章首先对中国企业最大的社会保险和养老保险缴费能力进行了测算，结果发现总体上中国企业社会保险和养老保险缴费率过高。进而，在假定不同缴费率的情况下，对比企业将全部缴费划入统筹基金和个人账户所取得的退休金收益差别，然后根据测算结果提出对中国基础养老金的改革的相关建议。

第7章首先对家庭人均最大私营养老金缴费能力进行测算，并基于此假设个人私营养老金缴费额，并对个人养老金计划的投资收益进行测算，根据测算结果以及结合前文多支柱养老金制度构建的相关理论、中国多支柱养老金结构问题的成因，提出中国多支柱养老金制度发展的整体框架及促进私营养老金发展的相关政策建议。

第8章对全书内容进行总结并提出研究不足与未来研究展望。

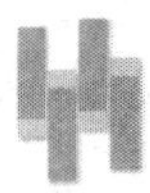

1.5.3　研究框架

本书的研究框架如图1－3所示。

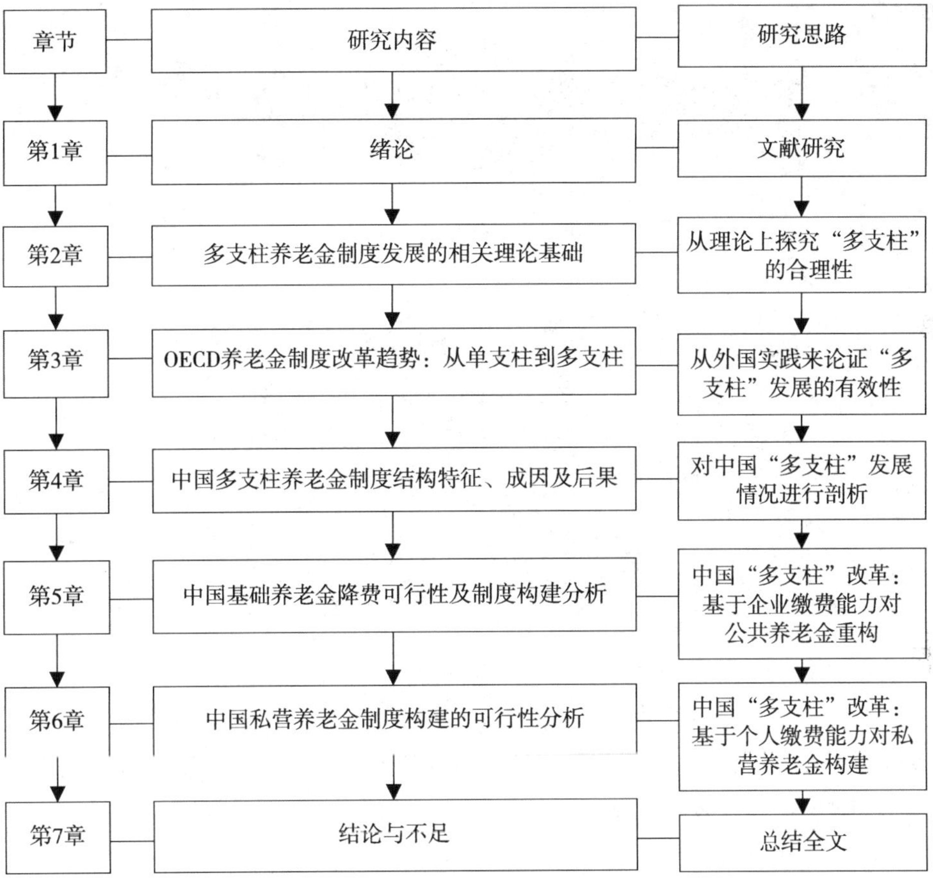

章节	研究内容	研究思路
第1章	绪论	文献研究
第2章	多支柱养老金制度发展的相关理论基础	从理论上探究“多支柱”的合理性
第3章	OECD养老金制度改革趋势：从单支柱到多支柱	从外国实践来论证“多支柱”发展的有效性
第4章	中国多支柱养老金制度结构特征、成因及后果	对中国“多支柱”发展情况进行剖析
第5章	中国基础养老金降费可行性及制度构建分析	中国“多支柱”改革：基于企业缴费能力对公共养老金重构
第6章	中国私营养老金制度构建的可行性分析	中国“多支柱”改革：基于个人缴费能力对私营养老金构建
第7章	结论与不足	总结全文

图1－3　研究框架和思路图

第2章 多支柱养老金结构优化的理论探析

本章从理论上探讨结构优化的多支柱养老金制度所具有的优势。其中2.1节和2.2节主要从个人、政府和市场在养老保障领域需要承担的责任角度来论述多支柱养老金制度的必要性。第2.3节和2.4节主要从公平和效率的角度来论述多支柱养老金制度本身所具有的优势作用。

2.1 “多支柱”有利于彰显个人自由

个人自由与保障的关系紧密相连，人们对自由的不同理解也会产生不同的保障观。对自由作出积极自由和消极自由的两种界分后发现，积极自由影响下的福利观易于导致政府公权力对养老金制度的过度介入，造成公共养老金制度的过度膨胀；而消极自由影响下的福利观警惕政府对社会保障领域的过度干预，使公共养老保障局限在一定范围内，有利于减轻政府在养老保障领域的财政负担，同时也为个人自我负责、自我保障以及保险市场的发育留下广阔空间，更有利于养老金制度可持续发展。

2.1.1 个人自由的含义

英国哲学家以赛亚·伯林在《两种自由概念》中将自由分为积极自由和

消极自由。积极自由指人成为自己的主人的自由。意味着“我希望我的生活与决定取决于我自己，而不是取决于随便哪种外在的强制力。我希望成为我自己的而不是他人的意志活动的工具。我希望成为一个主体，而不是一个客体”。[①] 消极自由是指不受别人阻止地做出选择的自由，意味着“如果别人阻止我做我本来能够做的事，那么我就是不自由的；如果我的不被干涉的行动的领域被别人挤压至某种最小的程度，我便可以说是被强制的”。也就是说积极自由是以做自己的主人为要旨的自由，消极自由是指不让别人妨碍我的选择为要旨的自由。[②] 尽管表面上看来，两者似乎没有什么重大逻辑差距，然而在历史上“积极”自由与“消极”自由观却朝着不同的方向发展，终至演变成直接的冲突。

冲突主要是由于积极自由与消极自由的边界不同引起的。积极自由以“我”为主体，容易导致自由边界的无限扩展，过度强调人的主动性和自主性，会派生出人的各种积极权利，如所谓的教育权、社会保障权、就业权等。这种积极权利需要他人或者政府机构积极作为才能实现，使个体为了实现自身目的而过度向社会索取权益，却忽略相应责任的履行。此外，无限膨胀的积极自由易于造成个体受欲望与激情驱使的“初级自我”与受理性和道德支配的“真实自我”的分离。真实自我的实现需要严格的纪律，而代表真实自我改造低层次自我的既可以是本人、他人甚至是一个民族、一个国家等。故出于约束“初级自我”，形塑“真实自我”的强制便产生了。因此，积极自由也经常意味着主动控制和干涉某人某事，决定某人应该去做某件事、成为某种人，积极自由的这种性质容易导致过多的国家干预。[③] 这即是积极自由观念造成政府主导的公共福利膨胀的重要原因。

与积极自由相比，消极自由追求的是一种消极权利，即个人行动不受他人干涉的区域。这种消极权利只需要他人负有消极的、不侵犯的义务即可实现，不需要他人的积极作为，使自由形成了一个相对闭合的空间，不会过度膨胀。同时也使政府的职责权限不能对此有所逾越，更有利于人们对（消极）自由进行维护和捍卫。尽管在消极自由主义者看来，人类自由行动的范围必须由法

---

① ［英］以赛亚·伯林．自由论［M］．胡传胜，译．南京：译林出版社，2011：179－180.

② ［英］以赛亚·伯林．自由论［M］．胡传胜，译．南京：译林出版社，2011：180.

③ 冯兴元．福利国家的深层困境与替代方案［J］．人民论坛·学术前沿．2015（9）．

律施以限制，以保障其他人享有同样的自由，但是个人自由应该有一个无论如何都不可侵犯的最小范围，不容国家或其他权威机构任加干涉，这个范围在伯林看来是使“个人的天赋得到最起码的发挥”，“个人的本性不受到贬抑或否定”，因为只有这样人类才能去追求自身认为是善的、对的、神圣的目的。[①]在洛克看来，不可侵犯的最小范围包括个人的生命权、人身权和财产权以及不会对他人构成强制和危害的狭义上的自由权。[②]

2.1.2 个人自由需要发展“多支柱”

在古典自由主义者看来，个人自由是对个体自身最好的保障，在养老金制度中需要充分发挥个人的自主性和满足个体多样化偏好，因而需要发展私营养老金；同时，对于个人自由的维护也离不开政府提供的基本保障。

（1）个人自由要求发展私营养老金。在古典自由主义者看来，个人自由是对个体最好的保障，即个体对自己的生、老、病、死负责，而不依赖于政府等权力机构。这种观点是基于如下预设：一是个体理性是有限的。特别是随着“我们的文明程度愈高，那么每一个个人对文明运行所依凭的事实亦就一定知之愈少。知识的分工特性，当会扩大个人的必然无知的范围，亦即使个人对这种知识中的大部分必然处于无知的状态。[③]”政府官员也不例外，他们在面对大众需求和错综复杂、瞬息万变的社会事务时他们不可能做出全知全能的判断。故政府对于公共事务的过度干预是极具危害性的。二是个人自由选择有利于提高决策的有效性。因为在哈耶克看来，人类的知识在本质上是实践的和局部的，是“在使用中提供的”，这种局部知识实际上不是传统的，而是“默会的技术”，即个人通过现场处理问题的经验培养出来的。[④]而许多有效的决策必须在默会知识和实践技能使用的基础上才能被创造出来，这就是政府官员行政计划干预失灵的主要原因。因此，尽管个体的理性

---

① ［英］以赛亚·伯林．自由论［M］．胡传胜，译．南京：译林出版社，2011：172.

② ［英］洛克．政府论（下篇）［M］．叶启芳，瞿菊农，译．北京：商务印书馆，1964：80.

③ ［英］弗里德里希·奥古斯特·哈耶克．自由秩序原理（上）［M］．邓正来，译．北京：三联书店，1997：25.

④ ［英］安东尼·吉登斯．超越左与右：激进政治的未来［M］．李惠斌，杨雪冬，译．北京：社会科学文献出版社，2000：36.

是有限的，但却掌握着自身所处的情境知识和偏好，故成为自身利益的最佳守护者。固然，个人的自由选择也存在短视、决策失误等现象，但其代价要远小于政府决策失误的代价。因为政府决策的对象是“整个社会”，而个体仅涉及自身。这就是在养老保障领域需要大力发展私营养老金，增强个体自主选择性的根本原因所在。

（2）个人自由要求政府提供最基本保障。所谓最低保障，在哈耶克看来是指“当人们在陷入生活绝境时，能够普遍获得的、以维持个体健康和工作能力的、衣食住方面最低限度的保障，而不是某种生活水准的保障或者一个人或集团与其他人或集团相比较的相对低位的保障[①]”。政府需要提供基本保障原因在于以下几点：第一，政府的基本保障有利于人们“愿意”运用自由。一旦社会个体对于未来所面临的风险太大，这会促使他们逃避自由。对此，哈耶克曾指出，“为了保存自由，某种保障也是不可少的，因为大多数人只有在自由所不可避免地带来的那种风险不是太大的条件下，才愿意承担那种风险”。[②] 第二，政府的基本保障有利于增进个人运用自由的能力。柏林指出，“埃及农夫在享有个人自由之前，必须先获得衣物与医药，同时他对后者的需要更甚于前者”，“向那些衣不蔽体、目不识丁、处于饥饿与疾病中的人提供政治权利或者保护他们不受国家干涉，等于嘲笑他们的生活状况，在他们能够理解或使用他们日益增长的自由之前，他们更需要医疗援助或接受教育。事实上，对于无力运用自由的人，自由又算是什么呢？如果不先提供人们运用自由的必要环境，自由又是什么价值？”[③] 第三，现代社会性质要求政府提供基本保障。哈耶克认为，现代社会的高度流动性与开放性使个人依赖小群体或社区等生活纽带来获得支持和帮助已经变得相对困难，而市场经济的波动性与不确定性会切实产生个人仅凭一己力量无从切实预防的困境。因此，为那

① ［英］弗里德里希·奥古斯特·哈耶克．通往奴役之路［M］．冯兴元，等译．北京：中国社会科学出版社，1997：117.

② ［英］弗里德里希·奥古斯特·哈耶克．通往奴役之路［M］．冯兴元，等译．北京：中国社会科学出版社，1997：128.

③ ［英］以赛亚·伯林．自由论［M］．胡传胜，译．南京：译林出版社，2011：173.

些无法维持生计的人提供最低保障不仅在道义上是正当的①，也是自由社会应对经济活动风险采取的必要努力。② 由此可见，尽管个人自由是对自身的最好保障，但政府也不应该在社会保障领域“无所作为”，甚至政府有限度的保障正是为了更好地发挥个人自由的保障作用。

2.2 “多支柱”有利于合理发挥政府和市场的作用

鉴于对积极自由和消极自由的划分，政府的职责权限应主要在于保护个人的消极自由，为社会公众提供满足基本生活需求的有限保障，而个体高水平、多样化的养老保障应由市场来发挥作用。因为在市场机制下，个体有限理性和情境知识能够得到最大发挥，个体的养老保障偏好能够得到最大程度的满足，个人在按劳分配的激励下，更能通过努力工作获取报酬的方式为自身养老负责。任何单一支柱养老金制度都不可能同时充分而又恰当地发挥政府和市场的作用。造成当前各国公共养老保障过度发展的一个主要因素就是基于市场失灵理论主张政府对公共政策的过度干预。

2.2.1 “政府”和“市场”养老保障范畴探析

2.2.1.1 政府只应承担最低限度保障

出于对个人消极自由的维护和自我保障作用的发挥，政府只应承担最低限度保障。因而，政府在养老保障领域发挥作用的空间，需要符合以下四方面要求：

（1）政府保障水平应以不改变个体通过自身努力克服风险意愿为限。如哈耶克指出，“在那些避免（由意外事件所造成的）灾害的愿望和克服这种灾

① 哈耶克在《法律、立法与自由》第二卷写道，“在一个自由的社会里，没有理由认为政府不应当以保障对低收入的形式或者划定一个任何人都不会降至其下的底线，确保所有的人免受严重的匮乏。确立此种免受极端不幸的保障很符合所有人的利益；或者，在一个有组织的共同体里，帮助那些不能自立的人或许是所有人的一项明确的道德义务（Moral Duty）”。

② ［英］弗里德里希·奥古斯特·哈耶克．通往奴役之路［M］．冯兴元，等译．北京：中国社会科学出版社，1997：118.

害的后果所付出的努力，通常不会因为政府提供了援助而被削弱的领域……要求政府协助组织一种全面的社会保险制度的理由是很充分的”①。故公共养老金替代率不宜过高，否则会极大降低劳动者的工作积极性。

（2）对贫困群体的有限保障不应与保险分散风险性质相混淆。对真正穷人的保障可以通过一定限度内的收入再分配来解决，而具有分散风险性质的保险应交由市场。弗里德曼认为政府强制实行收入再分配现收现付制养老金制度在很大程度上剥夺了个体对自己相当大部分收入的控制，侵犯了他们的私人生活和自由选择权，而保障的未必是贫困群体，更多的是对达到一定年龄的人（不论其贫富）给予一定收入水平的保障。②

（3）政府最低保障具有一定的普遍性和非特权性。对此，哈耶克指出，“让我们尽一切努力来确保每一个人享有一个统一的最低水准，但同时也让我们承认，有了这种基本的最低保障以后，个别阶层必须放弃对确保享受特权的一切要求，必须取消允许某些群体为维持他们自己的特殊标准而排斥新来者分享他们相对繁荣的一切借口”③。

（4）政府应减少对社会保障领域直接的行政干预。哈耶克认为，政府之行动可以分为强制性与纯粹服务性的活动（当然，后者就其经费来源为征税而言，征税本身是属于强制性），并且“只有政府的强制性措施才需要加以严格的限制”④。因为政府的强制性措施更容易造成对个人自主选择权的干涉，而政府在广泛的非强制性服务中的活动，不仅应该加以肯定，而且还应该以税收的方式来加以支持。⑤ 尽管哈耶克肯定政府的服务性职能，但前提是“非强制性”。因此，尽管政府可以为公众提供养老等服务，但其行为边界是成为一般性规则的制定者，赋予个体广阔的自由选择和行动空间，激发个人自我保障

---

① ［英］弗里德里希·奥古斯特·哈耶克．通往奴役之路［M］．冯兴元，等译．北京：中国社会科学出版社，1997：118.

② ［美］米尔顿·弗里德曼．资本主义与自由［M］．张瑞玉，译．北京：商务印书馆，2009：197－201.

③ ［英］弗里德里希·奥古斯特·哈耶克．通往奴役之路［M］．冯兴元，等译．北京：中国社会科学出版社，1997：199.

④ ［英］弗里德里希·奥古斯特·哈耶克．自由秩序原理（下）［M］．邓正来，译．北京：三联书店，1997：8.

⑤ 何水．哈耶克福利国家危机观评析［J］．武汉大学学报（哲学社会科学版），2009（1）：112－117.

的自主性。

总之，如果政府的收入保障超过一定限度并且具有特权性，那么一定会导致对个人过多地控制、削弱市场的竞争与活力，使个人获得的收入与其自由选择的职业、工作努力程度相偏离，进而导致工作的激励削弱，效率也随之降低，最终影响社会的发展进步。当然，随着财富的普遍增长，政府的最低保障也应有所增加。

2.2.1.2 市场机制应发挥高水平保障作用

与政府部门相比，市场机制在维护个体自由、对个体形成激励性以及满足个体多样性需求方面都有着很大的优势作用。这些优势作用更适合为社会公众提供高水平的养老保障需求。

（1）市场机制可以最大限度维护个体自由。市场不仅能够平等地为所有社会成员提供一套足以实现他们愿望的正义行为的规则体系，而且个人可以按此规则自由地根据其所拥有的知识、信息以及其偏好和目标来参加经济活动，并随时调整自己的行为以适应他所处环境中瞬息万变的情况。① 并且市场机制也赋予每个个体“均等机会”，因为市场不把资源刻意分配给特定人，它的结果既非人们所意欲，亦非人们所事先预见的。可见，市场最能为个人自由创造基本条件，任何试图修正市场交换所产生的自发秩序的企图，都将损害市场交换关系所促进的自由，从而削弱个人甘冒风险去追求他所能见到的最佳生活的愿望。②

（2）市场经济可以对个体形成有效的激励。市场经济通过价格机制、供求机制和竞争机制三大机制实现优胜劣汰，激励微观主体提高效率、不断创新，优化资源配置，进而实现个人收益最大化。在养老保障领域中，以保障一定收入水平为目标的公共养老金制度的推行使工资（价格）对劳动者职业选择的激励失去一定效力，按劳分配也将大打折扣。当人们的职业选择以及在工作中的努力程度不能用薪酬衡量时，人们努力工作的意愿也将随之下降。进而，个人通过获得劳动收入的自我保障能力也将受到抑制。

（3）市场可以满足个体多样化养老需求。除了政府的最基本养老保障外，养老金在待遇给付上具有排他性，在养老金总额一定的情况下养老金的享受者

①② 何水．哈耶克福利国家危机观评析［J］．武汉大学学报（哲学社会科学版），2009（1）：112－117.

之间也具有竞争性，并且每个人享有的养老金收益也具有可分割性，因而养老金本质上是一种私人产品，是能够而且理应由市场来提供。特别是随着社会经济的发展，现代市场机制越来越趋于成熟，能够提供更多的养老金产品和养老服务，有利于满足不同个体的多样化和差异性需求。因而个人的自我保障理应充分发挥市场机制的作用。

然而，市场机制并非完美的，也存在诸如公共物品、自然垄断、外部效应、收入分配不公、经济波动和社会稳定等市场失灵问题。这也是政府对市场过度干预的诱因。然而，不是所有的市场缺陷都需要政府干预，政府干预的弊端或许更大，成本或许更高。因为政府干预不仅可能造成政府失灵（见 2.2.2 节），还有可能造成政府和市场同时失灵。[①] 此外，自由市场就像是一个不断进化调整的生态体系，由于新的技术和新的管理方法的不断应用，加之经济全球化以及其他变化，市场能够更加高效、更加充分的满足社会公众的多种需求。当然也会更加复杂，仍会造成贫富分化。因而，政府应致力于提升市场效率和公平性，而不是以市场失灵为借口代替市场。[②]

2.2.2　政府和市场合理保障范畴需要“多支柱”

如上所述，政府和市场都有适宜的保障空间，因而需要发展多支柱养老金制度体系来充分发挥政府和市场的作用。在多支柱的养老金体系中，政府为公众提供最基本的养老保障，使个体免除后顾之忧，可以根据自身现实情况，充分发挥自主性，通过市场机制选择满足自身偏好的养老金产品，并追求较高的投资收益率。同时，在多支柱养老金体系中，由于政府提供的保障水平有限，因而政府强制的企业和个人养老保险缴费额，掌控的养老保险基金以及实施的养老金收益再分配程度都会受到抑制，降低了对个人、企业造成的侵蚀，从而有利于社会公众通过市场机制来获得养老保障。

无论只依赖政府还是只依赖市场提供的养老保障都会出现很大弊端。就单

① 王宇．谦卑地站在市场之外——《政府与市场：变革中的政府职能》译者序［J］．当代金融家，2014（8）：102－105.

② ［美］维托·坦茨．政府与市场：变革中的政府职能［M］．王宇，等译．北京：商务印书馆，2014：前言 3.

支柱公共养老金而言，过高的保障水平常常伴随着政府的过度干预，进而带来了“政府失灵”问题，具体体现在：第一，行政低效率。由于政府官员受到终身雇佣关系的保护，缺少提高行政运行效率的动力。与此同时，政府花费的是纳税人的钱，不会像花自己的钱那样精打细算，缺少降低行政运行成本的激励。[①] 其中最典型的是现收现付制社会统筹养老金累积基金在各国很难高效利用的问题。第二，财政状况恶化。布坎南认为，就每一个政府官员来说，他们也是经济人。他们也希望通过扩大政府规模、增加政府权力、提高官员待遇等途径，实现个人利益最大化。因而在缺乏公众监督的情况下，政府干预的成本可能超过市场失灵所带来的损失。随着西方福利国家的建立，从20世纪60年代起政府支出占国内生产总值的比重以前所未有的速度增长，到20世纪末，一些西方国家已不堪重负，欧洲主权债务危机就是证明。[②]第三，市场和私人部门受到抑制。就养老金制度而言，一方面，公共养老金制度的发展膨胀对私营养老金的发展产生很大抑制作用；另一方面，高水平的公共养老保障离不开企业和个人的高缴费率，而高缴费率更是直接损害了市场经济中对企业和个人的激励机制，同时也造成了社会公众对政府保障的严重依赖，削弱了个人自我保障、自我负责精神。第四，政府机构的自我扩张。事实上，含公共养老金制度在内的很多社会保障项目并不是真正对贫困群体的保障，而是对特定群体（政治上有发言权）一定生活水平的保障，从而失去了社会保障存在的根本目标。特别是在一些西方国家，不断扩张的政府支出已经培育出了一个强大的政府支持者群体（如社会保障制度相关工作者及其收益人员），成为政府赢得选民和选票的极好机会，因而强化了政府相关服务机构的自我扩张。

同样，在竞争的市场机制下，社会个体难免因为市场“优胜劣汰”而失去最基本的生存保障，甚至使个体因畏惧市场风险而没有勇气做出内心最真实的选择。正如哈耶克所指出：“为了保存自由，某种保障也是不可少的，因为大多数人只有在自由所不可避免地带来的那种风险不是太大的条件下，才愿意

①② 王宇．谦卑地站在市场之外——《政府与市场：变革中的政府职能》译者序［J］．当代金融家，2014（8）：102－105.

承担那种风险。"① 这种最低保障必须在市场以外来提供，以让竞争自然地进行而不受阻挠。由此可见，为了保护个体的最基本生存权，个人自由以及市场良性运行都需要政府提供基本保障。

2.3　"多支柱"有利于兼顾"公平"和"效率"

公平与效率是经济社会发展的核心理念问题，不同的公平与效率价值观在很大程度上也影响一国养老金制度的发展走向，而多支柱养老金制度的构建很大程度也是出于对公平和效率的综合考量。

2.3.1　"公平"和"效率"的含义

2.3.1.1　公平的含义

何谓公平？清代何启曰，"公者无私之谓也，平者无偏之谓也"，即无私无偏谓之公平。《现代汉语词典》将公平解释为"处理事情合情合理，不偏袒哪一方面"，即指相同条件下的同等对待，强调用同一个尺度进行衡量。用以防止社会对待中的双重或多重标准问题。② 可见，公平多指政府官员或者上司在制定法规政策或者处理事情时本着无偏私的原则对待公民或下属，公平的核心是平等。随着罗尔斯"公平的正义"（Justice As Fairness）理论的提出，公平的外延也在扩展，更多地被看作是权利或利益正当分配的途径或程序。综合罗尔斯的正义论及其他研究者的观点，从如下三方面来理解公平：

（1）人人享有的基本自由完全平等原则。罗尔斯在正义论的第一个原则中指出，"每个人对与其他人所拥有的最广泛的平等基本自由体系相容的类似自由体系都应有一种平等的权利。"③ 罗尔斯指的自由和权利是消极意义上的自由，主要包括重要的政治自由（选举和担任公职的权利）与言论和集会自

① ［英］弗里德里希·奥古斯特·哈耶克．通往奴役之路［M］．冯兴元，等译．北京：中国社会科学出版社，1997：128.

② 王海明．伦理学与人生［M］．上海：复旦大学出版社，2009：175.

③ ［美］约翰·罗尔斯．正义论［M］．何怀宏，等译．北京：中国社会科学出版社，2009：47.

由、良心自由和思想自由、个人的自由——包括免除心理的压制、身体的攻击和肢解（个人完整性）的自由以及不受任意逮捕和没收财产的自由等。[①] 至于为何每个人享有的自由和权利完全平等，霍布斯从社会契约论的角度、洛克从自然法的角度对此加以论证。两者虽有差异但其要义是，人们基于对自然状态下暴力、危险的恐惧，出于更好地维护自身的生命、自由和财产的诉求和调节相互冲突的目的，一致同意放弃自己的某些自然权利而服从政治权威。[②] 故政府一切政治制度的合法性便在于对个人基本权利的保护，其中不侵害他人的基本人权，依据劳动获得财产构成社会公平的两条基本原则。

（2）人人享有的非基本自由（权利）比例平等原则。所谓非基本自由（权利）是指除消极自由以外个人的应得或权益。比例平等最早源于亚里士多德提出的分配性公平和交换性公平：一是分配性公平，是根据一个人对城邦（国家）总体价值大小获取相应比例的公物（包括政治职务、荣誉、财富等），即所谓的比例分配，而比例的违背即是不公正。[③] 二是交换性公平，是在自愿的交换与交往中，尺度是有比例的回报。两人要按照彼此的生产能力来交换各自的产品。如果一个人一天生产五双鞋，另一个人一天生产一张床，交换就应当是五双鞋换一张床。[④] 故王海明认为，贡献大获得较多非基本权利，贡献小获得较少的非基本权利，每个人享有的权利多少与其贡献大小成比例，即为所谓的非基本权利比例平等原则。[⑤]

（3）适用于最少受惠者的差别原则。所谓的差别原则就是使最不利的群体得到一种"最大最小值"的利益保障。[⑥] 为了保障每个个体享有最基本机会公平，也需要"差别原则"的存在。对此，布坎南曾提出真正的"机会公平"即不能让人们"带着出身进行市场比赛"。另外，哈耶克提出的最低限度的保

---

① ［美］约翰·罗尔斯．正义论［M］．何怀宏，等译．北京：中国社会科学出版社，2009：47－48.

② ［英］霍布斯．利维坦［M］．黎思复，黎廷弼，译．北京：商务印书馆，2012：128－132；［英］洛克．政府论下［M］．叶启芳，瞿菊农，译．北京：商务印书馆，2014：77－80.

③ ［古希腊］亚里士多德．亚里士多德全集（第8卷）［M］．苗力田，译．北京：中国人民大学出版社，1996：99－101.

④ 廖申白．西方正义概念：嬗变中的综合［J］．哲学研究．2002（11）.

⑤ 王海明．平等新论［J］．中国社会科学，1998（5）.

⑥ ［美］约翰·罗尔斯．正义论［M］．何怀宏，等译．北京：中国社会科学出版社，2009：18（译者前言）.

障，阿玛蒂亚森提出使个体享有免受困苦——诸如饥饿、营养不良、可避免的疾病、过早死亡之类——的基本可行能力以及能够识字算数等都是“差别原则”来保障机会公平的具体体现，从而使个体平等地增加追求自身目的，实现自我价值的机会。

总之，社会公平首先要求个人的消极自由或消极权利的平等，这与上文充分发挥个人自由的保障作用是相容的；社会公平也要求每个社会成员享有机会公平，为此需要使最不利的群体享有差别性保障。[①]而在基本自由（权利）平等以及机会公平的前提下，市场交易主体基于个人自愿，尽管所得份额不同也是符合公平的。

就养老金制度而言，较高水平的保障属于积极自由范畴，即属于非基本自由，因而应该秉持自由（权利）比例平等的公平原则，也就是权利与义务相对等。然而，满足社会群体基本生活的保障是对个体生命和生存的保护，涉及的是基本自由问题，对此，可以根据“最小受惠者的差别原则”，来为所有社会成员提供一种基于生存权的底线保障，构成一种“底线公平”。

2.3.1.2　效率的含义

效率是指最有效地使用社会资源以满足人类的愿望和需要。效率通常分为两种类型：一是生产效率，是指固定投入量下，制程的实际产出与最大产出两者间的比率。二是配置效率，是指在一定的技术水平条件下各投入要素在各产出主体的分配所产生的效益。微观层面的配置效率多通过生产单位内部的生产管理和提高生产技术来实现，而宏观层面的配置效率多通过整个社会的经济制度安排而实现。在经济学上，通常把帕累托效率作为资源分配的一种理想状态，即假定固有的一群人和可分配的资源，从一种分配状态到另一种状态的变化中，在没有使任何人境况变坏的前提下，使得至少一个人变得更好。帕累托最优状态就是不可能再有更多的帕累托改进的余地。

就养老金制度而言，由于它是一项社会经济制度，故养老金制度设计合理恰当必然会带来帕累托效率。同时，养老保险缴费形成的基金也可以通过资本市场投资而获得投资收益或者享受“生物回报率”而带来的收益，可见也涉及投入与产出的关系，故养老金制度也涉及生产效率。

---

① ［美］约翰·罗尔斯．正义论［M］．何怀宏，等译．北京：中国社会科学出版社，2009：18（译者前言）．

2.3.1.3 效率与公平的关系

第一，公平高于效率。罗尔斯把帕累托效率应用到制度领域，他认为："对于社会基本结构中某种权利和义务的安排来说，只要不可能把规范改变得、把权利义务方案重订得能提高某些代表人（至少一个）的期望而不同时降低另一些代表人（至少一个）的期望，这种安排就是有效率的。"① 同时，基于他的自由权绝对优先的理念，他也指出这些改变必须符合别的原则，即在改变基本结构时，我们不允许违反平等自由的原则或地位开放的要求（即公平原则）。能够改变的是收入和财富的分配，以及拥有权威与责任的人调节合作行为的方式。②

同时，在分配效率中，也应以公平原则来统摄效率。因为公平强调的是价值判断，是公平与否二者择一的问题；而效率强调的是努力或投入的结果比较，因而会产生很多共同的效率的点。如图 2 - 1 所示③，假定有一确定数量产品要在要在两个人（P_1与 P_2）中间分配。其中 O 点（原点）代表任何产品被分配前的状况，在曲线 AB 上的各点都满足帕累托最优标准，即没有任何再分配方式能使一人状况更好而不使另一人状况变坏。显然，曲线 AB 上的所有点都是效率点。由此可见，效率原则本身并不能选择一种有效率的对特殊产品的分配方式，而公平原则可以满足这一要求。在图 2 - 1 中，直线 OC 表示平等分配线，它与曲线 AB 的交点 D 则既是有效率的，同时也是公平的，故 D 点要优于 AB 曲线上的其他效率点。并且在罗尔斯看来，尽管 F 点要低于曲线 AB 上 E 点的效率，但由于 F 点更接近于公平线 OC，因而比 E 点更可取。也就是说，罗尔斯认为在满足自由平等原则和公平原则的前提下，可以适当舍弃效率。

第二，公平与效率的一致性与差异性。就公平的内涵而言，人人享有的基本自由完全平等原则是个人消极自由的重要保障，有利于个体情境知识的利用和个人创造性的最大发挥，进而提高整体效率；人人享有的非基本自由（权利）比例平等原则，实则与经济效率具有完全的一致性。而公平与效率的差

---

①② ［美］约翰·罗尔斯．正义论［M］．何怀宏，等译．北京：中国社会科学出版社，2009：54.

③ ［美］约翰·罗尔斯．正义论［M］．何怀宏，等译．北京：中国社会科学出版社，2009：53 - 54.

异性主要体现在公平的第三层次内涵“最少受惠者的差别原则”上，不同的学术流派对此有一定的分歧性。

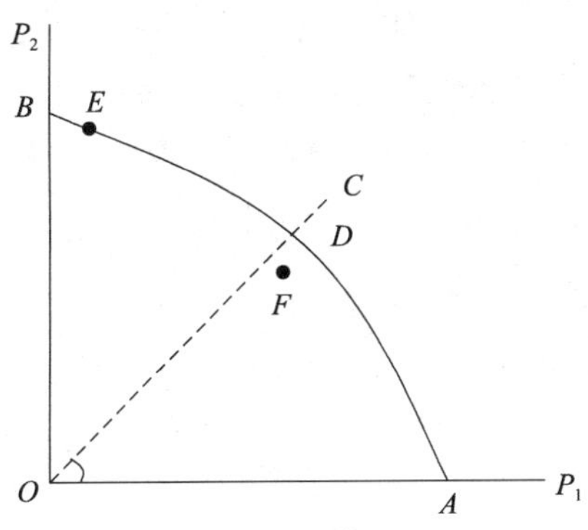

图 2－1　公平与效率的关系

依据图 2－2①，社会分成不利者（*LAG*）和有利者（*MAG*）两个阶层，纵轴（*LAG*）表示不利者的收益水平，横轴（*MAG*）表示有利者的收益水平。*OE* 是从原点出发的 45°线，*JJ* 水平线是罗尔斯的平等正义线，也就是衡量不利者福利的水平线；*ODBFP* 曲线是社会福利的产出线（简称 *OP* 线）。*D* 点是罗尔斯的平等正义线与福利产出线的切点，是不利者的最大利益点，也是平等正义线中最具效率的点（所有可能实现的平等正义线中距原点距离最远，相对于下面的两条虚线）；*B* 是边沁（Bentham）点，*OP* 线中距原点距离最长的点，在这里不利者和有利者的福利总量达到最大化，由此产生的公平线是 *J′J′*；在 *F* 点，*OP* 曲线变成垂直，是有利者的最大利益点；从 *F* 点开始向下向左弯曲，表示极度的不平等不仅损害了不利者的收益，而且还损害了有利者的绝对收益。

如图 2－2 所示，依据罗尔斯和边沁不同的公平理念所达到的效率点也有一定差异 。依据罗尔斯的观点，在满足了正义原则优先于差别原则的条件下，给予更不利者最大的报酬，认为这种体制比其他体制更公平有效。而功利主义者所关注的是“最大多数人的最大幸福”，以此作为正义的道德准则，而不关注社会财富在不利者与有利者之间是如何分配的问题。而依据哈耶克、布坎南、弗里德曼等古典自由主义者的公平效率观，公平线应介于 *JJ* 与 *J′J′*之间

① 周平轩．论公平与效率［M］．济南：山东大学出版社，2014：38.

的一条平行线。这主要是由于罗尔斯不仅主张（自由）权利平等，机会公平以及地位（前途）向才能开放，同时也认为个人的才能和天赋也是偶得的，个体所取得的成效有赖于所处的社会环境和他人的合作，因而要将个体基于天赋和才能所得的部分财富或收入分配给社会不利者，使社会不利者在满足正义原则的条件下利益达到最大的改善。而古典自由主义者与罗尔斯主义不同之处在于其反对基于个人天赋和能力所得的再分配，但赞同给予每个个体以机会公平，因而也是赞同最低限度的再分配。

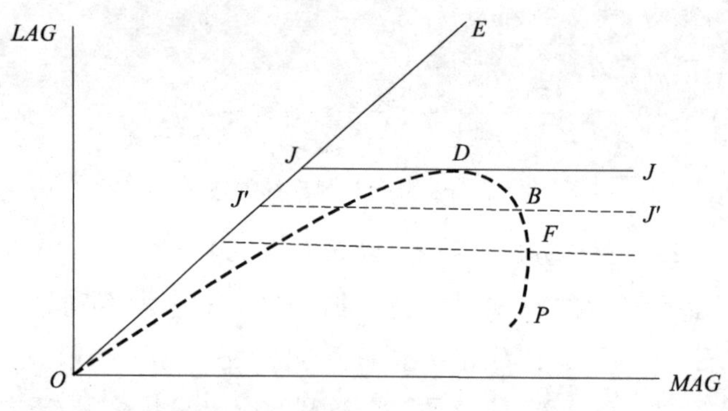

图 2-2　罗尔斯的公平正义线

基于上述分析，总体上公平和效率具有很大的一致性。公平仍是兼顾效率的公平，效率的提高也会促进公平水平的提高（依据图 2-2，随着社会福利产出线 *OP* 线的向上延伸，即效率的提高，公平正义线的高度也会上升），即效率的提高为实现更高的公平程度提供了物质基础。然而，罗尔斯主义、功利主义及古典自由主义又确实因所秉持的公平观的不同而导致各自所认可的效率存在一定的差异。基于公平高于效率及效率具有的重要性，故应该寻找公平与效率最有效的结合点。

总体来说，为了维护贫困个体享有生存权（免受饥饿、营养不良、可避免的疾病等），运用自由的能力（基本的教育、政治参与等）和机会公平等——即基本可行能力而做出的有利于贫困群体的再分配和干预是十分必要的，但干预幅度过大，如将个体基于才能和天赋所得也纳入到再分配范畴的话，必将产生“奖懒罚勤”和阻碍有才能者充分发挥自身潜质，进而影响社会生产效率的提高和物质进步。故对贫困者的保障应限定在提高其基本可行能力的保障，而不应该是“在满足了正义原则优先于差别原则的条件下，给予更不利

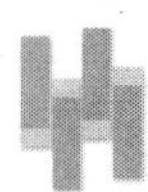

者最大的报酬"，即笔者更倾向于古典自由主义的公平与效率观。那么，公平与效率在很大程度上都具有一致性的，两者的差别集中体现在公平具有保障弱势群体基本可行能力的"底线公平"这一层含义，故公平与效率的差异实质是"底线公平"与效率的差异。

2.3.2 协调"公平"与"效率"需要"多支柱"

综上所述，从公平与效率的一致性与差异性角度而言，也需要发展多支柱养老保障制度。第一，基本自由人人平等原则要求政府为每一个个体提供底线的生存保障，使每个人获得基本的生存权。并且，不论是罗尔斯的差别原则还是基于古典自由主义理念，都允许对弱势老年群体进行有限的再分配，使社会不利者的天赋能够得到发挥，获得与有利者同等的发展机会。因此，在一国养老金制度中政府应以消除老年贫困为目标，将最基本保障扩大到所有老年人口，并对老年贫困群体予以一定的政策倾斜。尽管这在短期内一定程度上会造成对效率的损害，但从长期来看有利于社会矛盾的缓解和合作机制的扩展，进而有利于社会效率的提高。第二，人人享有的非基本自由（权利）比例平等原则要求在养老保险领域权益与义务相一致，这不仅是公平的重要内涵之一，也是效率的集中体现。第二、三支柱私营养老金为参保者设立个人账户，并由个人及（或）企业向个人账户缴费，退休收益取决于个人账户缴费额及投资回报。因而既符合市场公平原则，也有利于提高养老金制度自身效率。

2.4 "多支柱"有利于养老金制度模式的优化组合

在养老金制度实施方面存在现收现付制与基金制两种制度模式，两者各有优劣，存在天然的互补性。多支柱养老金制度体系有利于两种制度模式搭配使用，充分发挥两者的优点及分散各自的弊端。

2.4.1 “现收现付制” 与 “基金制” 模式比较

现收现付制是一种以横向平衡原则为依据，以同一时期正在工作的一代人的缴费来支付已经退休一代人的养老金制度安排。而基金制则以个体生命周期消费的纵向平衡为依据，要求个体在工作期间将收入所得的一部分交给一个集中投资的基金机构，当个体退休以后，以在职期间的缴费和投资收益作为退休收入的制度安排。通常而言，两种制度模式各有优劣，笔者主要从制度安排的效率与应对风险能力两方面对此加以比较。

2.4.1.1 现收现付制与基金制的制度效率比较分析

在养老保险费率相同的情况下，养老金给付较多，即回报率较高的制度，其效率较高。那么现收现付制与基金制的效率孰高孰低呢？国内外对此有较为深入的探究。早在1958年，萨缪尔森在一定的假设前提下，引进一个储蓄型叠代模型来分析现收现付制养老金的收益问题。萨缪尔森的分析逻辑如下：(1) 每一代人都只生活两期——工作期和养老期。工作期以工资 W 为基数缴纳养老保险费，养老期领取养老金。(2) 每一期劳动力的增长率均为 n。如果我们用 L_t 表示在 t 期工作的年轻一代人数，L_{t-1} 表示在 t 期进入养老期的老一代的人数，则有 $L_t = L_{t-1}(1+n)$。(3) 假定各期养老保险费率 τ 保持不变，在现收现付体制下，老一代人享受的养老金总额为 $P_t = \tau W_t L_t$，而他们过去缴纳的养老保险费总额为 $P_{t-1} = \tau W_{t-1} L_{t-1}$。(4) 在一个纯储蓄（即不存在生产和投资）的模型里，萨缪尔森假定劳动生产率不变，因而工资水平不变，即 $W_t = W_{t-1}$。由此可以得出退休期老人的缴费收益率如下：

$$\frac{P_t}{P_{t-1}} = \frac{\tau W_t L_t}{\tau W_{t-1} L_{t-1}} = \frac{L_{t-1}(1+n)}{L_{t-1}} = 1+n$$

上式可简化为：$P_t = P_{t-1}(1+n)$ (2-1)

通过 (2-1) 式可以看出，在一个纯储蓄并通过现收现付的代际转移来维持养老保险的社会里，每一代工作人口缴纳的养老保险费获得的隐性收益率等于人口增长率。这相当于当人口按 n 速率增长时，每一代人实际上是按 n 比率向上一代人的储蓄支付利息。也就是说在萨缪尔森看来，尽管现收现付制养老保险不能像基金制养老保险那样取得在资本市场上的投资收益，但它却可以

取得基于人口增长的“生物回报率”（Biological Return）。[①] 然而在人口增长率为负时，现收现付养老金体系将出现支付危机。

艾伦在萨缪尔森的储蓄型叠代模型中引进了生产和投资，通过劳动生产率的增长这一因素来修正萨缪尔森的模型。他假定两代人之间的劳动生产率的增长率为 g，并且劳动生产率的增长完全体现在工作人口实际工资增长上，那么工作人口工资增长率为 g，即（2－1）式中的 $W_t = W_{t-1}(1+g)$，故（2－1）式可改写成：

$$\frac{P_t}{P_{t-1}} = \frac{\tau W_t L_t}{\tau W_{t-1} L_{t-1}} = \frac{W_{t-1}(1+g)L_{t-1}(1+n)}{W_{t-1}L_{t-1}} = (1+n)(1+g) \approx 1+n+g \quad (2-2)$$

简写为：$P_t = P_{t-1}(1+n+g)$　　（2－2）’

依据（2－2）’式，当养老保险费率是工资收入的一个固定比例时，现收现付制养老保险缴费的收益率等于人口增长率和工资增长率之和。由此可见只有当人口增长率和实际工资增长率大于市场利率的前提下（即 $r > n+g$），现收现付制才能实现代际间的帕累托最优配置。[②] 否则，基金制养老金制度的效率高于现收现付制。此外，萨缪尔森及艾伦在分析中都有一个重要假定，即经济中不存在资本积累（没有金融产品，也没有资本市场，个人无法通过自我储蓄养老），所以引入现收现付养老金制度是帕累托改进的。但如果在经济发展中考虑储蓄的存在，那么现收现付制与基金制养老金制度的效率如何？

索洛（1956）的新古典经济增长模型有助于对这一问题进行分析。如图2－3所示：k 代表有效人均资本，$f(k)$ 代表有效人均产出，s 代表储蓄率，n、g 和 δ 分别代表劳动力的增长、技术的进步和资本折旧速率。当经济处于均衡增长路径时，实际投资 $sf(k)$ 等于均衡投资 $(n+g+\delta)k^*$，此时 $k=k^*$。由于人均消费 $c(k)=f(k)-sf(k)$，在均衡增长路径下，可以推出[③]：

$$c(k^*) = f(k^*) - (n+g+\delta)k^* \quad (2-3)$$

和 $c'(k^*) = f'(k)^* - (n+g)$　　（2－4）

① 梁君林，余涛．养老保险基金模式选择的经济分析［J］．江西财经大学学报，2004（2）：49－51．

② Aaron H. The Social Insurance Paradox［J］. Canadian Journal of Economics & Political Science/revue Canadienne De Economiques Et Science Politique，1966，32（3）：371－374．

③［美］戴维·罗默．高级宏观经济学［M］．王根蓓，译．上海：上海财经大学出版社，2009：14－15．

由于索洛模型假定：产出由资本和劳动两种投入要素决定的生产函数、生产过程遵循规模报酬不变和要素的边际产出递减规律，在资本市场和劳动市场达到均衡状态时，资本的边际产出$f'(k)$等于市场利率r。因此（2－4）式可变换为①，

$$c'(ki^*)=r-(n+g) \tag{2-5}$$

当一国经济中的储蓄率较低时，实际投资$s_1f(k)$与均衡投资$(n+g+\delta)k$相交决定的人均资本存量处于较低的水平k_1^*，此时资本的边际产出$f'(k_1^*)(=r)>n+g$，即$c'(k^*)=r-(n+g)>0$。若实行基金制的养老保险制度有利于增加储蓄，使实际投资$sf(k)$与均衡投资$(n+g)k$相交决定的新的均衡点k^*较大，增加了单位有效人均资本供给的同时，消费也得到了增加。相反，若一国经济中储蓄率过高，使实际投资$s_2f(k)$与均衡投资$(n+g+\delta)k$相交决定的人均资本存量达到k_2^*时，由于资本的边际产出递减规律的作用，较高资本存量下的$f'(k_2^*)(=r)<n+g$，即$c'(k^*)=r-(n+g)<0$，故过高的储蓄率会降低国民的消费效用，会造成福利损失。此时宜实行现收现付制或者类似现收现付的名义账户制来调节储蓄额。如果仅从福利效用角度讲，$f'(k_3^*)(=r)$与$n+g$相等，养老金制度无论选择现收现付制还是基金制两者的影响是相同的。此时，人均资本存量k_3^*满足人均消费最大化的条件，该点是在长期动态经济发展中使平均消费达到最高的储蓄方案，被菲尔普斯称为经济增长的黄金律水平。

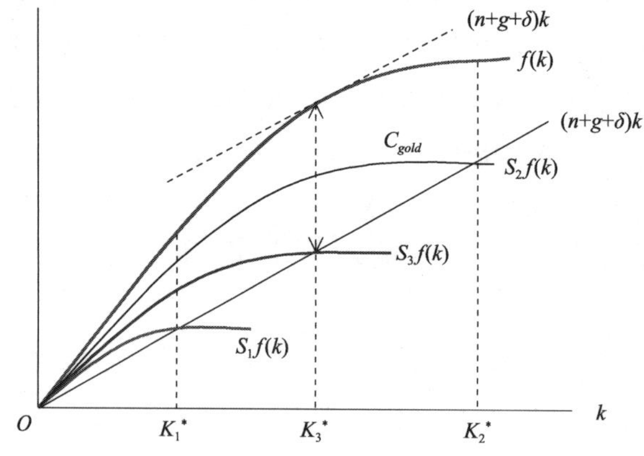

图2－3　平衡增长路径上的最优消费与储蓄

---

① 梁君林，余涛．养老保险基金模式选择的经济分析［J］．江西财经大学学报，2004（2）：49－51.

2.4.1.2　现收现付制与基金制的抗风险能力比较分析

总体而言，现收现付制与基金制养老金在面对人口风险、政治风险、管理成本、宏观经济波动风险等时承受能力是不同的。

第一，人口风险。在现收现付制下人口老龄化直接造成了缴纳养老保险费的人数下降，同时领取养老金收益人数的增加。可见，人口老龄化对现收现付制的财务影响是显而易见的。对于基金制而言，由于一国或地区人口增长率及劳动生产率的增长会影响到市场利率的价格，因而基金制也间接受到了人口老龄化的影响。然而，基金制具有在国际范围内投资的可能性，从而可以缓解人口寿命因素的某些影响，因为各地区老龄化的状况是不对称的。故从应对人口风险角度，基金制要优于现收现付制。

第二，政治风险。在现收现付制下，养老金缴费和给付的复杂性和不透明性使其既容易受到政治集团的利用和操纵，也易于受到公众舆论和压力的影响，使其成为政选人物迎合选民的政治工具，破坏了制度的长期财务平衡机制。而私人机构管理的基金制将个体缴费直接存入个人账户，养老金收益也取决于个人账户的存储额，并不受到政治干预。但公共管理的强制性储蓄计划（公积金）也可能被滥用，因为它们通常被要求只能投资于利率由政府决定的公共债券，导致养老基金的收益具有很大不确定性，同时也可能存在政府对基金滥用现象，并剥夺了私人部门同等获得基金的机会，从而抑制了经济的增长。① 值得强调的一点是，尽管私营基金制养老金几乎不存在政治风险，但与现收现付制相比却可能存在较高的管理和投资运营成本，以及委托代理风险。

第三，宏观经济波动风险。宏观经济波动风险主要包括就业周期波动和通货膨胀的风险。通常而言，现收现付制易受就业周期波动的影响，却不易受通货膨胀的影响。而基金制易受通货膨胀的影响，却不易受就业率的影响。原因如下：在养老金缴费率一定的情况下，就业率的下降将直接导致现收现付制缴费收入的减少。而基金制与就业的联系不如现收现付制紧密，并且其养老缴费直接存入个人账户，用来平滑个人整个生命周期内的收入与消费，不具有纵向再分配性质，因而受就业率的影响不大。同时由于现收现付制没有基金积累，因而不易受通货膨胀的影响。基金制却以积累基金的方式获得投资收益，故会

① ［美］科克罗蒙．防止老龄危机：保护老年人及促进增长的政策［M］．北京：中国财政经济出版社，1996：151．

因通货膨胀而造成资产贬值损失。

2.4.1.3 现收现付制与基金制对社会公平和经济发展的影响

尽管从效率和抗风险角度而言，现收现付制与基金制各有优劣、适用情境不同，然而从社会公平和经济发展的角度而言，现收现付制发展规模过大会造成很大弊端。

第一，现收现付制养老金缺乏公平。由于现收现付制把养老金待遇与缴费区分开，不可避免地给养老金制度覆盖下的第一代人带来低成本和高的正值转移支付，也不可避免地由于制度趋于成熟和人口老龄化而给后来几代人带来负值的转移支付。甚至这种代际再分配很具有讽刺意味，因为最大的转移支付很可能给予了较早几代高收入群体，而后来几代的中等收入，甚至低收入群体得到的转移支付却为负值。① 这与本书所界定的“人人所享有的非基本自由（权利比例平等原则）”，“适用于最少受惠者的差别原则”是相违背的。与现收现付制相比，基金制使缴费与给付的联系更为紧密，更能体现公平的本义。因而，政府主导的具有收入再分配特征的现收现付制应限定在基本保障范畴内。

第二，现收现付制养老金一定程度上阻碍经济发展。现收现付制在人口老龄化时，需要政府提高税费来筹措资金，一定程度对私人储蓄产生了挤出效应。同样，由于现收现付制养老金收益和缴费相脱节，导致逃避缴费行为的发生及对劳动力供需的扭曲，尤其是在那些有庞大的非正规部门而征税能力薄弱的发展中国家更是如此。而基金制由于缴费与给付的紧密联系不仅减缓了对劳动力市场的扭曲，而在很大程度上提高了储蓄水平，增加了对金融工具的需要，促进了资本市场和经济的发展。

2.4.2 两种制度模式优劣互补需要多支柱

从世界各国既往实践来看，单支柱养老金制度模式存在很大的弊端。根据风险管理的效率原则，采用多支柱养老金制度体系，将现收现付制与基金制置于不同的支柱中，有利于更好地发挥两种制度模式的优势和实现风险分散。

---

① ［美］科克罗蒙．防止老龄危机：保护老年人及促进增长的政策［M］．北京：中国财政经济出版社，1996：150.

2.4.2.1　养老金单支柱模式存在诸多弊端

从第二次世界大战到20世纪末，世界大多数国家仍以公共现收现付制养老金为主导。这种制度模式同时涵盖收入再分配与储蓄双重功能，结果却是既不能很好地向低收入群体提供收入再分配，又不能同时满足向高收入群体提供收入补偿。一方面，现收现付制多以就业为前提，使社会真正的弱势群体被排除在该制度之外，使同代人之间的横向再分配多是高收入者补贴中低收入者而不是社会真正贫困者。而在不同代人之间由于人口结构的变化甚至出现了后代穷人补贴前代富人的现象。另一方面，现收现付制对高收入群体具有负激励效应。由于对退休金最高领取额的限制，高缴费率及长时间缴费者并不能得到相应的回报，损害了其缴费的积极性，导致了大量逃费现象，抑制了劳动者的积极性。此外，在人口老龄化背景下现收现付制养老金财务可持续性问题也困扰着世界上的极大多数国家。

除了现收现付制，如果采用其他单一支柱也存在很多弊端。如强制性基金制，一方面缺少对社会弱势群体最低程度的收入再分配功能；另一方面，政府对规模巨大的养老基金进行投资和管理不仅容易产生对资金滥用，损害参保人利益的现象，同时也会造成对资本市场的干预和挤压，阻碍社会经济发展。而自愿性基金制尽管具有制度灵活性、低政治风险、潜在高收益等优势，但却不能解决终身低收入者养老问题，也不能抵御低投资收益和个体长寿风险，甚至还会受到雇主和保险公司违约的侵害。①

2.4.2.2　制度模式多元化有利于风险分散

由上文分析可见，无论何种模式的单一支柱都不能起到很好的养老保障作用。根据风险管理的效率原则：通过制度要素（或资产）的多元化来实现与风险相关的预期收益的最优化。在养老金制度中，它体现在多支柱制度的潜在优势之中，这是因为多支柱体系是由若干特征不同的要素构成，它们相互补充，可以获得理想的个人和社会收益，同时又将相关风险最小化。②

因此，为了最大限度发挥不同养老金制度模式的优势和分散风险，需要构

① ［美］科克罗蒙．防止老龄危机：保护老年人及促进增长的政策［M］．北京：中国财政经济出版社，1996：151－152.

② ［英］罗伯特·霍尔茨曼，理查德·欣茨等．21世纪的老年收入保障［M］．北京：中国劳动社会保障出版社，2006：46.

建多支柱养老金制度。针对世界多数国家现收现付制公共养老金发展规模过大出现的弊端，一方面，需要将公共养老金限定在对老年贫困群体收入再分配范畴内，使储蓄功能与之分离。这样由于公共年金制度具有明确而有限的目标，使得它对养老金税收需求大大减少，从而减少逃费和劳动力的不合理分配，进而减轻了超支和不适当的代内和代际转移支付所造成的压力。① 由于公共养老金收入再分配特性要求养老基金具有低风险性和高流动性，宜采用现收现付制模式。另一方面，为了满足社会中高收入群体更高层次保障需求，需要积极发展强制性或者自愿性基金制养老金制度。因为相对于现收现付制，基金制具有高风险和高收益的特性，还可以规避政治风险。总之，将基金制与现收现付制放在不同的支柱中更符合风险管理的效率原则。

2.5 本章小结

本章基于不同主体的权责、公平和效率两个养老金领域的核心问题，从个人自我保障责任、政府与市场职能的界定、公平与效率的关系以及现收现付制与基金制的优劣等四个方面阐释了构建结构优化的多支柱养老金制度的必要性。

首先，从个人自由角度而言，古典自由主义者基于个体理性有限性，认为政府官员对社会保障的全盘计划和干预是极具危害性的。政府赋予个体以消极自由（权利）实则是给予个体自身最好的保障。因为个体在此情形下，可以充分利用自身的情境知识，做出符合自身偏好的选择，使自身的创造性得到最大程度发挥，提高自我保障的物质基础，增强自我保障的责任。然而个人通过自由实现自我保障，仍然离不开政府提供的底线保障。因而在养老保障中既需要个人也离不开政府职能的发挥。

其次，就政府与市场职能而言，出于对个人消极自由的维护，政府的职责应限定在保护个人的消极自由，为社会公众提供满足其基本生活需求的有限保障；由于市场机制可以最大限度维护个体自由，因而应将个体高水平、多样化

① ［美］科克罗蒙．防止老龄危机：保护老年人及促进增长的政策［M］．北京：中国财政经济出版社，1996：152.

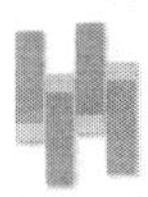

的养老保障让位于市场。

再次，就公平与效率而言，公平与效率很大程度上具有一致性（如基本自由人人平等原则和非基本自由比例平等原则），而公平与效率的差异主要体现在公平强调在符合正义的前提下应使最少受惠者的利益达到某种程度的改善。也就是说，基于罗尔斯，甚至是多数古典自由主义者的公平理念，为了照顾社会弱势群体的利益对效率的要求做出了一定程度的妥协。故政府应为老年贫困群体提供最基本的生存保障。另外，出于效率的考虑也应注重养老保险的权利与义务相对应原则，而私营养老金则更好地体现了这一原则。

最后，就现收现付制与基金制而言，现收现付制与基金制在制度效率以及抗风险能力方面适用各有优劣，适用情境不同。然而由于世界上大多数国家在过去很长时间内都以现收现付制公共养老金为主导，政府再分配范畴很大，不仅造成了养老金制度不公平，财务可持续性差，也损害了社会经济的发展。基于此，首先应将现收现付制公共养老金再分配范畴和保障程度限定在维护全体老人最基本生活需求上，而更高层次保障应采用与市场经济相容的基金制养老金模式，从而使养老金制度体系达到优劣互补，分散风险的目的。

第3章 OECD养老金结构改革趋势：从单支柱到多支柱

OECD国家[①]是养老金制度的发源地，也是养老金制度从单支柱到多支柱的改革先驱。因此，深入探究OECD国家养老金结构发展趋势及其效果，不仅可以进一步丰富和发展养老金制度结构优化的相关理论，更对中国优化多支柱养老金制度发展具有重要借鉴意义。本章主要论述了OECD国家养老金制度结构优化改革背景、改革举措、取得的成效及对中国养老金制度的发展启示等内容。

3.1 OECD养老金结构改革背景

OECD多为发达的资本主义国家，养老金制度建立时间早、福利水平高。但随着人口老龄化及经济发展放缓，政府的养老财政压力急剧增加，养老金制度的可持续性受到严重挑战。

① 注：目前OECD共有35个成员国，1961年成立之初的成员国包括奥地利、比利时、加拿大、丹麦、法国、德国、希腊、冰岛、爱尔兰、意大利、卢森堡、荷兰、挪威、葡萄牙、西班牙、瑞典、瑞士、土耳其、英国和美国。其他国家按加入时间顺序分别为：日本（1964年），芬兰（1969年），澳大利亚（1971年），新西兰（1973年），墨西哥（1994年），捷克共和国（1995年），匈牙利（1996年），波兰（1996年），韩国（1996年），斯洛伐克（2000），智利、爱沙尼亚、以色列和斯洛文尼亚（2010年），拉脱维亚（2016年）。本书的研究范围是OECD35个成员国养老金改革和发展情况，但由于数据的可得性，且各国进入OECD时间的不一致，下文部分图表数据可能会少于35个国家。

3.1.1　人口老龄化增加养老金负担

3.1.1.1　人口预期寿命增加导致支付年限变长

老年人口预期寿命对于养老金制度财务可持续性具有非常重要的影响。在退休年龄一定的情况下，退休者的剩余寿命的长短决定着养老金支付年限的长短。欧洲各国人口预期寿命普遍较高，被称为是全球最“老”的国家。在未来的一段时间内，OECD各国无论男女预期寿命都存在普遍增加的趋势（见图3－1）。在2010—2015年间，年龄达到65岁的女性预期余命是20.8年，并且50年后，即2060—2065年间年龄达到65岁的女性预期余命将增加到25.8岁（见图3－2）。相比于女性，男性的预期余命分别是17.4岁和21.9岁（见图3－3）。

当前OECD国家，男女平均有效退休年龄分别是64.6岁和63.1岁。这意味着当前每位退休女性平均需要被支付23年的退休金。如果保持退休年龄不变，50年后每位女性平均需要被支付约28年的退休金，而退休男性在当前和50年后分别需要被支付约18年和22年的退休金。尽管OECD各国政府试图通过提高退休年龄和减少养老金给付等方式来维持未来养老金的收支平衡，但由于遭受利益相关者的强烈反对，这种参数式改革的空间极为有限。

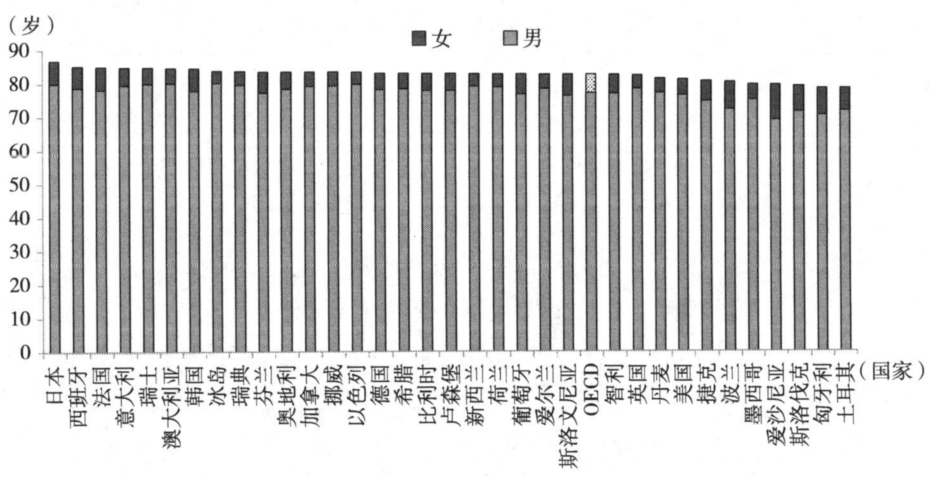

图3－1　OECD国家2010—2015年出生人口预期寿命

资料来源：OECD，Pensions at a glance 2015，http：//dx. doi. org/10. 1787/888933300764。

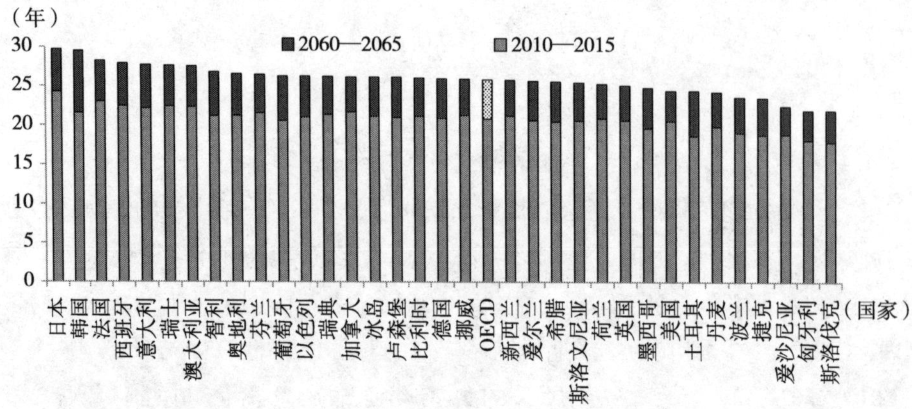

图 3-2　2010—2015 年和 2060—2065 年，年龄达 65 岁女性预期剩余寿命

资料来源：OECD. Pensions at a glance 2015. http：//dx. doi. org/10. 1787/888933300779.

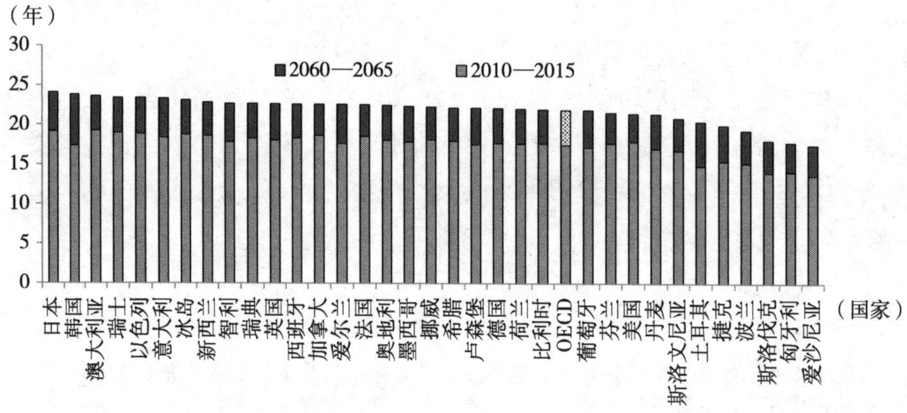

图 3-3　2010—2015 年和 2060—2065 年，年龄达 65 岁男性预期剩余寿命

资料来源：OECD. Pensions at a glance 2015. http：//dx. doi. org/10. 1787/888933300780.

3.1.1.2　老年抚养比上升导致养老负担加重

老年抚养比是判断老年人口对社会的经济负担、衡量劳动者经济负担的重要指标。随着老年人口预期寿命的增加、生育率的下降及移民等因素，老年抚养比在 OECD 国家呈急剧上升态势。1950 年，OECD 国家平均老年人口抚养比不足 14%，即约 7 个工作年龄人口抚养一个退休老年人口①。到 1980 年，这一比例达到 18%，30 年间上升了 4%。而到了 2015 年，OECD 国家平均老年

① OECD，Pension at a glance 2015. 2015：159.

人口抚养比达到了 26%，相比 35 年前增加了 8%，已呈加快上升趋势。但据预测，到 2050 年 OECD 国家平均老年人口抚养比将达到 51%，相比于 35 年前（2015 年）将上涨 25%，届时，两个工作年龄人口将抚养一个退休老年人口。（见图 3－4）

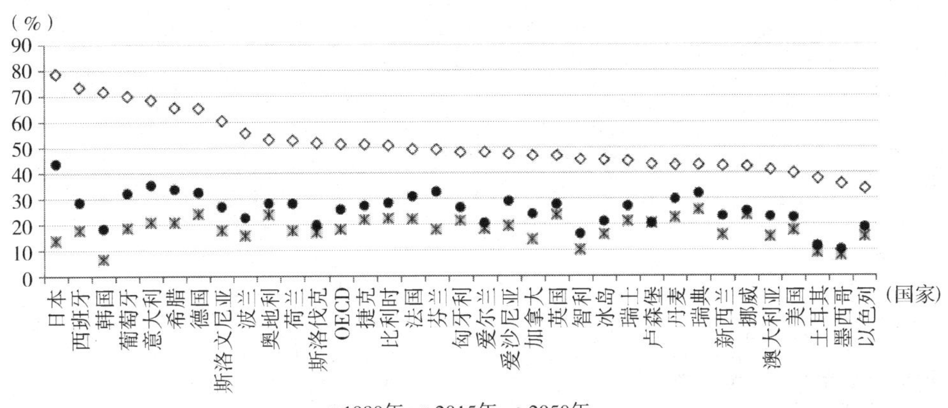

图 3－4　OECD 国家老年人口抚养比增长趋势

注：老年抚养比指 65 岁及以上人口与 20～64 岁之间工作年龄人口之比。1980 年、2015 年数据是实际数据，2050 年为预测数据。

资料来源：World Bank. http：//data. worldbank. org. cn/indicator/SP. POP. DPND. OL. OECD. Pension at a glance 2015. http：//dx. doi. org/10. 1787/888933301184，由作者整理计算所得.

由此可见，老年抚养比上升意味着工作年龄人口的相对减少，就业人数也会随之减少，退休人员相应增多。因而以就业为前提建立的养老金制度就会面临缴费人数相对减少，领取养老金人数相应增加。这给当前以现收现付为主的公共养老金制度带来的风险尤为严重。原因在于现收现付制依据横向平衡原则，即以当期在职人员的养老金缴费来支付给当前已退休老年人的养老金待遇，不积累或积累少量的储备基金，一旦出现收不抵支的现象，由政府财政承担兜底责任。依据图 3－5，在 OECD 国家中，老年人口所占比例越高，公共养老金支出也会随之上涨。

综上所述，在人口老龄化背景下，现收现付制公共养老金不仅使在职者承担更重的养老负担，同时也使政府承担更多的财政责任来填补养老金收支缺口。

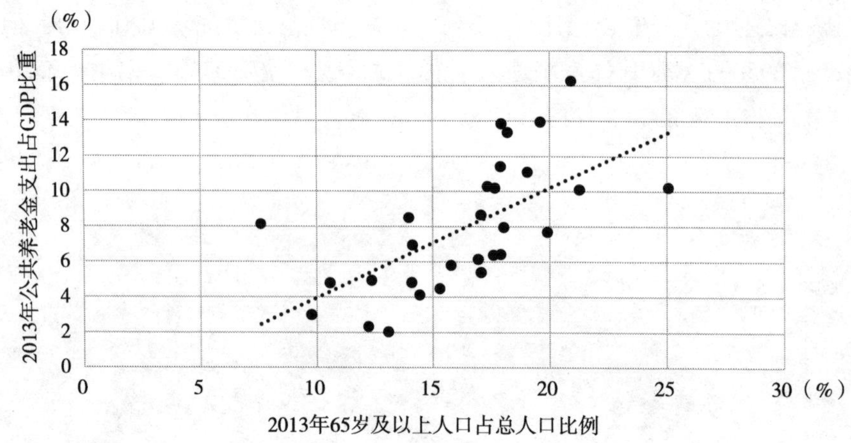

图3-5 人口老龄化与公共养老金支出关系

资料来源：OECD Data. https://data.oecd.org/pop/elderly-population.htm. https://data.oecd.org/socialexp/pension-spending.htm. 由作者整理分析所得.

3.1.2 经济发展放缓抑制养老金供给

3.1.2.1 就业增长缓慢难以抵制老年抚养比上升

就业是养老保险的基金源泉。如果就业增长缓慢，一方面失业者很难缴纳养老保险费用，进而会影响养老保险基金的增长。另一方面，在就业市场不景气的情形下，竞争力弱、低技能的中老年人会出现提早退休现象，那么会进一步增加养老金以及老年救济金等支出。

当前，在多数OECD国家都出现了就业率增长低迷的现象。如表3-1所示，OECD国家2000年、2008年、2016年的平均就业率分别是64.8%、66.3%、66.9%，16年来增幅微小，甚至在一些国家就业率出现不升反降现象。如图3-6所示，OECD国家2005年的平均就业率是65.3%，经过短暂的小幅上升后，在2008年的金融危机后开始出现滑坡，并且在2010年降到最低值64.4%，此后逐年缓步上升，到2016年达到66.9%。尽管从2010年以来就业率有小幅稳步提升，但却跑不过实际老年抚养比的提高。

通常抚养比的计算方法是以65岁及以上的老年人口比上15~64岁的工作年龄人口，姑且称为名义抚养比。但真正起到代际赡养作用的是15~64岁的

就业人员数量，可将65岁及以上老人与15～64岁实际就业人口之比称之为实际抚养比。基于此，可以用名义抚养比除以就业率得到实际抚养比。在图3－6中，尽管就业率从2005年到2016年间有小的浮动，但无论是就业率降低还是升高，实际老年抚养比从2005年的31.5%稳步上升到2016年的36.9%。可见，就业率缓慢变化并不能有效抵制老年抚养比上升对养老金制度所造成的冲击。

表3－1　OECD国家15～64岁人口就业变化趋势

国家	2000年	2008年	2016年	国家	2000年	2008年	2016年
挪威	77.5	78.0	74.3	斯洛伐克	56.8	62.3	64.9
丹麦	76.3	77.9	74.9	希腊	56.5	61.4	52.0
美国	74.1	70.9	69.4	西班牙	56.3	64.5	59.6
荷兰	73.0	77.2	74.8	匈牙利	56.2	56.4	66.5
英国	71.2	71.5	73.5	以色列	56.1	59.8	68.6
加拿大	70.9	73.5	72.6	波兰	55.0	59.2	64.5
新西兰	70.3	74.6	75.6	意大利	53.7	58.7	57.3
澳大利亚	69.1	73.2	72.4	法国	—	64.9	64.2
日本	69.0	70.9	74.4	德国	—	70.1	74.7
奥地利	68.5	70.8	71.6	冰岛	—	83.6	86.5
葡萄牙	68.4	68.0	65.3	卢森堡	—	63.4	65.6
芬兰	67.2	71.1	69.1	墨西哥	—	60.7	61.0
爱尔兰	65.2	67.4	64.8	瑞典	—	74.3	76.2
捷克	65.0	66.6	72.0	瑞士	—	79.5	79.6
斯洛文尼亚	62.9	68.6	65.9	土耳其	—	44.9	50.7
韩国	61.5	63.8	66.1	智利	—	57.3	62.2
比利时	60.5	62.4	62.3	OECD	64.8	66.3	66.9
爱沙尼亚	60.3	70.1	72.1				

注：就业率指15～64岁就业人员占劳动适龄人口的比重；—表示数据缺失。

资料来源：Labour Market Statistics. http：//stats. oecd. org/Index. aspx？DataSetCode＝STLABOUR.

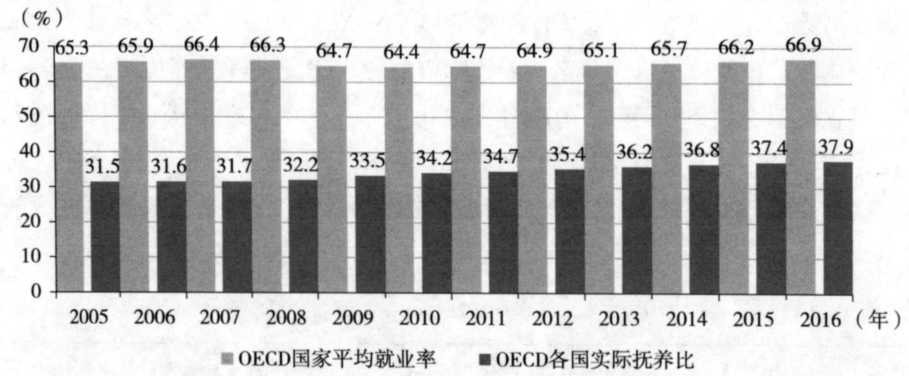

图3－6 OECD国家平均就业率与实际抚养比变化趋势

注：平均就业率指OECD国家同一年就业率的简单平均数。实际抚养比的计算是以OECD各国历年平均抚养比数据分别除以历年OECD平均就业率数据得出。

资料来源：Labour Market Statistics. http：//stats. oecd. org/Index. aspx？ DataSetCode = STLABOUR. World Bank. http：//data. worldbank. org. cn/indicator/SP. POP. DPND. OL. 由作者整理计算所得.

3.1.2.2 工资增长缓慢影响养老保险缴费收入

由于养老保险缴费是以就业人员工资总额的一定比例作为缴费基数，因而除了就业者数量外，就业者的工资水平一定程度也决定养老金缴费收入高低。如图3－7所示，OECD大多数国家就业人员平均工资增长缓慢。在34个国家中，卢森堡、澳大利亚、荷兰等13个国家年平均工资在2000—2016年间平均增长速度小于1%，甚至日本、希腊、葡萄牙等国呈现负增长；智利、斯洛文尼亚、爱尔兰、瑞典等15个国家平均增长速度介于1%～2%。仅有拉脱维亚、爱沙尼亚、捷克、斯洛伐克、挪威、匈牙利等6个国家平均增长速度大于2%。因而，无论从近年来就业率的增长速度还是从平均工资增长速度来看，养老保险基金收入都不乐观，难以满足扩大的基金支出需求。

3.1.2.3 政府财政收入降低难以填补养老金缺口

当前OECD国家多数政府的财政收入增速小于财政支出增速，政府负债大幅上涨。如图3－8所示，尽管在28个OECD国家中，2015年相比于2000年政府财政收入占GDP的比重有15个国家得到提高，12个国家有所降低以及1个国家（波兰）保持不变。但有19个国家2015年政府财政支出占GDP的比重高于2000年水平。17个国家财政支出的增速快于财政收入的增速。图3－9更是反映了OECD绝大多数国家政府2015年负债增速高于2000年的情形。由

此可见，多数OECD政府在提供公共物品和服务以及社会保护的财务能力都有所下降，更难有大规模的财政基金来弥补由于人口、经济环境变迁所带来的养老金收支赤字。

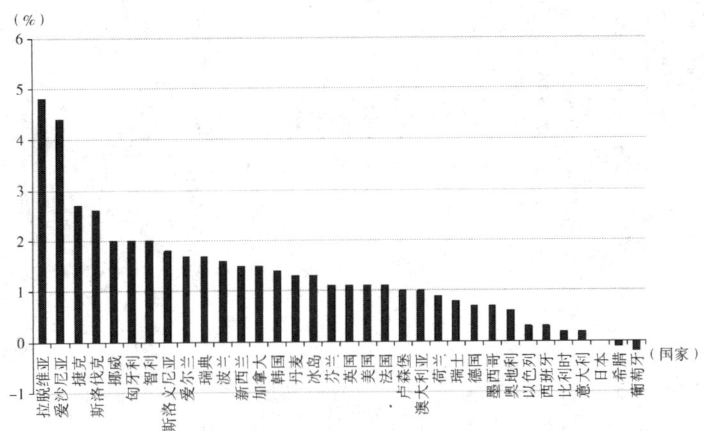

图3－7　OECD国家2000—2016年就业人员平均工资增长速度

注：2000—2016年OECD国家就业人员工资数据是以美元不变价格为衡量基准；平均工资增长速度是采用几何平均法计算得出。

资料来源：OECD Data. https：//data. oecd. org/earnwage/average－wages. htm. 由作者整理计算所得.

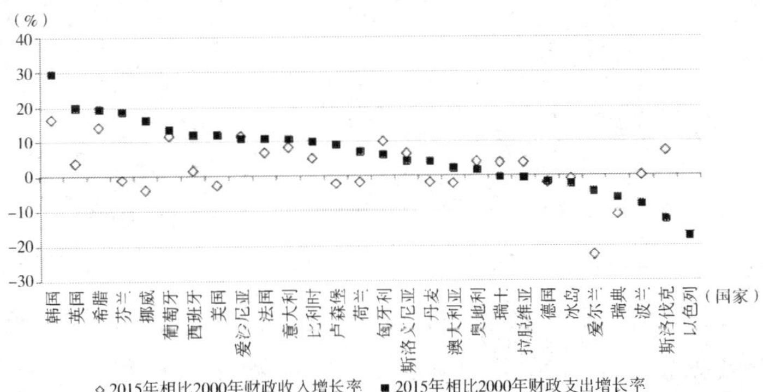

图3－8　OECD国家政府财政收支增长率

注：财政收入、财政支出的数据都以2000年为基期，2015年为报告期。其中财政收入数据墨西哥、日本及土耳其分别以2003年、2005年和2009年的数据作为基期；财政支出数据波兰以2002年数据作为基期，瑞士以2005年数据作为基期，冰岛以2013年数据作为基期；墨西哥、日本、新西兰、加拿大、土耳其等国数据缺失。

资料来源：OECD Data. https：//data. oecd. org/gga/general－government－spending. htm#indicator－chart；https：//data. oecd. org/gga/general－government－revenue. htm#indicator－chart，由作者整理计算所得。

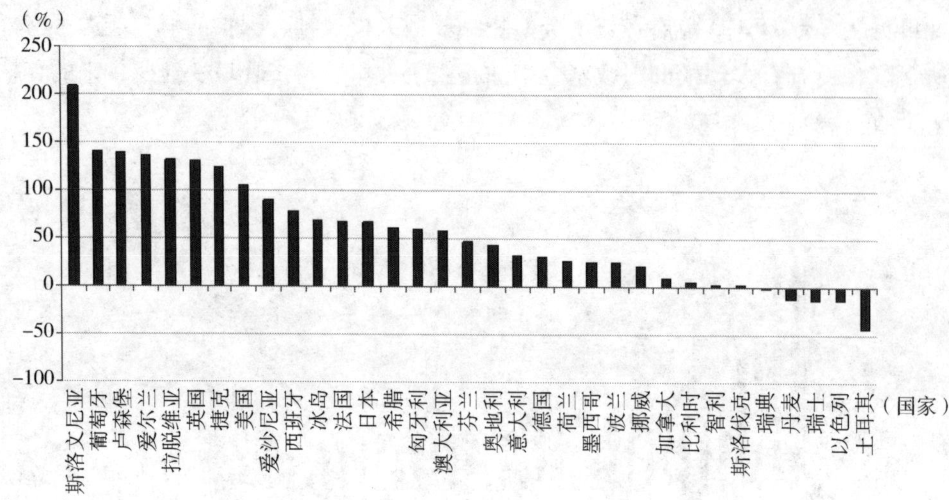

图3-9 OECD国家2015年相比2010年政府负债增长率

注：政府债务用一般政府负债占GDP的百分比表示。图6各国数据以2000年为基期，2015年为报告期计算得出的增长比，其中冰岛分别以2003年，2013年数据分别作为基期、报告期数据；冰岛以2002年、智利、墨西哥以2003年、拉脱维亚、波兰以2004年，土耳其以2010年作为基期数据；意大利、韩国、新西兰数据缺失。

资料来源：OECD data. https：//data. oecd. org/gga/general - government - debt. htm#indicator - chart. 由作者整理计算所得.

3.1.3 养老金参数式改革空间有限

总体而言，养老金制度改革方式分为参数式改革和结构式改革两种类型。参数式改革主要是对影响养老金支出的关键变量（替代率、缴费率和赡养率）进行调整，达到养老金收支平衡的目的。调整制度参数就意味着或下调替代率，或上调缴费率，或提高退休年龄来人为调节赡养率。而结构式改革顾名思义就是对养老金制度体系不同支柱或不同层次进行调整和改革，提高制度的整体效率。

事实上，始于20世纪80年代初期的西方国家养老金制度改革，最初以“开源节流”的参数式改革为主，如提高法定退休年龄，延长享受全额养老金所需要的缴费年限，降低养老金指数化调整系数，冻结高收入者公共养老金增长水平等，以增强总共养老金制度的可持续性。由于参数式改革实质上是采用

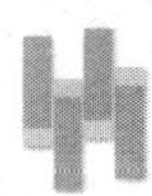

间接的方式降低养老金待遇水平，因而很大程度上会遭受社会公众的抵制，并且一味地通过降低退休者收益水平的方式追求制度的长期收支平衡，也会影响社会公众对公共养老金制度的信心，也违背了制度存在的目标。因此，参数式改革空间相对有限，改革所取得的成效也并不甚显著。于是，到 20 世纪 90 年代初，OECD 国家开始积极转向结构式改革，并逐步演变成一种世界性改革潮流。值得强调的一点，参数式改革与结构式改革某种程度上是相辅相成的。即使当前 OECD 国家都对养老金制度采取了结构式改革，但仍辅之以一定程度的参数式改革。

3.2　OECD 养老金结构式改革主要措施及内部差异

20 世纪 90 年代以来，多数 OECD 国家将养老金制度改革的重心由参数式改革转向结构式改革。在采取降低公共养老金保障地位的同时，大力促进私营养老金发展，努力构建多支柱养老金制度。OECD 养老金制度改革体现了共同的改革趋势，然而在不同的福利模式中却呈现不同的发展特征。

3.2.1　OECD 养老金结构改革的主要措施

3.2.1.1　控制含公共养老金在内的社会保险缴费率的上升

尽管控制社会保险缴费直接看来是一种参数式改革，但在 OECD 国家的养老金制度改革中却起到了作为结构式改革的一种配套措施，即通过限制公共养老金在整个养老金体系中发挥作用的空间，达到促进私营养老金发展的目的，从而起到了平衡不同养老金支柱的结构的作用。

近年来，尽管以养老保险制度为主的社会保险给付负担沉重，但多数 OECD 国家政府都试图控制社会保险缴费率的提高，甚至在部分 OECD 国家还呈现出下降的发展趋势。在表 3－2 中，2010 年和 2016 年 34 个 OECD 国家社会平均收入者总社会保险缴费率（雇主和雇员缴费率之和）平均值都在 27% 左右，呈持平状态，但 2016 年相比 2010 年雇主缴费率有所下降，而雇员缴费率相应有所提升。具体来看，比利时、奥地利、冰岛、澳大利亚、美国、希

腊、墨西哥等国2016年社会保险缴费率都低于2010年水平，一定程度体现了政府对社会保险费率上升的控制。

表3－2　2010与2016年OECD国家社会保险缴费率　单位：%

国家	雇员缴费		雇主缴费		国家	雇员缴费		雇主缴费	
	2010年	2016年	2010年	2016年		2010年	2016年	2010年	2016年
澳大利亚	0.0	0.0	6.2	6.0	日本	13.0	14.4	13.8	15.1
英国	9.2	9.4	10.7	10.7	意大利	9.5	9.5	32.7	31.9
加拿大	7.3	7.7	11.5	12.1	韩国	7.8	8.4	9.8	10.4
美国	7.7	7.7	8.9	8.4	西班牙	6.4	6.4	29.9	29.9
荷兰	15.5	13.5	10.4	11.2	希腊	16.0	15.8	28.1	24.9
爱尔兰*	3.2	4.0	10.8	10.8	葡萄牙	11.0	11.0	23.8	23.8
冰岛	0.5	0.3	8.7	7.4	斯洛文尼	22.1	22.1	16.1	16.1
挪威	7.8	8.2	12.8	13.0	捷克	11.0	11.0	34.0	34.0
丹麦	0.0	0.0	0.8	0.8	爱沙尼亚	2.8	1.6	34.4	33.8
瑞典	7.0	7.0	31.4	31.4	土耳其	15.0	15.0	16.5	17.5
瑞士	6.1	6.2	6.1	6.2	匈牙利	17.0	18.5	28.5	28.5
芬兰*	7.1	8.3	22.3	21.4	波兰	17.8	17.8	14.8	16.8
新西兰	0.0	0.0	0.0	0.0	斯洛伐克	13.4	13.4	26.2	31.2
德国	20.5	20.7	19.3	19.3	以色列	8.0	7.9	4.7	5.6
比利时	14.0	14.0	30.0	28.7	智利	7.0	7.0	0.0	0.0
卢森堡	12.2	12.8	11.5	12.2	墨西哥	1.4	1.4	11.7	11.6
奥地利	18.1	18.0	29.1	28.9	平均	9.7	9.8	17.6	17.5
法国	13.7	14.3	44.0	36.6					

注：以社会平均工资作为基数计算得出；* 表示数据来自2015年；缺少拉脱维亚数据。

资料来源：OECD. Tax Database. http：//stats. oecd. org/index. aspx? DataSetCode = TABLE_ I5#. 由作者整理计算所得.

3.2.1.2　控制公共养老金总支出与注重底线保障并举

在控制公共养老金支出方面，在过去的15年中，多数OECD国家在公共养老金制度中都引进了自动调整机制，使退休金给付与人口、经济和养老金财政发展情况自动联系起来，从而在某种程度使公共养老金制度免受人口、经济波动的

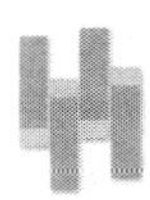

影响。[①] 并且 OECD 国家也采用了多种间接方式降低公共养老金支出，如，严格基本保障金给付核查及养老保险缴费监管，综合考虑缴费年限、退休年限、物价及工资水平、缴费率等因素通过指数化方式降低给付水平，延长法定退休年龄，限制提前退休以及增强工作激励，或者通过管理机构的合并、监管措施的实施和新技术的使用来降低管理成本等。[②] 在底线保障方面，为避免低收入群体陷入生存危机，几乎所有 OECD 国家除不断努力提高养老金覆盖率水平外，也针对贫困群体采取减税或者设定较高养老金替代率等措施。这些政策措施不仅提高了公共养老金的使用效率，同时也为私营养老金留下更多的发展空间。

3.2.1.3 提高私营养老金覆盖率

澳大利亚、丹麦、芬兰、冰岛、荷兰、以色列等近一半 OECD 国家建立了强制性或准强制性私营养老金制度，故这些国家私营养老金覆盖率很高；意大利、新西兰、英国、美国、加拿大等国已实施自动加入计划，也使私营养老金的覆盖水平有很大提高。此外，由于第一、二支柱缴费型养老金制度主要面向正规就业群体，一些 OECD 国家在建立个人养老金计划时非常重视对非正规部门人员、中小企业雇员的覆盖。如，德国的里斯特养老金计划是一项参保人配偶也可参加的家庭保险计划；德国、法国实施的“人民退休养老储蓄计划（PERP）”——参与者不受年龄及就业状况的限制，任何人都可参加；美国的简易员工养老计划（SEP IRA）、工薪减税简易雇员养老计划（SAR－SEP IRA）及员工储蓄激励匹配计划（SIMPLE IRA）——专门针对中小企业参保人员设立的。

3.2.1.4 为私营养老金发展提供税收优惠政策

目前，所有 OECD 国家都对本国私营养老金制度的发展给予一定程度税收优惠政策，包括针对企业或个人的直接财政补贴、匹配缴费、税收减免及税收递延等措施，并结合本国私营养老金制度具体情况在缴费、投资和领取环节采取不同的税收形式，形成形式多样的税收优惠政策，以鼓励企业年金和个人养老金计划的建立和发展（见表 3－3）。

---

① OECD. Pensions Outlook 2012 [EB/OL]. https://www.keepeek.com//Digital-Asset-Management/oecd/finance-and-investment/oecd-pensions-outlook-2012_9789264169401-en#.WqVO8S_4SKI#page3.

② OECD. Pensions at a Glance 2015 [EB/OL]. http://www.oecd.org/publications/oecd-pensions-at-a-glance-19991363.htm.

表 3-3　　OECD 国家私营养老金税收优惠形式

国家	税收优惠形式	国家	税收优惠形式
澳大利亚	ttE；TtE + 匹配缴费	韩国	EEt；tEt（税收抵免）
奥地利	tEt；EET；tEt + 匹配缴费；TET；TEE + 匹配缴费	拉脱维亚	EET；EtE
比利时	tEt（税收抵免）	卢森堡	tEE；EEt
加拿大	EET	墨西哥（3）	tEt + 匹配缴费 + 补贴；tTE；ETt；EEt；EET；TTt + 匹配缴费
智利	EET + 匹配缴费；TTE + 匹配缴费；EET	荷兰	EET
捷克	tEE + 匹配缴费	新西兰	ttE；ttE + 匹配缴费
丹麦	EtT；TtE	挪威	EET；tET
爱沙尼亚	EEt；tEE（税收抵免）	波兰	EET；EEt；TEE
芬兰	EET；tET（税收抵免）	葡萄牙	EET；tEt
法国	tEt；EEt；ttt；tEt	斯洛伐克	EEE；tTE
德国	EET；EET + 补贴；TEt	斯洛文尼亚	EET
希腊	EET	西班牙	EET
匈牙利	tEE + 匹配缴费；TEE + 匹配缴费	瑞典	EtT
冰岛	EET	瑞士	EET
爱尔兰	EET	土耳其	TtE + 匹配缴费；TtE
以色列	tEt（税收抵免）	英国	EET；EET + 匹配缴费
意大利	Ett	美国	EET + 税收抵免；TEE + 税收抵免
日本	EEt		

注：在税收优惠形式中，分号之间的每三个连续字母代表一种税收优惠模式，依次针对缴费、投资和领取环节所实施的税收政策。E 代表免税；T 代表征税；t 代表部分税收减免，含根据缴费额计算的税收抵免和减少应税收入而产生的缴税降低。

资料来源：OECD. Pensions Outlook 2016. http：//dx. doi. org/10. 1787/888933430393. 由作者整理所得.

3.2.1.5　注重私营养老金市场化投资

私营养老金进行市场化投资是其追求投资收益的内在要求。当前在私营养老金发展早，资本市场相对成熟的 OECD 国家中，避免过度的政治干预，维护各类私营养老金的市场化投资已经成为基本共识。如图 3－10 所示，34 个 OECD 国家养老金的市场化程度都相对较高。无论是从加权平均数还是简单平均数来看，股票和债券投资额之和都达 75% 以上，并且股票和债券投资额占总投资额 50% 以上的达 33 个国家。仅就风险和收益都更高的股票而言，有 15 个国家达到 30% 的水平，而有多达 23 个国家现金和存款所占比例都低于 10%。

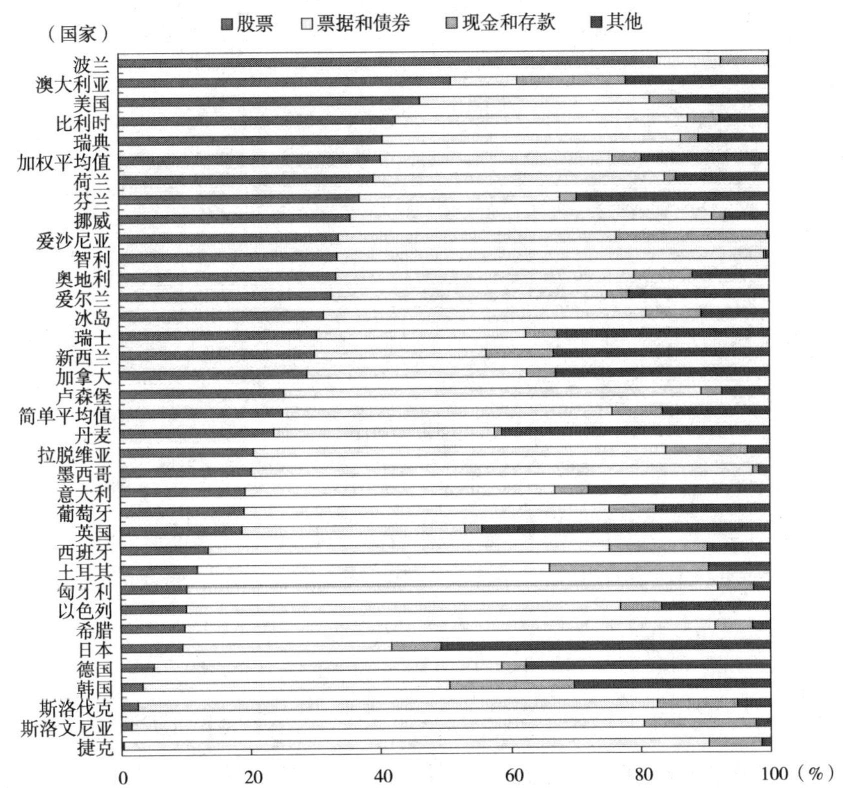

图 3－10　2016 年 OECD 国家私营养老金不同投资类别占总投资比例

注："其他"类别包括贷款、土地和建筑物、未分配的保险合同、对冲基金、私人股本基金、结构性产品、其他共同基金（如非投资性现金、票据和债券或股票）和其他投资。由于数据可得性，缺少法国数据。

资料来源：Pensions at a glance 2017. http：//dx. doi. org/10. 1787/888933634705.

3.2.1.6 加强对私营养老金监管及降低退休者收益风险

随着国内资本市场深化、私营养老金资产规模的增加及监管水平的提高，多数 OECD 国家监管体制从数量限制监管开始向审慎性监管过渡。如，日本在 2012 年取消保险资金（含年金保险）投资比例限制，重点监管偿付能力指标以加强风险控制。这是由于日本监管部门发现，在市场行情不好的情形下，无需法律限制，生命保险公司也会将股票等高风险资产配置到较低水平。① 同时，OECD 国家也致力于增强私营养老金计划的竞争性、提高信息披露程度、增强决策的透明度和对投资顾问资质的审查与监管等，以期实现资产的保值、增值。此外，一些 OECD 国家也积极采取降低私营养老金投资管理费用，引进生命周期基金以及为退休者提供最低收入保证等配套措施来降低私营养老金参保者的收益风险。

3.2.2 OECD 养老金结构改革的内部差异性

3.2.2.1 自由体制私营养老金的发展

自由体制福利模式主要包括加拿大、澳大利亚、英国、美国、瑞士等国。这些国家深受自由主义理念影响，资本主义起源早，资本市场发达，私营养老金制度有着悠久的历史。然而随着 20 世纪 30—40 年代公共养老金制度的发展成熟，私人养老金的发展受到一定抑制。20 世纪 70 年代，随着资本主义经济发展进入滞涨阶段以及公共养老金支出的大幅上涨，英、美等国政府对现有福利制度进行反思，主张个人应当承担更多的养老责任，并采取了积极鼓励私营养老金发展的相关法规和税收优惠政策，以期通过市场投资获得养老金收益方式来缩减公共养老金支出。如瑞士早在 1963 年修订的《老年和遗属养老金制度（第六版）》（the Old Age and Survivors Pension System）中即阐明多支柱养老金制度所具有的优势，并于 1972 年通过了建立强制性基金积累制私营职业养老金制度的决议，在 1985 年该制度由自愿性开始正式强制实施。② 美国于 1974 年根据《雇员退休收入法》推出了个人退休账户（IRA），并在 1978 年

---

① 郑秉文. 中国养老金发展报告 2016［M］. 北京：经济管理出版社，2016：173.

② Queisser M, Vittas D. The Swiss Multi - Pillar Pension System: Triumph of Common Sense?［J］. Policy Research Working Paper, 2000: 2.

根据《国内税收法》开始推行 401（k）企业年金计划。英国自从 20 世纪 80 年代初撒切尔夫人上台后即开始缩减公共养老金给付额，积极引导和鼓励私营养老金制度发展。[①] 同一时期澳大利亚很多产业关系法庭的法规积极鼓励职业养老金的发展。到 20 世纪 90 年代初为进一步提高小企业及弱势就业群体的参与率通过了《超级年金担保法案》，开始在全国范围内建立强制性职业养老金体系，同时也积极鼓励个人自愿养老金的发展。[②]

总之，到 20 世纪 80 年代，自由体制国家私营养老金已有较大发展（见表 3－4），总体高于其他制度类型的国家。然而除了瑞士、澳大利亚主要采用 DC 模式[③]之外，其他国家的私营养老金制度主要是 DB 模式[④]。由于在 DB 模式下雇主将承担更大的养老风险，不利于劳动力的自由流动，也不能真正做到养老金基金资产与雇主经营收益相分离，从而不利于基金在资本市场投资运营等弊端，因而从 20 世纪 90 年代以来，这些国家开始逐步向 DC 模式私营养老金模式转变。

表 3－4　　1980 年不同体制类型国家公私养老金支出比例　　单位:%

制度类型	国家	公共养老金	公共雇员职业养老金	私营养老金		
				私人职业	个人	总计
自由体制	加拿大	58.0	4.0	12.0	26.0	38.0
	澳大利亚	59.4	10.9	20.3	9.4	29.7
	美国	60.9	18.3	17.1	3.7	20.8
	瑞士	71.1	9.3	13.7	5.9	19.6
	英国	67.3	21.1	10.5	1.1	11.6
	均值	63.3	12.7	14.7	9.2	23.9
社会民主体制	丹麦	70.5	12.7	7.5	9.2	16.7
	荷兰	69.4	18.1	8.0	4.5	12.5
	挪威	82.0	10.4	1.2	6.4	7.6
	瑞典	85.5	8.8	4.4	1.3	5.7
	芬兰	69.3	27.4	1.1	2.2	3.3
	均值	75.3	15.5	4.4	4.7	9.2

① 郑春荣．英国社会保障制度［M］．上海：上海人民出版社．2012：80.

② 周弘．30 国（地区）社会保障制度报告［M］．北京：中国劳动社会保障出版社．2011：392.

③ 指缴费确定型（Defined Contribution）养老金给付模式。

④ 指收益确定型（Defined Benefit）养老金给付模式。

续表

制度类型	国家	公共养老金	公共雇员职业养老金	私营养老金		
				私人职业	个人	总计
保守体制	日本*	54.4	22.8	11.4	11.4	22.8
	德国	70.4	18.6	4.2	6.8	11.0
	比利时	60.2	32.3	4.3	3.3	7.6
	法国	67.5	25.2	2.4	4.9	7.3
	奥地利	67.8	29.8	0.8	2.3	3.1
	意大利	71.6	26.0	1.2	1.2	2.4
	均值	65.3	25.8	4.1	5.0	9.0

注：表中制度类型划分参照哥斯塔·艾斯平－安德森在《福利资本主义的三个世界》中的分类法。*尽管日本私营养老金占比达到22.8%，但按福利特点仍属于保守体制类型。1980年私人养老金支出的高比例主要受日本建立于1962年、1965年的适格退职年金制度（Tax－Qualified Pension Plan，TQPP）和厚生年金基金计划（Employees Pension Fund，EPF）的影响，但这种制度带有浓厚的“赏赐型”色彩，与现代企业年金制度有本质区别，在20世纪90s开始衰落并最终于2010s初废止。直到2000s初日本方建立新型企业年金计划。

资料来源：［丹麦］哥斯塔·艾斯平－安德森. 福利资本主义的三个世界［M］. 苗正民，滕玉英译，2010：113，由作者整理所得。

3.2.2.2 社会民主体制私营养老金的发展

社会民主体制福利模式主要包括丹麦、荷兰、挪威、瑞典、新西兰、芬兰等国。这些国家政治上属于社会民主政体，在社会福利方面深受贝弗里奇模式影响，强调公民权利和普遍性原则。因而从第二次世界大战后到20世纪50年代纷纷建立了主要依靠国家财政税收、统一费率，扁平化收益的基本养老金，但是这种养老金制度不能满足中高收入群体维持退休前特定生活标准的需求。因而，在社会民主党“阶级合作”政策的推动下，从20世纪60年代初期开始纷纷建立了普遍覆盖与收入相关的强制性或准强制性职业养老金制度，从而形成了双层次结构的公共养老金制度（见表3－5），因而这些国家公共养老金制度不仅覆盖全体公民，而且保障水平也明显高于其他体制类型国家（见表3－4），极大地抑制了私营养老金制度的发展。

表 3－5　　不同体制国家公私养老金结构类型

体制类型	公共养老金制度结构	公共养老金特点	典型国家
自由体制	基本养老金或最低保证金	税收融资或单一费率、强制性、普享型、福利均等化养老金； 或收入核查型最低保证金	加拿大、澳大利亚、美国、瑞士、英国*
社会民主体制	第一层次：基本养老金 第二层次：收入相关养老金	第一层次与自由体制类似； 第二层次与保守体制类似	丹麦、荷兰、瑞典、挪威、芬兰
保守体制	收入相关养老金	强制性、基于就业、与收入相关、现收现付、待遇确定	日本、德国、比利时、法国、奥地利、意大利

注：* 尽管英国具有与社会民主体制模式类似的双层次公共养老金制度结构，但英国公共养老金给付水平远低于社会民主体制福利国家，经过 20 世纪 80 年代至 21 世纪初养老金制度持续改革，其制度属性更接近自由体制国家。基本养老金（Basic Pension）指养老金待遇的享有只取决于居住年限或者工作年限，而与工作期间收入、养老缴费、是否有其他收入来源等因素无关，并且达到既定年龄的老年人享有相同的固定金额的福利待遇。收入相关养老金是指基于就业而建立起的收入相关型养老金制度，属于俾斯麦模式。

20 世纪 70 年代，受经济“滞涨”及人口老龄化的影响，政府财政负担加重，福利体制弊端凸显。然而由于政治体制及公众态度等影响，这些国家包括养老金制度在内的各项福利政策仍持续增加。终于在 20 世纪 80 年代末和 90 年代初，在右翼政党和雇主联盟的呼声下养老金制度改革的提案得以通过和实施。总体上，改革注重在公共养老金制度中引进私人和竞争因素，甚至努力将收入相关的公共养老金制度变成私人职业养老金制度，同时也注重引导既有的私人职业养老金发展和建立个人养老金制度。这主要源于社会民主体制国家第二层次公共养老金带有很大的公私混合性质，即国家只通过强制立法，由社会伙伴（雇主和工会）管理和运营，并且很多职业养老金通过私营保险公司进行部分积累。改革的具体措施如表 3－6 所示。

表 3－6　20 世纪 80 年代至 21 世纪初社会民主体制国家公私养老金发展情况

国家	改革时间	改革措施	
		公共养老金	私营养老金
芬兰	20 世纪 90 年代	基本养老金缩减成基于其他养老金给付的核查型养老金（Means－tested Benefits）；逐渐缩减收入相关第二层次公共养老金	增加职业养老金的基金积累性；努力发展个人养老金

续表

国家	改革时间	改革措施	
		公共养老金	私营养老金
瑞典	20 世纪 90 年代至 21 世纪初	1994—1999 年建立最低保证型养老金；收入相关型公共养老金制度中改成名义账户制，并实行部分基金的积累	增强原有收入相关第二层次职业养老金私营及自治管理属性，将多个原有现收现付筹资模式职业养老金改成基金制
丹麦	20 世纪 80 年代至 90 年代	从 1994 年开始公民养老金（the People's Pension）的给付额较大幅度缩减；2003 年针对低收入群体引进收入核查型养老金制度	1984 年政府发出信号鼓励建立劳动力市场养老金（Labour Market Pensions）1988 年劳动力市场养老金委员会成立；到 1993 年，通过集体谈判大多数雇员已拥有劳动力市场养老金
荷兰	20 世纪 80 年代至 21 世纪初	20 世纪 80 年代至 90 年代初采取一系列削减公共养老金待遇的措施，诸如停止（弱化）养老金待遇与工资指数联系；基础养老金待遇与劳动参与情况挂钩等	20 世纪 60 年代职业养老金建立伊始即采用基金制，具有半强制性和公私混合性特点；80 年代末主要采取积极鼓励其发展的措施，如 1987 改善职业养老金的便携性，保护职业养老金的既得权益；1994 年允许职业养老金转移接续
挪威	20 世纪 90 年代至 21 世纪初	由于国家的隐性政策及市场环境变化，从 20 世纪 80 年代初期到 90 年代中期挪威公共养老金（NIS）的养老金给付水平从高于 70% 的替代率水平下降到 60%。	从 20 世纪 80 年代初到 90 年代中期，职业养老金替代率已接近 18%，呈双倍增加；2000 年由国会通过，并于 2001 年开始实施缴费确定型计划职业养老金相关法规及缴费确定型计划职业养老金税收优惠政策。

注：挪威、瑞典、丹麦、荷兰资料来源 Bernhard Ebbinghaus. The Varieties of pension Governance: Pension Privatization in Europe.

资料来源：Pedersen A W. The coverage with occupational pensions in Norway [J]. Oslo Fafo, 2000. 由作者整理所得.

3.2.2.3 保守体制私营养老金的发展

保守体制福利模式主要包括德国、法国、奥地利、意大利、比利时、日本等国，主要集中于欧洲大陆。这些国家政治上强调国家本位和威权，并深受具有天主教会传统的“法团主义”影响，注重维护社会阶级和地位的差异，保

护既有的阶级分化现状和注重维持传统的家庭关系。①因而形成了针对不同行业群体、以家庭为保障单位、碎片化的养老金制度，其共性是制度建立以就业为前提，待遇与工作收入相关，以维持既有的生活标准为目标，本质都是对既往身份地位的保守。以政府公共雇员为例（见表 3－4），在三种体制类型中，保守体制公共雇员养老金总支出占比几乎达到自由体制和社会民主体制的 2 倍。

保守体制公共养老金较高的保障水平一定程度抑制了私营养老金的发展。尽管保守体制公共养老金支出占养老金总支出比例明显低于社会民主体制，甚至也只是略高于自由体制福利国家（见表 3－4），但这是被不同职业群体养老金平均化的结果。也就是说在保守体制中，高、中、低收入群体都获得了相对于自己职业、地位而言较高的保障水平，一定程度对私营养老金发展产生抑制作用。加之，在保守体制中，工会和雇主在公共养老金制度的积极参与及管理权的发挥，使他们缺乏设立额外职业养老金的兴趣。同样由于 20 世纪 70 年代石油危机与人口结构变化的影响，保守体制现收现付制模式公共养老金制度很难适应经济与人口环境的变迁。然而由于思想观念和既得利益集团的阻力，使保守体制的养老金制度改革要缓慢得多，公共养老金制度除了奥地利在 2004 年引入个人收益确定型账户之外，其他国家只是进行微小的参数调整以降低支出。私营养老金制度多采取自愿形式。具体改革情况如表 3－7 所示。

表 3－7　20 世纪 70 年代至 21 世纪初保守体制国家私营养老金发展情况

国家	改革时间	私营养老金改革措施
德国	20 世纪 70 年代至 21 世纪初	1974 年《企业补充养老金法案》，规范企业养老金的和实施；1992《保险监管法》监管保险公司、退休储蓄的建立和运行；2001 年《养老金改革法》修改企业补充养老保险法的有关规定，对部分补充养老金计划实施税收优惠政策。2001 年《里斯特改革法案》实施，对参与个人养老金给予国家补助。
法国	21 世纪初	2003 年和 2004 年法国政府分别建立了两家为私营部门劳动者服务的自愿性养老保险，分别是“集体养老储蓄计划（PERCO）”和“人民退休养老储蓄计划（PERP）”，与此同时还为私营养老金发展提供了税收优惠政策。②

① 郑秉文．社会权利：现代福利国家模式的起源与诠释［J］．山东大学学报（哲学社会科学版），2005（2）：1－11.

② 郑秉文．中国养老金发展报告．2015［M］．北京：经济管理出版社，2016：220－221.

续表

国家	改革时间	私营养老金改革措施
奥地利	20 世纪 90 年代至 21 世纪初	1990 年引进 DC 模式职业养老金；2002 年采用新的“解雇补偿支付”制度，由雇主融资缴费，雇员可将这笔收入投资于养老保险，待退休后领取；2003 年国家发起对私营养老金发展的补贴。①
意大利	20 世纪 80 年代至 21 世纪初	1982 年意大利法律规定由企业设立“解雇金”制度（劳动合同结束一次性支付），并于 2004 年将其改造成完全积累制；1991 年第 124/93 号法令为职业养老金制度发展规定了制度框架，并形成了行业封闭性的契约型职业养老金和开放式职业养老金。②
比利时	20 世纪 90 年代至 21 世纪初	1995 年第一职业养老金法案颁布（First Occupational Pensions Act，WAP1），增强职业养老金共同决定权，规范其发展和促进在职业转换中转移接续；2003 年颁布第二职业养老金法案（WAP2）提出了使期变为强制性的法律框架，并发起所谓的团结养老金计划（Solidaristic pension plans）③。
日本	21 世纪初	2001 年分别建立了新待遇确定型企业年金计划（New Defined - Benefit Corporate Pension，NDBCP）和缴费确定型企业年金计划（Defined - Contribution Corporate Pension，DCCP）④。

3.2.2.4 转型国家私营养老金的发展

转型国家主要包括智利、墨西哥等拉美地区发展中国家以及匈牙利、捷克、斯洛伐克、波兰、爱沙尼亚、拉脱维亚、斯洛文尼亚等原社会主义阵营的中东欧国家。智利经济在 20 世纪 70 年代一度陷入困境，1973 年军事政变后军政府上台率先进行经济体制改革，推行自由市场经济模式，并逐步扩展到对社会保障领域的改革。1981 年，智利对传统的现收现付制养老金制度进行结构性改革，形成以个人账户为核心的强制的完全积累模式，而且采取私营机构竞争性的市场化经营管理。智利的养老金制度改革不仅为拉美国家，甚至为整个

① Knell M. The Austrian System of Individual Pension Accounts - An Unfinished Symphony [J]. Monetary Policy & the Economy, 2014 (4): 47 - 62.

② 王朝才，刘军民. 意大利养老金制度改革考察报告 [J]. 地方财政研究，2012 (10): 72 - 80.

③ J J D Deken. Belgium: the Paradox of Persisting Voluntarism in a Corporatist Welfare State [J]. Varieties of Pension Governance Pension Privatization in Europe, 2011.

④ 郑秉文. 中国养老金发展报告 (2012) [M]. 北京：经济管理出版社，2016: 563 - 564.

世界提供了一条值得借鉴的解决路径。受智利养老金制度改革和自由主义经济理念的影响，墨西哥也于 1997 年在不利的人口、经济环境下确立了个人账户养老金制度。

中东欧国家养老金制度与西欧大陆国家同源，深受俾斯麦模式影响，在 20 世纪 20—30 年代建立了社会保险型养老金制度。第二次世界大战后，由于受苏联的控制和影响，故改革成苏联模式国家保险型养老金制度，融资模式是现收现付制。[①] 随着东欧剧变的发生，中东欧国家进行了全面的转轨，在政治上由中央集权向多党议会民主制演变，经济上由计划经济向市场经济改变，外交上扩大与西方的联系，试图回归欧洲。[②]转轨过程中大多数国家出现了失业率上升、经济严重下滑和财政赤字严重等诸多问题。同时，由于经济和社会政策的变化打破了养老金收支之间本已很脆弱的平衡态势，导致养老金在财政上入不敷出的情况进一步恶化，收支严重失衡，加上此时东欧国家也进入人口老龄化阶段，使其养老金制度更加雪上加霜。在此背景下，多数中东欧国家重归俾斯麦现收现付模式，但未能真正挽救养老金制度危机。因此，在世界银行的倡导下积极引入私营养老金制度，力图构建多支柱养老金制度（见表 3－8）。

表 3－8　20 世纪 80 年代至 21 世纪初转型国家私营养老金发展情况

国家	改革时间	改革措施
智利	20 世纪 80 年代至 21 世纪初	1981 年把现收现付制养老金改成完全积累制养老金；2002 年开始实施自愿储蓄计划——APV 计划和 APVC 计划；2006 年把社会养老救济金与社会最低养老金改成社会互济养老金（SPS），形成“普享型”第一支柱。[③]
墨西哥	1997 年	引进个人账户制私营养老金制度，原有的现收现付计划被关闭。
斯洛文尼亚	1999 年	1999 年颁布《养老金和残疾人保险法案》（Pension and Disability Insurance Act（PDIA））并于 2000 实施，对职业养老金和个人养老金的建立给予税收优惠。[④]

①② 孙帮俊．中东欧国家养老金制度改革研究［D］．中国社会科学院．2016：3.

③ 李曜，史丹丹．智利社会保障制度［M］．上海：上海人民出版社．2009：24－50.

④ Brunelli M. Slovenian Pension System in the Context of Upcoming Demographic Developments［J］. Fuzzy Sets & Systems, 2011, 176（1）：76－78.

续表

国家	改革时间	改革措施
匈牙利	1998 年	1998 年强制性基金积累制个人养老金制度正式实施，转移部分公共养老金缴费到私人管理的个人投资账户；通过税收优惠发展自愿性个人养老金；计划在 2013 年将现收现付制第一支柱改成 NDC 模式。①
斯洛伐克	1996 年、2005 年	1996 年自愿性税收补贴的个人养老金；2005 年通过转移部分公共养老金缴费建立强制性个人账户养老金，但于 2008 年改成自愿性。
波兰	1999 年	1999 年第一支柱改成 NDC 模式（强制性）；第二支柱改成基金积累制模式（强制性），于 2011 年改成自愿性②；鼓励自愿性基金积累制个人养老金发展。
爱沙尼亚	2002 年	通过转移部分公共养老金缴费，建立强制性基金积累制个人养老金制度。
拉脱维亚	20 世纪 90 年代至 21 世纪初	1996 年正式将苏联式现收现付制改成强制性 NDC 模式；2001 年引入国家强制性完全积累制职业养老金制度；1998 年引入私人养老基金储蓄计划。③

3.3 OECD 养老金结构改革的成效

OECD 各国养老金制度从单支柱向多支柱改革，更多的体现在私营养老金制度在各国的建立发展情况。衡量私营养老金制度在各国的发展情况及重要程度可以从私营养老金所占的资产比重、私营养老金的覆盖率、收益替代率及投资收益等方面来加以衡量。同时，随着私营养老金制度的显著发展，OECD 各

① HELMUT WAGNER. Pension Reform in the New EU Member States: Will a Three - Pillar Pension System Work? [J]. Eastern European Economics, 2005, 43 (4): 27 - 51.

② Naczyk M, Domonkos S. The Financial Crisis and Varieties of Pension Privatization Reversals in Eastern Europe [J]. Governance, 2015, 29 (2).

③ 郑秉文，郭倩. 拉脱维亚"名义账户制"运行十年的政策评估——兼评三支柱体系的架构设计 [J]. 俄罗斯东欧中亚研究, 2006 (5): 38 - 46.

国均形成了多支柱养老金制度，特别是在私营养老金制度发展较好、多支柱相对健全的国家，养老金制度的可持续性得到增强，公共养老金的支出也相应降低。

3.3.1　OECD 私营养老金获得显著发展

3.3.1.1　私营养老金累积资产大幅增加

私营养老金资产占 GDP 的比重是衡量私营养老金积累资金水平的重要指标，反映了私营养老金资产规模的大小。如果私营养老金资产规模越大的话，那么在资本市场上投资运营的资产也将增多。私营养老金进入资本市场不仅可以起到促进资本市场的长期稳定和社会经济发展的重要作用，更重要的是养老金长期投资的潜在收益性使退休者获得更丰厚的养老金待遇成为可能。随着私营养老金制度的改革发展，近些年来 OECD 国家私营养老金资产比重显著增加。

依据图 3－11，2015 年与 2000 年前后数据相比，所有 OECD 国家私营养老金资产占 GDP 的比重都大幅提高。在 2000 年前后 34 个 OECD 国家中私营养老金资产占 GDP 的比重超过 100% 的仅有 4 个国家，5% 以内的国家却多达 12 个，而到了 2015 年，私营养老金资产占 GDP 的比重超过 100% 的国家达到了 7 个，5% 以内的国家仅为 3 个。并且 2015 年丹麦、荷兰、冰岛、加拿大私营养老金资产占本国 GDP 的比重达到 1.5 倍以上，比美国也要高出很多。可见，从资产结构角度看，这些国家绝对算得上私营养老金制度发达行列的。但依据图 3－11，美国、英国、加拿大、澳大利亚、荷兰、瑞士、丹麦、瑞典等国都属私营养老金资产发达的范畴（以 2015 年数据排序），但日本、德国、法国、意大利等国绝对值与相对值的排序出入却较大，由此反映出这些国家私营养老金资产严重滞后于国内经济规模水平。

3.3.1.2　私营养老金投资收益可观

随着私营养老金累积资产大幅增加，绝大多数 OECD 国家 2015 年与 2005 年相比总投资额都有较大提高，平均增速显著（见表 3－9）。

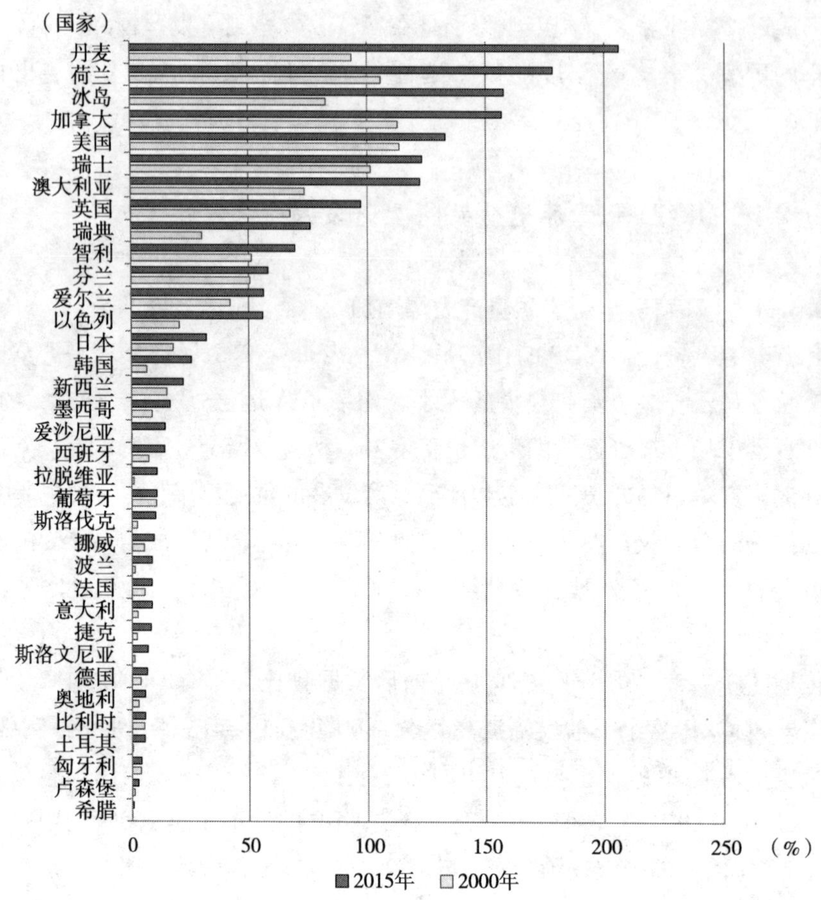

图 3-11　OECD 国家私营养老金总资产占 GDP 比重变化图

注：数据有用相近年份替代现象，具体参照资料来源。

资料来源：OECD Pensions Outlook 2016. 由作者整理计算所得.

表 3-9　OECD 国家养老基金总投资额及增长速度

国家	2005 年投资额（亿美元）	2015 年投资额（亿美元）	平均增长速度（%）	国家	2005 年投资额（亿美元）	2015 年投资额（亿美元）	平均增长速度（%）
日本	1552163	1598793	0.3	德国	952	2007	7.7
智利	383127	1094334	11.1	波兰	857	1428	5.2
韩国	150070	1276532	23.9	爱尔兰	779	1158	4.0

续表

国家	2005 年投资额（亿美元）	2015 年投资额（亿美元）	平均增长速度（%）	国家	2005 年投资额（亿美元）	2015 年投资额（亿美元）	平均增长速度（%）
美国	97112	142497	3.9	西班牙	656	1040	4.7
匈牙利	18632	13813	-2.9	意大利	398	1125	10.9
冰岛	12015	32757	10.5	葡萄牙	190	182	-0.4
英国	9951	18154	6.2	新西兰	177	532	11.7
墨西哥	8321	28212	13.0	比利时	133	238	6.0
加拿大	7996	16548	7.5	奥地利	117	206	5.8
澳大利亚	7190	19124	10.3	土耳其	43	1082	37.9
荷兰	6196	12103	6.9	斯洛文尼亚	4	16	16.3
瑞士	5426	7869	3.8	法国	3	122	43.5
丹麦	5219	8906	5.5	卢森堡	3	14	16.3
瑞典	2482	3688	4.0	爱沙尼亚	3	26	24.3
以色列	1884	6276	2.8	斯洛伐克	2	80	42.1
挪威	1305	3014	8.7	拉脱维亚	1	3	20.4
捷克	1234	3731	11.7	希腊	—	11	61.4
芬兰	1080	1033	-0.4				

注：养老金基金（Pension Fund）除了少量 DB 型公共养老金资产外，绝大部分资产来自私营养老金。本表平均增长速度由笔者采用水平法计算得出，基期采用 2005 年数据，报告期是 2015 年数据，其中希腊基期采用的是 2007 年数据；—表示数据缺失。表中数据具体注释参照“Pension Markets in Focus 2016”的统计附件部分。

资料来源：Pension Markets in Focus 2016. 由作者整理计算所得 .

在 OECD 各国投资额日益增加的同时，投资收益也颇为可观。2016 年大多数 OECD 国家的私人养老金都取得了较好的净投资回报率（见图 3－12）。在扣除超过 2% 的投资费用后，OECD 国家简单平均和加权平均净投资回报率分别为 3% 和 2.4%，特别是波兰、荷兰、爱尔兰的净投资回报率都在 7% 以上，仅有捷克、冰岛和墨西哥净投资回报率为负，名义利润率分别为 0.8%，1.6% 和 2.9%，却低于通货膨胀率（分别为 2.0%，1.9% 和 3.4%）。

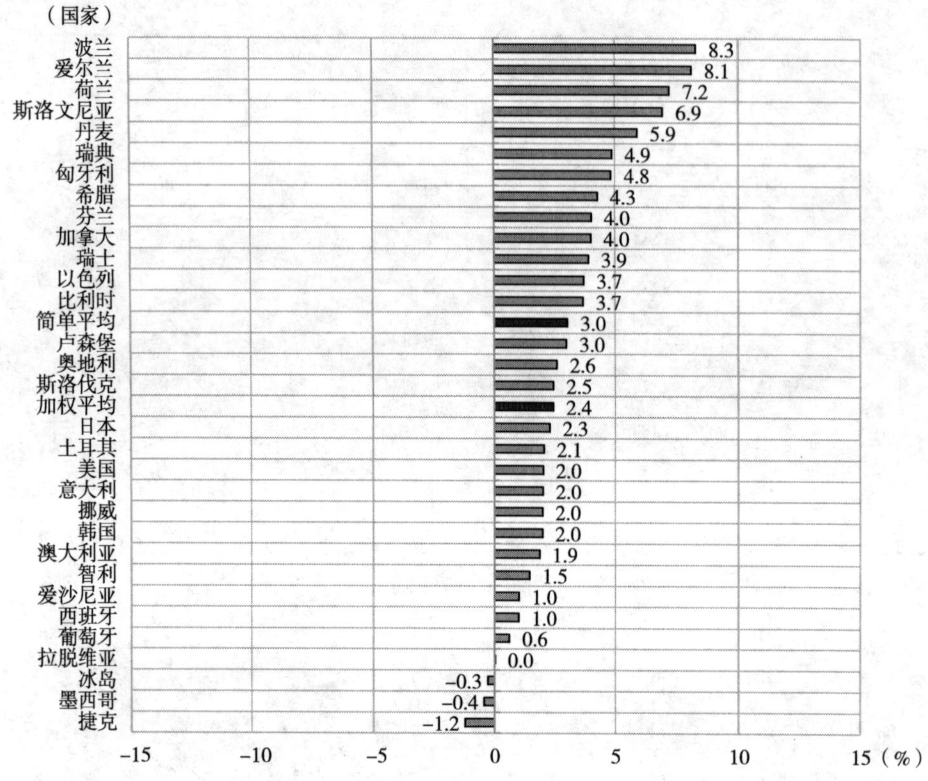

图 3-12　2015 年 12 月—2016 年 12 月 OECD 私营养老金净投资回报率

注：缺少英国、德国、新西兰、法国相关数据。

资料来源：http：//dx. doi. org/10. 1787/888933634743.

从私营养老金的长期投资回报率来看（见表 3-10），25 个 OECD 国家 5 年名义平均投资回报率总体较高，即使经过调整后的 5 年实际平均投资收益率除土耳其外也均为正值，其中 5 年实际平均收益率在 2% ~7% 之间的多达 18 个国家。从 10 年平均收益率看，无论名义还是实际平均收益率总体上都要低于 5 年平均水平，这主要与 2007—2009 年国际金融危机的影响有关。尽管如此，21 个国家 10 年名义平均收益率都为正值，实际平均收益率除爱沙尼亚、拉脱维亚外也都为正值。可见，尽管基金制养老金可能因经济危机而遭受资产投资损失，但私营养老金追求长期投资收益的特性使其能通过平滑不同时期收益的方式来抵制经济危机的负面影响。通过资本市场投资实现私营养老金资产的保值、增值，有助于改善退休者晚年生活水平。

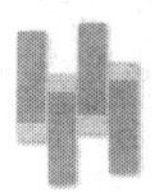

表3-10 OECD国家养老基金5年和10年平均收益率 单位:%

国家	5年平均		10年平均		国家	5年平均		10年平均	
	名义	实际	名义	实际		名义	实际	名义	实际
冰岛	9.1	5.7	6.9	1.2	美国	4.4	2.9	2.2	0.4
澳大利亚（1）	8.7	6.2	6.2	3.4	卢森堡	4.4	2.8	3.0	1.1
英国	8.2	6.1	7.3	4.7	奥地利	3.9	1.9	2.6	0.6
加拿大	8.0	6.4	5.9	4.2	斯洛文尼亚	3.9	2.8	—	—
荷兰	7.9	6.1	5.5	3.8	意大利（4）	3.8	2.5	3.2	1.6
丹麦	7.1	5.8	5.8	4.0	韩国	3.7	1.9	3.8	1.3
比利时	6.2	4.6	5.1	3.2	葡萄牙	3.5	2.4	3.2	1.8
墨西哥（2）	6.2	2.6	6.5	2.4	希腊	3.3	3.5	—	—
智利	6.0	2.3	6.8	3.0	拉脱维亚	3.1	1.9	3.0	-0.7
土耳其（2）	6.0	-2.0	10.7	2.3	爱沙尼亚（5）	2.3	0.9	1.0	-2.2
挪威	5.8	4.1	5.5	3.4	斯洛伐克	1.9	0.4	—	—
以色列（3）	5.1	4.2	5.6	3.7	捷克	1.9	0.6	2.1	0.1
西班牙	4.7	3.8	—	—					

注：5年和10年几何平均收益率分别是基于2010年12月至2015年12月和2005年12月至2015年12月期间计算得出。（1）澳大利亚分别是以2010年6月至2015年6月和2005年6月至2015年6月计算得出；（2）数据仅涉及个人养老金计划；（3）数据仅指新的养老基金；（4）投资回报为税后净额；（5）数据是OECD所计算，并非出自爱沙尼亚官方数据。—表示数据缺失。

资料来源；Pension Markets in Focus 2016. 由作者整理计算所得.

3.3.1.3 私营养老金覆盖率逐步提高

养老金制度的覆盖率可衡量一种养老金制度参与者的广泛程度，反映该制度的可及性。故私营养老金制度在一国的覆盖面越广，一定程度上说明其发展程度越高，地位也越重要。近年来，OECD国家私营养老金制度的覆盖率显著提高。截至2013年，在34[①]个OECD国家中至少有18个国家某一种计划类型

① 注：由于拉脱维亚在2013年还未正式成为OECD成员，故缺少其相关数据。

的私营养老金覆盖50%以上的工作年龄人口。[①] 如图3－13所示，相比2009年，2013年22个OECD国家中的19个私营养老金覆盖率显著提高，而芬兰、斯洛文尼亚、英国三个国家私营养老金覆盖率有所下降，其中斯洛文尼亚2009年私营养老金覆盖率的计算是基于不同计划类型参加人次计算得出，由于同一个人可能同时参加多个私营养老金计划，故而造成对覆盖率的高估。而芬兰则因为私营养老金统计范畴不一致而导致2013年覆盖率被低估。2013年芬兰强制性私营养老金的统计范畴仅限于私人部门雇员养老金计划，农民养老金法案和既得权利的个人养老金计划，而2009年则无此限制。事实上在芬兰还存在个体经营者、海员、国家公务员、福音派路德教会等强制性私营养老金计划。英国则主要由于受DB型私营养老金向DC型转影响而造成的私营养老金覆盖率暂时性降低。随着英国、美国、加拿大、智利、新西兰、意大利等国私营养老金自动加入模式的扩展，覆盖率定将进一步增大。

3.3.1.4 私营养老金保障作用开始凸显

私营养老保障水平可以用私营养老金替代率指标加以衡量。私营养老金替代率是指劳动者退休后私营养老金领取水平占退休前平均工资的比重。因而私营养老金替代率越高对退休者养老保障重要程度也就越高。通常私营养老金给付会对公共养老金产生一定的替代作用。如果一个国家私营养老金替代率提高的话，即可以在不降低退休者既定生活标准的情况下，使公共养老金替代率得到一定程度的降低或者对公共养老金起到重要补充作用以提高退休者生活水平。依据图3－14，在34个OECD国家中，有19个国家私营养老金在提供退休金待遇方面发挥很大作用。在这19个国家中，公共养老金的平均替代率为26.6%，而考虑到私营养老金替代率后，其总的平均替代率达到了55.9%。由此可见，这些国家私营养老金的保障作用已经超过了公共养老金。这一定程度由于公共养老金较低的替代率为私营养老金的发展提供了空间。具体到国别而言，在澳大利亚、丹麦、冰岛、以色列等国针对贫困老年群体的目标性养老金项目发展健全，因而对于中高收入群体公共养老金替代率不足的部分往往依靠私营养老金制度加以补充。在智利、墨西哥、斯洛伐克和瑞典等国通过改革，部分公共养老金计划条款已被私营养老金所取代。加拿大、爱尔兰、英国、美国长期以来公共养老金待遇

① OECD. Pensions at a Glance 2015［EB/OL］http：//www.oecd.org/publications/oecd－pensions－at－a－glance－19991363.htm.

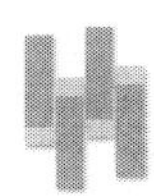

水平一直较低，并且存在种类多样的自愿性养老金计划。

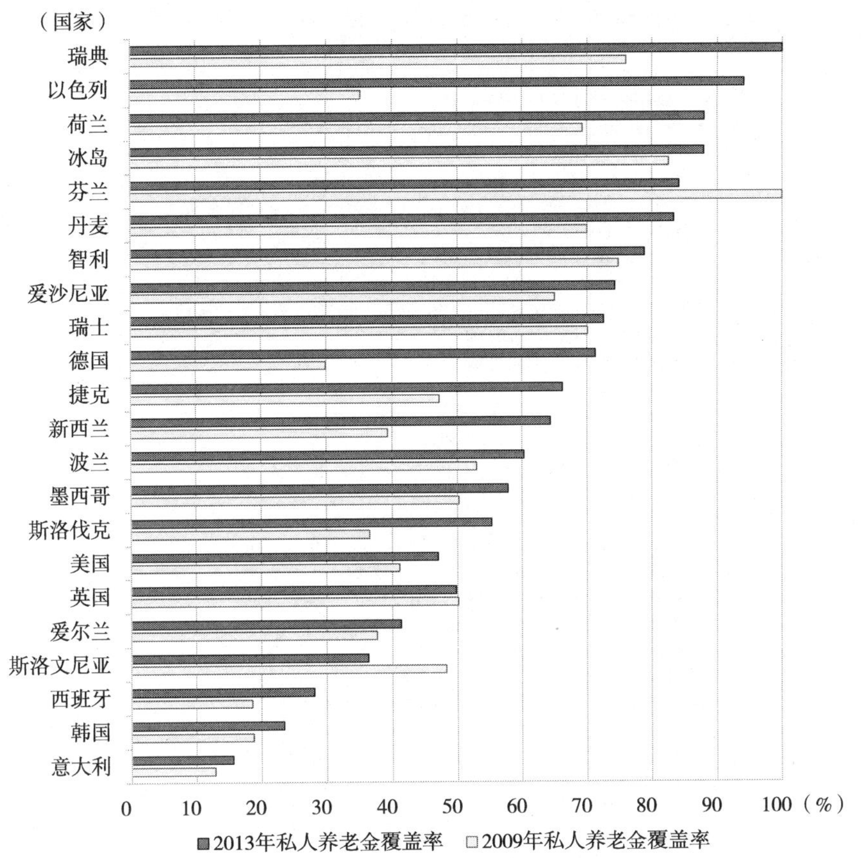

图 3－13　OECD 国家私营养老金制度覆盖率对比情况

注：理论上私营养老金制度总覆盖率应以参加不同私营养老金制度的人数总和（排除一个人同时参加不同私营养老金制度重复计算）比上 15－64 岁工年龄年人口计算得出，据此将 2009 年与 2013 年私营养老金覆盖率数据对比，可靠性更强。但基于可得数据做出如下调整：（1）在不具有强制或者准强制性私营养老金制度的国家，总的自愿性养老金制度覆盖率即为私营养老金制度总覆盖率。（2）在既具有强制性/准强制性私营养老金制度又具有自愿性私营养老金制度的国家，由于强制性私营养老金制度覆盖率高于自愿性私营养老金制度覆盖率，加之后者数据不全，故将前者作为私营养老金制度总覆盖率的替代。（3）对于可得数据只含有自愿性职业养老金或者自愿个人养老金数据的国家，由于无法确切计算出其总覆盖率大小，使数据的代表性很弱，故排除之。图 3－13 中，意大利、韩国、西班牙、斯洛文尼亚、爱尔兰、英国、美国、捷克等国使用的是自愿性私营养老金总替代率数据，其他国家使用的是最大强制性私营养老金覆盖率数据。

资料来源：Pensions at a glance 2015；Pensions at a glance 2011. 由作者整理计算所得.

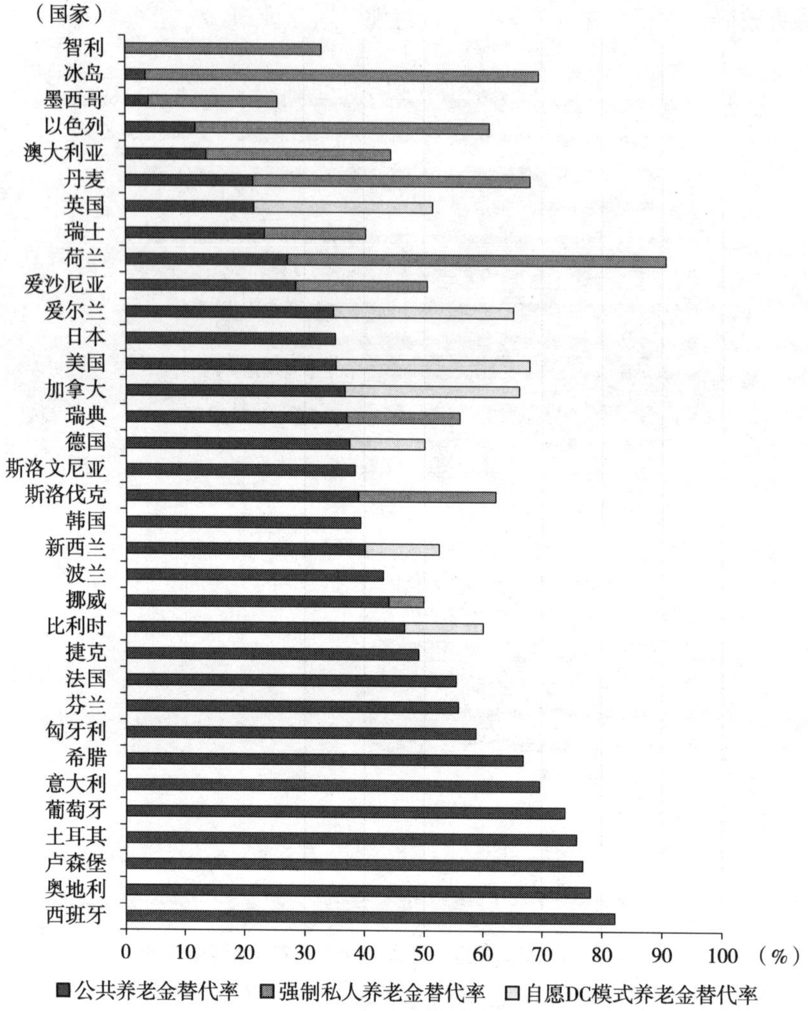

（国家）
智利
冰岛
墨西哥
以色列
澳大利亚
丹麦
英国
瑞士
荷兰
爱沙尼亚
爱尔兰
日本
美国
加拿大
瑞典
德国
斯洛文尼亚
斯洛伐克
韩国
新西兰
波兰
挪威
比利时
捷克
法国
芬兰
匈牙利
希腊
意大利
葡萄牙
土耳其
卢森堡
奥地利
西班牙
0 10 20 30 40 50 60 70 80 90 100 （%）
■公共养老金替代率 ■强制私人养老金替代率 □自愿DC模式养老金替代率

图 3－14　OECD 国家公私养老金替代率占比情况

注：养老金替代率是参照 2014 年 OECD 各国适用的养老金参数和规则（充分考虑到已经实施或者正逐步实施的养老金立法改革），并假定劳动者在 20 岁进入劳动力市场，全职非间断工作，达到法定退休年龄时退休，进而依据 OECD 养老金模型测算得出。由于对于所有国家的经济变量（经济增长率、资产投资回报率、实际工资增长率、折现率、通货膨胀等）做相同的假设，因此各个国家养老金替代率水平的差异仅反映的是各国养老金制度和政策的差异。图表中所引用的养老金替代率数据是指依据整个职业生涯，收入处于社会平均水平的退休者的养老金替代率。

资料来源：Pension at a glance 2015. 由作者整理计算所得.

另外15个国家，退休者的生活保障仍主要依靠公共养老金，私营养老金的保障作用几乎没有得到发挥。尽管这些国家也都存在私营养老金制度，但公共养老金替代率水平较高，且私营养老金制度多为自愿性，因而公众对私营养老金的需求有限。这15个国家公共养老金的平均替代率达到了59.8%，远超过了私营养老金发挥较大作用的19个国家26.6%的公共养老金替代率水平，甚至比这19个国家总平均替代率55.9%，还要高出近4个百分点。当然，除了公共养老金替代率高低之外，政治、文化以及既有的社会保障制度模式都可以影响一个国家私营养老金发展程度。

3.3.2　OECD养老金结构得到优化

3.3.2.1　各国均形成多支柱养老金制度

尽管当前OECD国家私营养老金发展程度不一，但均形成了多支柱养老金制度（见表3-11）。具体而言，当前35个OECD国家都具有第一支柱养老金制度，甚至当前绝大多数国家第一支柱养老金制度都具有基本收入保障和维持退休前一定收入水平两个层次保障。其中第二层次——政府主导的收入相关的现收现付制（PAYG）有逐步缩小并向第二支柱私营养老金转化的趋势。尽管当前仍有27个OECD国家具有第二层次的现收现付公共养老金制度，但部分国家对此积极引进DC模式的特性，如意大利、挪威、波兰、瑞典、拉脱维亚等国的名义账户制养老金制度，其他国家也积极对现收现付制进行参数式改革，逐步降低其在养老金体系中的重要性。而另外8个国家或已完全将以往存在的现收现付制改成强制性私营养老金制度（如智利、以色列、墨西哥），或者从未存在PAYG公共养老金制度（如澳大利亚、新西兰）。如此的转变也说明了国家或政府在养老金制度中的作用向“保基本”转变，而将个人既有生活水平的维持和收入补充转移到私人和市场的发展趋势。

至于第二、三支柱，从制度形式上看几乎每个OECD国家都具备两种形式以上的私营养老金制度，但各国私营养老金的发展程度和所起的作用上仍存在极大差距。除了英国、美国、澳大利亚、加拿大、荷兰、智利等国私营养老金制度发展较早，到20世纪80—90年代制度已取得较大发展外，大多数OECD国家的私营养老金制度都是在20世纪80年代至21世纪初建立和发展起来的。

此外，在私营养老金制度发展过程中，私营养老金制度建立较早的国家（如澳大利亚、加拿大、英国、美国、日本、爱尔兰等）呈现出 DB 计划模式向 DC 转移的趋势①，而新兴的私营养老金制度基本上都采用 DC 模式。DB 模式向 DC 模式的转变体现了私营养老金风险责任由雇主向雇员的转移，同时也有利于劳动力的自由流动。

表 3－11　　OECD 国家养老金结构类型划分

国家	第一支柱		第二支柱		第三支柱	
	第一层次（1）	第二层次（2）	职业养老金		个人养老金	
澳大利亚	B		MO	V	MI	V
奥地利	T	DB		V		V
比利时	T	DB（Mi）		V		V
加拿大	B＋T	DB		V		V
智利	B＋T				MI	V
捷克	B	DB（Mi）		V		V
丹麦	B＋T		MO（QMO）	V	QMI	
爱沙尼亚	B＋T	DB（Mi）	MO	V		
芬兰	B＋T	DB	MO	V		V
法国	T	points（Mi）		V		V
德国	T	points		V		V
希腊	B	DB		V		
匈牙利*	T	DB（Mi）		V		V
冰岛	B＋T		MO	V		V
爱尔兰	B＋T	DB		V		V
以色列	B＋T		MO			V
意大利	T	NDC（Mi）		V		V
日本	B	DB		V		V
韩国	B＋T	DB		V		V
卢森堡	B	DB（Mi）		V		V
墨西哥	T			V	MI	V
荷兰	B		QMO			V
新西兰	B			V		V
挪威	B	NDC	MO	V		V

① OECD Pensions Outlook 2016. 2016：37.

续表

国家	第一支柱		第二支柱		第三支柱	
	第一层次（1）	第二层次（2）	职业养老金		个人养老金	
波兰*	B	NDC			MI	V
葡萄牙	T	DB（Mi）		V		V
斯洛伐克*	T	Points（Mi）		V		V
斯洛文尼亚	T	DB（Mi）	MO	V		
西班牙	T	DB（Mi）		V		V
瑞典	B	NDC	QMO	V	MI	V
瑞士	B+T		MO	V		V
土耳其	T	DB（Mi）	MO	V		V
英国	B+T	DB		V		V
美国	T	DB		V		V
拉脱维亚		NDC（Mi）			MI	V

注：（1）是指第一层次养老金（First－tier old－age pensions）。（2）是指收入相关的现收现付制公共养老金。B 指基本养老金模式（Basic Pension schemes），待遇享有取决于居住年限或者工作年限。T 指目标性养老金计划（Targeted Plans），是依据退休者养老金收入高低而给予的调节性补充养老金。Mi 指最低限度养老金（Minimum Pensions），对第一支柱收入相关型养老金给予的最低保障金。DB 指收入确定型现收现付制。Points 指收入积分制。NDC 指名义账户制（Notional Defined Contribution）。V 指自愿性养老金制度；MO 指政府强制性职业养老金制度；QMO 指准强制性职业养老金制度；MI 指强制性个人账户养老金制度；QMI 指准强制性个人账户养老金制度。波兰*于 1999 年实施强制性个人账户养老金制度，但在 2012.2—2014.9 期间允许自愿选择是否去留；匈牙利*于 1998 年实施强制性个人账户养老金制度，在 2010 年底撤销。斯洛伐克*2005 年实施该制度，2008 年由强制性改为自愿性。

资料来源：OECD Private Pensions Outlook. Pensions at a glance 2015. OECD pensions outlook 2014、2016. The 2015 pension adequacy report 经笔者整理而成.

3.3.2.2　养老金制度可持续性得到增强

依据 2016 年安联养老金可持续性发展指数报告（Allianz 2016 Pension Sustainability Index），在其所考察的 54 个国家（含 OECD）中，尽管多数国家人口形势不断恶化，但由于对养老金制度的改革，特别是随着私营养老金的显著发展使制度可持续性得到了较大改善。依据表 3－12 和图 3－15 可见，私营养老金发展得越好，养老金制度的可持续性也会得到增强。具体而言，荷兰、丹麦、瑞典、挪威、芬兰等社会民主体制及澳大利亚、瑞士、英国、加拿大、美国等自由体制福利国家养老金制度可持续性要优于以德国、日本、比利时、意大利、奥地利、法国等为代表的保守体制及爱沙尼亚、捷克、波兰、斯洛伐

克、匈牙利、斯洛文尼亚等为代表的转型体制福利国家。并且前两类福利国家可持续性排名多由私营养老金的发展而得到提升；而后两类国家私营养老金充足性程度多会抑制其可持续性排名。①

表 3-12　OECD 国家私营养老金充足性与养老金制度可持续性关系

国家	私营养老金充足性分值	养老金制度可持续性分值	国家	私营养老金充足性分值	养老金制度可持续性分值
荷兰	9.7	8.6	奥地利	3.1	7
丹麦	9.5	8.53	爱沙尼亚	5	6.95
瑞典	7.9	8.05	捷克	4	6.9
挪威	6.7	7.9	波兰	3.4	6.9
澳大利亚	9	7.85	智利	7.8	6.85
葡萄牙	2.9	7.75	希腊	1.4	6.85
瑞士	9.9	7.6	韩国	3.5	6.75
芬兰	6.6	7.6	法国	2.9	6.6
英国	8	7.5	西班牙	2.4	6.6
新西兰	4.7	7.3	爱尔兰	5.6	6.5
比利时	4.2	7.25	卢森堡	2.1	6.35
加拿大	7.5	7.2	墨西哥	4.9	6.3
德国	5	7.15	克罗地亚	5.6	6.15
美国	8.8	7.1	匈牙利	1	6.15
日本	6	7.1	斯洛伐克	3.9	5.75
拉脱维亚	5	7.1	斯洛文尼亚	2.7	5.75
意大利	2.8	7.1	土耳其	2.1	4.85

注：养老金充足性分值根据执行力度（强制、自愿、自动加入）、覆盖率、养老金资产占 GDP 比重、雇主缴费率、给付方式（一次性支付、年金形式等）衡量指标计算得出，分值越高代表养老金充足性越强；制度可持续性分值根据第一支柱保障水平及制度覆盖面、法定/有效退休年龄、二三支柱积累及储备金发展水平等衡量指标计算得出，分值越高代表制度越具有可持续性，缺少冰岛、以色列相关数值。

资料来源：2016 Pension Sustainability Index. https：//projectm-online.com/research/，p26. 2015 Retirement Income Adequacy Indicator. https：//projectm-online.com/app/uploads/adequacy-how-much-retirement-income-is-enough.pdf：29. 由作者整理所得。

① 注：本书对社会民主体制、自由体制和保守体制的划分是参照哥斯塔·埃斯平-安德森《福利资本主义的三个世界》的分类标准，而转型体制国家则是指除上述三类 OECD 国家之外，正处于政治经济体制转型的 OECD 成员国。

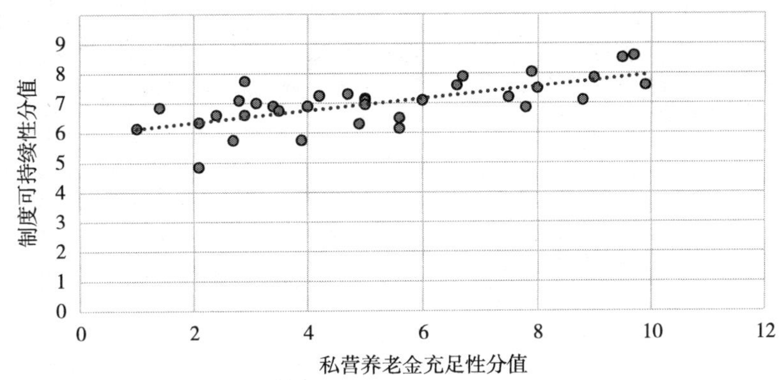

图3-15　私营养老金充足性与养老金制度可持续性相关图

注：依据表3-12数据绘制。

3.3.2.3　公共养老金支出有效降低

通常而言，私营养老金发展程度高的话会降低公共养老金支出。经过近些年来的发展，私营养老金制度在绝大多数OECD国家已经获得显著发展，一定程度降低或者抑制了公共养老金的支出。依据表3-13，把私营养老金资产占GDP的比例作为衡量私营养老金发展程度的指标，可以发现近几年私营养老金发展水平较高的国家，公共养老金支出的比例较低，反之亦然。具体来说，国别2中的21个国家，私人养老金资产占GDP比例平均只有6.6%，而公共养老金支出占GDP的比例平均高达9.8%。国别1中的14个国家，私人养老金资产占GDP比例为74.4%，公共养老金支出占GDP比例为5.2%。

另外也可发现，现收现付制公共养老金的发展可能对私营养老金发展具有一定的抑制作用。在表3-13中，现收现付型公共养老金制度占主导的国家，私人养老金累积资产占GDP比例较低，私人养老金制度发展相对较弱，公共养老金支出占GDP的比例相对较高。

表3-13　OECD国家不同养老金制度类型公共养老金负担情况　单位:%

国别1	制度类型 私人养老金制度为主	公共养老金支出/GDP	私人养老金资产/GDP
荷兰	DB+DC	5.3	150.2
冰岛	DB+DC	2.0	140.3
瑞士	DB+DC	6.3	113.3

续表

国别1	制度类型 私人养老金制度为主	公共养老金支出/GDP	私人养老金资产/GDP
澳大利亚	DC	4.0	102.7
英国	DB + DC	6.2	96.2
美国	DB + DC	6.8	77.7
加拿大	DB + DC	4.4	71.6
智利	DC	3.1	63.6
以色列	DC	4.8	50.7
爱尔兰	DB + DC	5.0	49.1
芬兰	DB + DC	10.5	47.2
丹麦	DB + DC	7.7	46.3
新西兰	DC	4.8	18.8
墨西哥	DC	1.8	14.5
简单平均值	—	**5.2**	**74.4**
国别2	制度类型 以 PAYG 公共养老金为主	公共养老金支出/GDP	私营养老金资产/GDP
日本	DB	10.2	19.0
波兰	NDC	10.4	13.3
斯洛伐克	Points	7.0	9.6
爱沙尼亚	Points	6.5	9.6
瑞典	NDC	7.4	9.3
葡萄牙	DB	13.2	9.0
西班牙	DB	10.8	8.7
挪威	DB	5.6	8.2
捷克	NDC	8.6	7.3
德国	Points	10.2	6.2
韩国	DB	2.2	6.1
意大利	NDC	15.8	5.9
奥地利	DB	13.1	5.5
比利时	DB	10.0	5.0
土耳其	DB	7.9	4.8
匈牙利	DB	10.2	4.0

续表

国别2	制度类型 以PAYG公共养老金为主	公共养老金支出/GDP	私营养老金资产/GDP
斯洛文尼亚	DB	11.4	3.7
卢森堡	DB	8.2	2.4
拉脱维亚	DB	7.7	1.1
法国	DB + points	13.6	0.4
希腊	DB	16.0	0.4
简单平均值	—	**9.8**	**6.6**

注：公共养老金支出是指为老年人和残存者提供的所有现金支出（包括一次性给付）。表3-13中公共养老金支出/GDP的数据采用OECD各国2011—2013年数据的简单平均值（其中波兰、希腊采用2012年、2013年两年数据简单平均；墨西哥采用的是2013年的数据）；私人养老金资产/GDP的数据采用2011—2015年数据的简单平均值（其中日本数据采用2011—2014年的平均值）。

资料来源：Pension at a glance 2015；OECD Data. https：//data. oecd. org/socialexp/pension - spending. htm#indicator - chart. https：//data. oecd. org/pension/private - pension - assets. htm. 由作者整理计算所得.

3.4 OECD养老金结构改革的启示

综合而言，尽管OECD国家因既有制度模式以及具体国情不同在改革具体方案、改革成效方面都会有些差异，但大力发展私营养老金和构建多支柱养老金制度是OECD国家养老金结构改革的共同趋势。根据改革效果可以看出，多支柱养老金发展相对均衡的OECD国家养老金制度更具有可持续性，公共养老金支出水平得到一定程度控制，进而政府的财政负担也得到有效缓解。纵观OECD养老金改革实践可以发现，改革实质是围绕不同主体在养老保障中责任的承担以及养老金制度的公平与效率两个核心问题。具体而言，主要体现在注重个人自我保障责任的发挥，注重市场的保值增值作用，注重养老金制度结构的互补，注重对贫困老年群体底线保障以及政府鼓励私营养老金发展的措施及监管等方面。

3.4.1 注重个人自我保障责任的发挥

OECD国家多支柱养老金结构的改革实则是针对政府在养老保障中权责过重的现象，一定程度上向个人自由和自我保障责任方向的回归。几乎在整个19世纪，自由主义理念在欧洲盛行，个体在生活中主要秉承自我负责精神，政府、民间机构和教会仅为贫困个体提供有限的、必要的救济。1889年，随着俾斯麦式养老保险制度出现之后，养老的社会化和国家干预突飞猛进，尤其是第二次世界大战以来，凯恩斯主义的盛行和福利国家的出现将政府主导的公共养老金发展推向了顶点。[①] 公共养老金制度提供的较高的退休金水平以及政府对养老保障领域的过度干预很大程度抑制了个人保障责任的发挥和私营养老金的发展。20世纪70年代，随着资本主义经济发展进入“滞涨”阶段以及人口结构的变化，西方各国政府面临着巨大的财政赤字压力，单支柱为主的公共养老金弊端日益凸显。

在此背景下，古典自由主义保障观开始复兴，即在养老保障中更加注重个人的自由与责任。如前文所述，一方面，多数OECD国家通过对公共养老金进行参数改革，从总体上控制公共养老金缴费和给付水平；另一方面，采取各种措施，如采取税收优惠政策、自动加入机制以及合格默认投资工具等鼓励和便利个体参加私营养老金计划，同时也积极放开在私营养老金投资领域的个人投资的自主选择权，发挥个体的自主作用。从而起到增强公民个人养老保障的自主意识，使公民个人在养老保障中的责任得到一定程度回归。由此可见，在中国多支柱养老金结构的改革过程中也应该注重合理分担不同主体的养老保障责任，避免因保障责任的“畸轻畸重”而造成制度的不可持续。

3.4.2 注重发挥资本市场的保值增值作用

通过资本市场对私营养老金进行保值增值是私营养老金制度得以存续的根本动力所在。由上文所知，近10多年来多数OECD国家积累了大量的私营养

① 郑秉文．中国养老金发展报告（2015）［M］．北京：经济管理出版社．2015：2.

老金资产，资产投资额大幅提高，并且取得了较好的长期回报率，构成了退休者养老金收益的重要来源。这与 OECD 国家对私营养老金市场化投资的重视以及采取较为成功的投资和监管措施是密不可分的。OECD 国家私营养老金的市场化投资程度高，投资范围种类多样，投资领域已扩展到国外资本市场，投资资产配置组合灵活多样，投资法律法规更为健全，监管模式已转向审慎人规则，变得相对灵活和富有弹性，使投资管理机构具有更大的投资自主选择权。这些政策措施使 OECD 国家能够更好地应对市场瞬息万变的风险，充分发挥市场的保值增值作用。

尽管由于资本市场的波动性以及通货膨胀的影响，私营养老金进行市场化投资也会存在一定的风险。但与其他资产相比，养老金资产具有适宜投资的天然特性：养老金资产在时间维度上，投资期限上可以很长；在流动性维度上，养老金资产不需要很高的流动性；在承受风险波动性方面，养老金资产由于持有周期长，能够承受中短期的资产波动。因而，中国也应深化养老金投资管理方面的改革，充分利用资本市场来增进私营养老金的投资收益，进而改善退休者晚年生活。

3.4.3　注重不同保障目标和功能的优化组合

在一个单一年金支柱制度中，人们把所有的鸡蛋装在一个篮子里，而一旦那个篮子破了，他们将陷入糟糕的境地。而结构优化的多支柱养老金体系使不同的制度目标（底线保障与高层次保障）和制度功能（再分配功能与储蓄功能）相分离，同时又互为补充，达到不同目标和功能的协调发展的目的。OECD 国家养老金制度改革即呈现上述趋势。

对公共养老金制度的改革，OECD 国家一方面注重增强对老年贫困群体的底线保障（见 3.4.4 节）。另一方面，对于第二层次现收现付制公共养老金采取积极改革方式：（1）积极引进效率性因素，如在公共养老金制度中引入名义账户制（如瑞典、波兰、挪威、意大利、拉脱维亚）、积分制（如德国、法国、斯洛伐克、爱沙尼亚等）或是与生命预期相挂钩的退休收入自动调整机制（如芬兰、德国、日本、加拿大、葡萄牙等）[①] 来改善现收现付制，从而增

① OECD Pensions Outlook 2012. 2012：55［2018－03－13］. https：//www.keepeek.com//Digital－Asset－Management/oecd/finance－and－investment/oecd－pensions－outlook－2012_ 9789264169401－en#. WqczxS_ 4SKI.

强了制度的缴费与个人退休收益之间的密切联系；（2）将现收现付制公共养老金转变成具有第二支柱特征的基金积累制，如智利、以色列、墨西哥等国；（3）将具有某种自治特征的第二层次公共养老金制度逐渐转向第二支柱私营养老金制度，如丹麦、荷兰、挪威、瑞典、芬兰等社会民主体制的国家。无疑，上述改革体现了 OECD 国家公共养老金制度改革的“底线公平”与效率，收入再分配功能与储蓄功能的分离。

在私营养老金发展方面，OECD 国家对公共养老金的改革或者直接推动了私营养老金的发展或者为其留下了发展空间。此外，OECD 各国也都采取了各种积极措施促进私营养老金制度的发展，如上文所述的针对不同类型群体设计不同的私营养老金计划类型、努力提高制度的覆盖面、采取税收优惠政策等。通过上述改革措施，OECD 国家多支柱养老金制度得以建立并逐步走向良性发展轨道。可见，中国在多支柱养老金结构改革中也应注重制度功能和目标的优化组合。

3.4.4 注重增强对贫困老年群体的底线保障

OECD 国家在进行养老金结构改革时非常注重对弱势群体的底线保障功能。通过表 3 – 11 可以看出，当前所有 OECD 国家都为老年人提供第一层次的具有“底线保障”作用的公共养老金。尽管当前 OECD 国家养老金制度改革的主要趋势之一是控制公共养老金待遇给付水平，然而在总体控制公共养老金待遇支付水平的前提下，现收现付制公共养老金仍然给低收入者提供相对较高的替代率水平，而且很多 OECD 国家增强了对老年人的第一层保护。如瑞典在 1994 年实施最低保证型养老金，丹麦在 2003 年针对低收入群体引入收入核查型养老金制度，2006 年智利成立社会互济养老金（SPS），形成普享型第一支柱等等。

为了确保贫困老人的基本生活，多数 OECD 国家第一层次公共养老金（First – tier Old – age Pensions）保障水平覆盖面相对较广，OECD 平均大约有 1/3 的老年人接受来自基本养老金（Basic Pension）、目标性养老金（Targeted Pension）和最低养老金（Minimum Pension）的补贴和救济。[1] 在丹麦、澳大利亚、韩国、智利等国非缴费型安全网保障（Safety – net）能够覆盖多达 60% 以

① OECD. Pensions at a glance 2013. 2013：68.

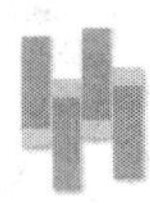

上 65 岁老年人口。① 而且 OECD 国家对于老年贫困群体的保障水平也相对较高。图 3 - 16 即反映了 OECD 及世界主要经济体中贫困个体在工作期间没能缴纳养老保险费，达到退休年龄所能够获得的退休收益占就业收入者平均收入的百分比，其中大多数国家都在 10% ~30% 的水平，中国仅占 2%，位列 42 个国家中的倒数第三。尽管中国为满足最基本缴费要求的城镇基本养老保障提供了相对于平均工资 40% 以上的替代率水平。

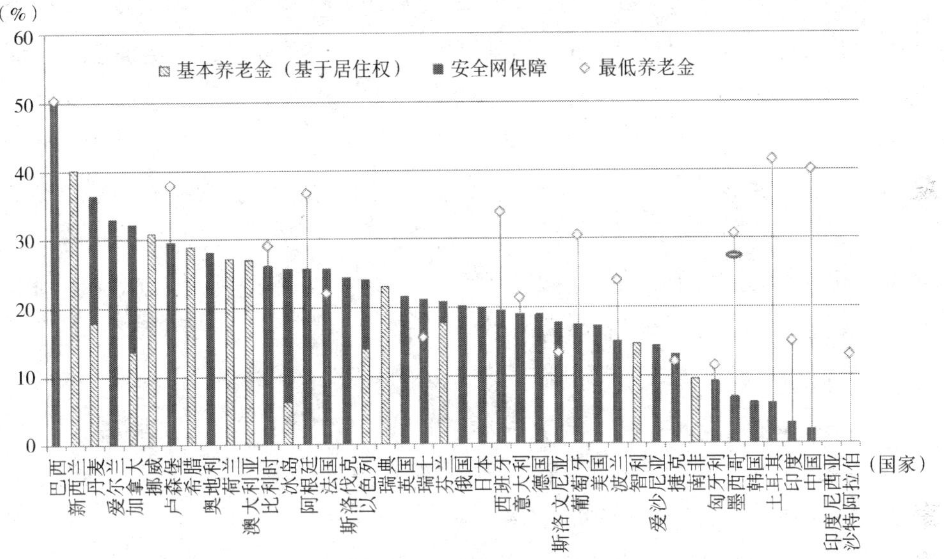

图 3 - 16 公共养老金第一层次保障水平占平均就业收入者比例

注：墨西哥的额外标记表示墨西哥旧的私营部门养老金制度，很多工人仍可以从中获得占平均收入 23.8% 的替代率水平。基本养老金（基于居住权）是指 Basic pensions（residence），安全网保障是指 Safety - net，最低养老金是指 Minimum pension，是针对就业人员要求其达到最低缴费和参保年限时所能够领取的养老金水平。

资料来源：Pensions at a glance 2015，http：//dx. doi. org/10. 1787/888933300347.

① OECD. Pensions at a glance 2017. 2017：89. http：//www. oecd. org/pensions/oecd - pensions - at - a - glance - 19991363. htm.

3.5 本章小结

本章主要探讨了 OECD 国家养老金结构改革的背景，改革采取的主要措施及 OECD 不同福利体制国家改革的内部差异性，OECD 国家私营养老金发展的态势以及改革的总体成效，改革的启示等四部分内容。

就改革背景而言，一方面，OECD 国家人口老龄化日益严峻导致了养老金给付负担加重。在退休年龄难以提高的情况下，人口预期寿命的增加意味着退休金给付年限变长，人口抚养比上升也加重了当前以现收现付为主的养老金制度给付负担。另一方面，OECD 国家经济发展放缓也抑制了养老缴费基金的增加。在经济发展不景气的情况下，就业人数和工资增长都较为缓慢导致缴费基金收入的减少。并且经济不景气也导致政府财政收入水平的降低，使政府难以承担养老金的给付缺口。加上，既往的参数式改革成效不甚显著，改革空间有限，因而多数 OECD 国家纷纷转向结构式改革。

面对当前养老金制度发展的不可持续，OECD 国家控制公共养老金发展（降低公共养老金缴费水平和降低公共养老金的给付）；同时，通过自动加入计划、税收优惠政策等努力提高私营养老金的覆盖面，通过市场化投资手段和投资监管等措施努力提高私营养老金的收益水平和确保资金的安全。同时，在 OECD 国家内部由于福利体制不同，在进行多支柱改革时也存在着一定的差异。

通过如上的改革措施，OECD 国家养老金制度改革总体上取得显著成效：一方面，表现在近些年来私营养老金在累计资产、覆盖面、私营养老金的替代率和投资收益方面都取得显著成绩；另一方面，随着私营养老金的发展，OECD 国家在制度上都形成了多支柱养老金结构体系，特别是在私营养老金制度发展较好，多支柱相对健全的国家，养老金制度的可持续性得到增强，公共养老金的支出水平也得到有效控制。

由 OECD 国家改革实践可以得出，多支柱养老金发展相对均衡的国家养老金制度更具有可持续性。中国在养老金结构改革中应注重个人自我保障责任的发挥，注重市场的保值增值作用，注重不同支柱（层次）的养老金保障目标和功能的优化组合，注重对贫困老年群体底线保障。

第 4 章 中国多支柱养老金结构失衡特征、成因及其后果

早在 1991 年，国务院发布的《关于企业职工养老保险制度改革的决定》（国发〔1991〕33 号）就提出了“三个支柱”并举的社会保险制度框架思路，被看成是中国构建多支柱养老金制度的开端。然而，经过近 30 年的发展，与 OECD 多数国家相比，中国多支柱养老金制度尚未真正的形成。本章在概述中国多支柱养老金制度结构特征的基础上，探究其产生的原因以及可能导致的后果。

4.1 中国多支柱养老金结构失衡特征

中国多支柱养老金发展最大的问题是第一支柱基本养老金制度“一柱独大”，构成退休者收入的主要支撑，第二、第三支柱私营养老金发展滞后，导致其难以真正发挥“支柱”作用。由于职工个人储蓄养老金制度已消亡，当前中国基本不存在第三支柱养老金制度，甚至如果严格按照“养老金”的定义，中国当前的养老金制度都不能真正称之是“多支柱养老金制度”。故中国养老金制度最大的结构特征是“结构失衡”，其实质是公私养老金发展的失衡。结构失衡具体表现在不同支柱覆盖人群、积累的养老金资产和提供的退休收入替代率三个方面。

4.1.1 三个支柱覆盖人群比例失衡

由于养老金制度不同，各支柱的目标和性质不同，制度范围内应计覆盖人数会有所不同，因而不宜直接将不同支柱参保人数进行对比。但可以从不同支柱养老金实际参保人数占制度应计参保人数的比例对不同支柱养老金制度发展程度进行比较分析。由表4-1可知，中国基本养老保险、企业年金和商业养老保险的制度参保率分别为76.2%、5.6%和7.58%。可见，第一支柱的制度参保率要远远高于第二、第三支柱。

基于国际比较来看，中国多支柱养老金制度也存在严重的结构失衡问题。以OECD国家为例，多数国家第一支柱基础养老金已经实现制度的全覆盖，在第二支柱养老金制度具有强制性且发展较早的OECD国家中，截至2016年，覆盖率也多达到80%以上，甚至接近100%。即使第二支柱采用自愿性加入方式，在发展相对成熟的国家其覆盖率也达到40%以上。至于第三支柱个人养老金制度，当前极大多数OECD国家覆盖率水平在10%~30%之间。[①] 而中国到2016年底，第一支柱基本养老保险劳动年龄人口参保率为70%左右；第二支柱企业年金劳动年龄人口参保率为2.6%；第三支柱，商业养老保险的劳动人口参保率为7.6%。如果按照OECD国家的统计口径，第三支柱参保率几乎为0。因为当前中国税收递延型个人养老金制度还没有真正落地，尽管1991年建立的中国职工个人储蓄性养老金计划已几近消亡。值得一提的是，OECD国家覆盖率是以15~64周岁参保人数除以15~64周岁劳动适龄人口数计算得出，中国则是以16~60周岁作为计算范畴。可见，如果采取与OECD国家相同口径的话，中国的养老金覆盖率数据还会更低。

表4-1　2016年中国不同支柱养老金参保人数及覆盖率

第一支柱：基本养老保险				第一支柱：城镇职工基本养老保险		
制度应计参保人数（1）	实际参保人数	制度参保率	劳动年龄人口参保率	制度应计参保人数（2）	实际参保人数	制度参保率
82486.7万人	62825万人	76.2%	69.2%	41428万人	27826万人	67.2%

① 注：覆盖率=15~64岁参保人数/15~64岁劳动适龄人口数；OECD. Pensions at a glance 2017. 2017：151. http：//www.oecd.org/publications/oecd-pensions-at-a-glance-19991363.htm.

续表

第二支柱：企业年金				第三支柱：商业养老保险		
制度应计参保人数（3）	实际参保人数	制度参保率	劳动年龄人口参保率	制度应计参保人数（4）	年金保险有效保单数（万件）	制度参保率（劳动年龄人口参保率）
41428 万人	2325 万人	5.6%	2.6%	91583 万人	6943.3 万人	7.6%

注：（1）指 2016 年底 16 周岁以上至 60 周岁以下的劳动年龄人口 90747 万人扣除当年高中及以上普通在校生 8260.3 万人计算得出；（2）（3）指 2016 年末城镇就业人员；（4）指 2014 年 16～60 周岁劳动年龄人口数；劳动年龄人口参保率是指实际参保人数/全国 16～60 周岁人数，制度参保率是指实际参保率/制度应计参保率；商业养老保险相关数据是 2014 年数据。

资料来源：《中国社会保险发展年度报告 2016》《2016 年度人力资源和社会保障事业发展统计公报》，教育部《中国教育概况》http：//www.gov.cn/guoqing/2017－11/22/content_ 5241529.htm.

从覆盖人数增长角度而言（见图 4－1），2004—2016 年中国基本养老保险参保人数从 21731 万人增加到 88777 万人，（几何）平均增长速度为 12.4%；企业职工基本养老保险参保人数从 14679 万人增加到 34264 万人，（几何）平均增长速度为 7.3%；而企业年金从 2004 年的 703 万人增加到 2016 年的 2325 万人，（几何）平均增长速度为 10.5%。在 2004 年基本养老保险的参保人数是企业年金的参保人数的 30.9 倍，而到了 2016 年则扩大到 38.2 倍；但是 2004 年企业职工基本养老参保人数是企业年金参保人数的 20.9 倍，到了 2016 年则缩小到 14.7 倍。可见，不仅企业年金与基本养老保险、企业职工基本养老保险参保人数的基数差距较大，历年来企业年金覆盖率的平均增长速度也要慢于基本养老保险的增速，但企业年金覆盖率的增长速度要快于企业职工基本养老保险的覆盖率。由于历年中国年金保险保单数目并不可得，在此不将其与第一、第二支柱养老金进行比较。

从企业年金参保人数占企业职工基本养老保险参保比例来看（见图 4－2），企业年金参保人数所占比例非常小。2004 年企业年金参保人数占企业职工基本养老保险参保人数比例仅为 4.8%，经过十多年的发展企业年金参保人数有了一定程度提高，但是到了 2016 年企业年金参保人数占比也仅为 6.8%。可见，第二支柱企业年金的发展与第一支柱仍然存在极大差距。

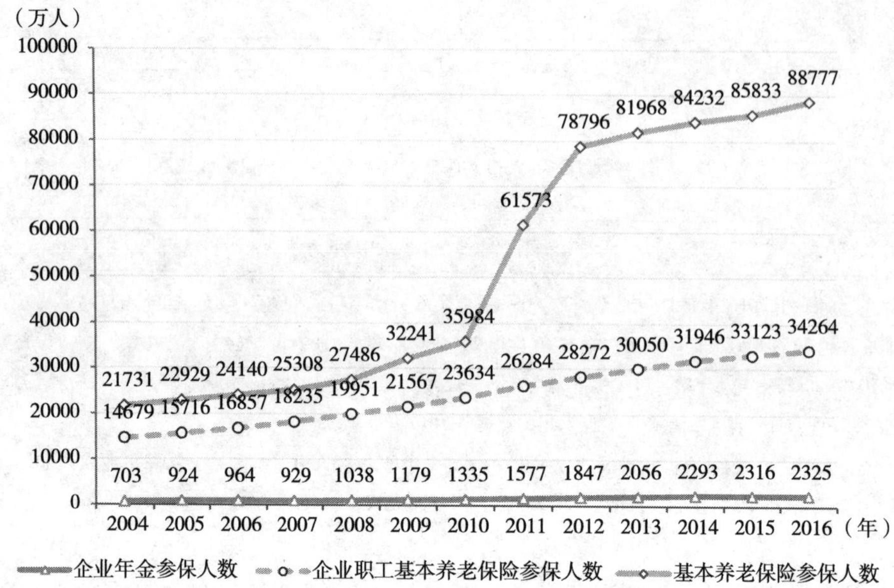

图 4－1　2004—2016 年不同保险类型参保人数对比

注：基本养老保险指城镇职工基本养老保险、城市和农村居民养老保险之和。数据来自人力资源和社会保障部、人力资源和社会保障事业或劳动和社会保障事业发展统计公报，http：//www. mohrss. gov. cn/SYrlzyhshbzb/zwgk/szrs/tjgb/，由作者整理所得。

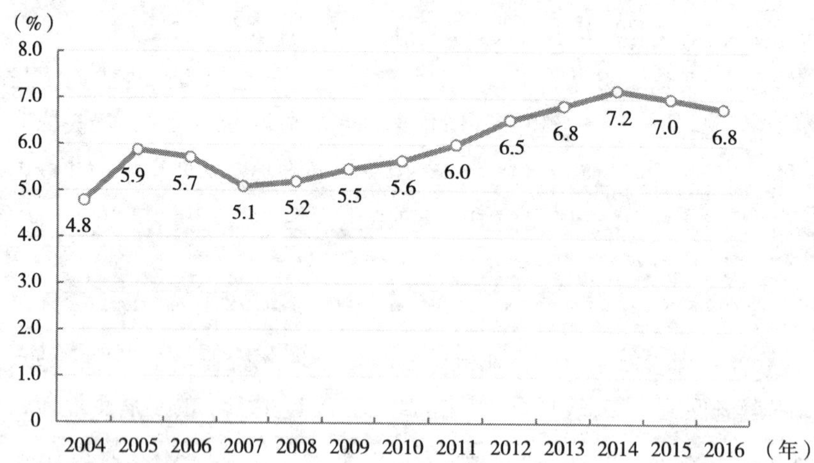

图 4－2　2004—2016 年企业年金参保人数占企业职工基本养老保险参保比例

注：数据来源同图 4－1。

4.1.2　三个支柱积累的养老金资产失衡

在多支柱养老金制度发展较好的国家，由于公共养老金所起的作用只是基本保障作用，故累计养老金资产占全部资产的比例会较低，而私营养老金制度承担着更高层次的保障，累计资产所占比例应该较高。如表 4 -2 所示，2016 年末中国基本养老保险基金累计结存 4.4 万亿元，企业年金基金累计结存 1.1 万亿元，[①] 第三支柱商业养老保险累计资产为 2.5 万亿元[②]，三者占同期 GDP 的比重依次为 5.9%、1.5% 和 3.4%，其中三个支柱养老金总资产占 GDP 的比重是 10.8%。从资产内部结构来看，中国第一、第二、第三支柱养老金资产占总资产的比例分别为 55.0%、13.8%、31.3%。相比之下，2016 年底美国养老金资产规模已达 26.2 万亿美元，其中美国第一、第二和第三支柱养老金资产规模分别为 2.9 万亿美元、15.4 万亿美元和 7.9 万亿美元，三个支柱占美国同期 GDP 的比重依次为 15.6%、82.8% 和 42.5%，三个支柱总资产占 GDP 的比重为 140.9%。从资产内部结构来看，三个支柱占总资产的比重依次为 11.1%、58.9% 和 30%。

表 4 -2　　2016 年中国与美国三支柱养老金资产对比

	名称	第一支柱	第二支柱	第三支柱	合计
中国	规模（万亿元）	4.4	1.1	2.5	8.0
	占 GDP（74.4 万亿元）比重（%）	5.9	1.5	3.4	10.8
	占总资产比重（%）	55.0	13.8	31.3	100
美国	规模（万亿美元）	2.9	15.4	7.9	26.2
	占 GDP（18.6 万亿美元）比重（%）	15.6	82.8	42.5	140.9
	占总资产比重（%）	11.1	58.8	30.2	100

资料来源：2016 年度人力资源和社会保障事业发展统计公报，http：//www.mohrss.gov.cn/SYrlzyhshbzb/zwgk/szrs/tjgb/201705/W020170531358206938948.pdf；https：//www.ici.org/pdf/2017_factbook.pdf.

---

① 人力资源和社会保障部.2016 年度人力资源和社会保障事业发展统计公报.（2018 -05 -21）[2018 -02 -20]. http：//www.mohrss.gov.cn/SYrlzyhshbzb/zwgk/szrs/tjgb/201705/W020170531358206938948.pdf.

② 在郑秉文主编的《中国养老金发展报告（2015）》曾指出根据多年比例规律显示，在寿险资产中，80% 是属于理财产品，而只有 20% 属于传统的养老保险，比如年金保险和生存保险等产品。另外根据中国保险行业协会《2016 年保险统计数据报告》，2016 年中国寿险公司总资产为 12.4 万亿元，因此推算出 2016 年真正的养老保险资产为 2.5 万亿元。

由此可见，中国积累的养老金资产规模不仅要比美国低很多，而且中国养老金资产所占比重以公共养老金为主，公共养老金资产所占比例超过一半，而美国公共养老金所占的比重仅为10%左右，私营养老金资产所占比重高达90%的比重。并且在私营养老金中，中国企业年金资产所占的比例甚至不到美国的1/4的比例，尽管商业养老保险累计资产在中国和美国看似所占比例大体相当，但是在美国第三支柱统计的是个人退休账户计划（IRA）累计资产，并没有把商业养老保险累计资产纳入统计范畴，而在中国当前并未存在真正的个人账户养老金计划，因而不仅美国第三支柱统计数据存在低估的问题，甚至即使中国和美国第三支柱养老金所占比重相差无几，但是也存在质的差别。

上文主要对中国和美国多支柱养老金资产进行了比较分析，事实上中国与其他OECD国家相比，私营养老金资产规模几乎也是最小的。如图4－3所示，在35个OECD国家中，2016年中国养老金私营养老金资产占GDP的比重排名倒数第二，仅略微高于希腊。而2016年OECD国家私营养老金资产占GDP的加权平均比例为83%，简单平均为50%，而中国2016年该比例仅为1.5%①。就国别可见，凡是在公共养老金制度上具有贝弗里奇传统的国家，私营养老金累计资产则较发达，如丹麦、荷兰、加拿大、冰岛、瑞士、美国、加拿大、英国等，私营养老金累计资产占本国GDP的比重几乎达到了甚至远超过了100%；而在俾斯麦模式盛行的欧洲大陆国家私营养老金发展则较为滞后，如德国、法国、西班牙、葡萄牙、意大利、卢森堡等国资产占比都在20%以下。另外，诸如墨西哥、爱沙尼亚、拉托维亚、斯洛文尼亚等发展中国家或者体制转型国家私营养老金占GDP的比重和俾斯麦模式盛行的欧洲大陆国家相比大体相当，但却都要高于中国。

从发展趋势上看，尽管近10多年来企业年金的参保人数占企业职工基本养老保险参保比例有所上升（见图4－4），然而私营养老金累计资产占企业职工基本养老保险基金累计结余的比重却大幅下降，这在某种程度上反映了企业年金可能存在缴费率较低的问题。由于私营养老金主要靠长期的市场化投资获得相应收益，累计资金规模较小在很大程度上会影响私营养老金养老保障作用的发挥。

① 图4－3各国的私营养老金占本国GDP比重的统计数据没有涵盖非正式养老金制度安排的私营养老金资产，因此中国的第三支柱私营养老金累计资产没有被统计在内。

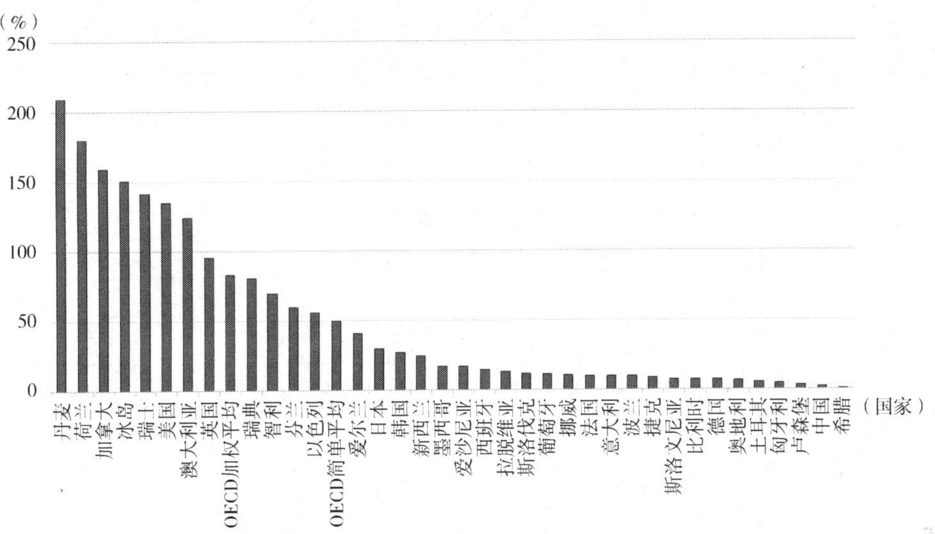

图 4-3　2016 年 OECD 与中国私营养老金资产占 GDP 比重对比

资料来源：Pensions at a glance 2017. http：//dx. doi. org/10. 1787/888933634686.

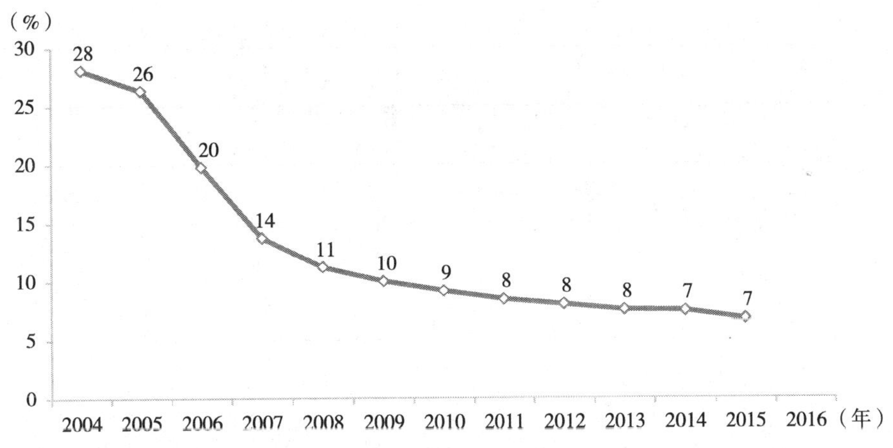

图 4-4　2004—2016 年企业年金与企业职工基本养老保险基金累计结余对比

注：2004—2015 年企业职工基本养老保险基金累计结余来自《中国劳动统计年鉴 2016》；2016 年企业职工基本养老保险基金累计结余来自《人力资源和社会保障事业发展统计公报》，由作者整理所得。

4. 1. 3　公私养老金在退休者收入占比失衡

当前在中国退休人员养老金收入的构成中也存在失衡现象，其中第一支柱

占比特别高，而第二、三支柱占比很低。以中国城镇企业退休人员为例，2015年退休人员的平均养老金收入为2278.6元/月。其中，第一支柱提供的养老金收入为2200元/月，占比高达96.55%。而第二支柱提供的收入仅分别为13.6元和65元，仅占0.60%和2.85%，几乎可以忽略不计。相应的，2015年退休人员的总替代率为44.08%，其中第一支柱养老金的替代率为42.56%，而第二、三支柱的替代率仅分别为0.26%和1.26%（见表4-3）。

表4-3　2015年中国养老金收入及其替代率结构

名称	第一支柱	第二支柱	第三支柱	合计
平均养老金收入（元/月）	2362	27	33	2423
占养老金总收入比重（%）	96.55	0.60	2.85	100
替代率（%）	41.95	0.48	0.59	43.02

注：计算方法参照朱俊生《发展商业养老保险　完善养老金体系》，http://www.jsbxw.org/view-1000-10316.aspx。具体如下：2016年全国企业离退休人员基本养老金月人均为2373元；企业年金领取金额为295.95亿元，企业参保离退休人数为9024万人，企业年金月人均约为27元（149.26/0.9142/12）；寿险业务给付4602.95亿元，截至2016年底全国60岁及以上老年人口为23086万人，若按商业养老保险占寿险支出的20%计算，则商业养老保险月人均约为33元（4602.95×20%/2.3086/12）。替代率为养老金收入/社会平均工资。2016年全国城镇单位就业人员年平均工资为67569元，月工资为5631元，据此计算各支柱的替代率分别为42.56%、0.26%和1.26%。

资料来源：《中国社会保险发展年度报告2016》《2016年度全国企业年金基金业务数据摘要》《2016年保险统计数据报告》《2016年社会服务发展统计公报》《中国统计年鉴（2017）》，由作者计算得出。

与中国相比，很多OECD国家私营养老金对退休人员的收入贡献很大。如表4-4所示，在OECD国家中，经历完整职业生涯的社会平均收入者的强制公共养老金平均替代率为40.6%，私营养老金的平均替代率为18.1%，私营养老金替代率平均占比达到了30%以上。就具体国别而言，当前在35个OECD国家中有10个国家国家私营养老金替代率占总养老金替代率一半以上，10个国家私营养老金的替代率在退休者收入中占有很大比重，当然也有15个OECD国家由于私营养老金制度起步较晚，对退休者的养老金所起的作用很小，这些国家通常也是OECD国家中养老金可持续性较差的国家。

表 4 - 4　　部分 OECD 国家公私养老金替代率　　单位:%

国家	强制公共养老金	私营养老金	总替代率	国家	强制公共养老金	私营养老金	总替代率
丹麦	14.8	71.6	86.4	日本	34.6	23.1	57.7
荷兰	28.7	68.2	96.9	墨西哥	4.0	22.4	26.4
冰岛	3.2	65.8	69.0	爱沙尼亚	29.1	20.6	49.7
以色列	19.4	48.5	67.8	瑞典	36.6	19.2	55.8
爱尔兰	34.1	38.0	72.1	新西兰	40.0	18.8	58.8
加拿大	41.0	34.2	75.2	OECD	40.6	18.1	58.7
智利	0.0	33.5	33.5	瑞士	24.2	17.9	42.1
美国	38.3	33.0	71.3	比利时	46.7	14.2	60.8
澳大利亚	0.1	32.1	32.2	德国	38.2	12.7	50.9
英国	22.1	30.0	52.2	挪威	39.2	5.9	45.1
斯洛伐克	39.6	24.8	64.3	…	…	…	…

注：养老金替代率是指社会平均收入者经历完整的职业生涯（Full Career）在退休时所能够获得的养老金收益与退休前在职收益的比值。私营养老金替代率既包括第二支柱也包括第三支柱私营养老金，并且对私营养老金是否强制不做区分。

资料来源：Pensions at a Glance 2017．2017：103. http：//dx. doi. org/10. 1787/888933633945，由作者整理计算得出 .

4.2　中国多支柱养老金结构失衡成因

中国多支柱养老金制度脱胎于计划经济时代的国家保险制度，因而深受既往的时代背景和“制度遗产”的影响，并且任何一项社会制度改革的成败都离不开政府的改革理念、改革方案、改革推行力度等因素的影响。基于此，笔者主要从中国多支柱养老金制度构建的外在环境以及政府的主观行为和认知两个维度来剖析中国多支柱养老金结构失衡的成因。就外在环境角度而言，中国计划经济和原有的国家保险制度都是造成中国养老金结构失衡的重要外因，甚

至政府在养老金制度领域的权责失当很大程度也是深受既有制度环境的负面影响。从主观认知角度而言，政府在养老金制度建设中的目标取向、改革方案及准备工作，政府对促进私营养老金发展的税收优惠力度等。

4.2.1 计划经济和原有的国家保险制度的负面影响

中国多支柱养老金制度结构失衡一定程度是由于中国计划经济社会背景及传统的国家保险制度的负面影响造成的。20 世纪 50 年代，受社会主义制度和社会主义思想以及苏联国家保险制度的示范作用的影响，中国在城镇面向就业群体建立了与计划经济体制相适应的“国家—企业”保障模式。前者为国家机关事业单位工作人员提供退休保障和各种福利、救济；后者主要是以国家为最终责任人，由各国有企业为本企业职工提供涵盖养老在内的“一揽子”保险计划。

随着 20 世纪 80 年代中国经济体制由计划经济向社会主义市场经济转型，多种所有制的出现，作为对于国企改革的配套措施以及对于既往的带有国家父爱色彩的“高就业、低工资、高福利”带来低效率的反思，中国政府在养老保险方面试图将国家责任转移到微观主体上。对此，中国政府一方面试图建立多方责任共担的基本养老金制度，如从 1984 年起中国养老保险费用社会统筹开始在全国各个地区施行。另一方面，试图发展补充养老金制度以弥补基本养老保险的不足。如在 1991 年，国务院发布《关于企业职工养老保险制度改革的决定》（国发〔1991〕33 号）指出，“逐步建立起基本养老保险与企业补充养老保险和职工个人储蓄性养老保险相结合的制度”。其中“企业补充养老保险”即企业年金制度的前身。职工个人储蓄性养老保险也是面向企业职工的一种补充养老保障形式，是由社会保险主管部门制订具体办法，职工个人根据自己的工资收入情况，按规定缴纳个人储蓄性养老保险费，记入当地社会保险机构在有关银行开设的养老保险个人账户，并应按不低于或高于同期城乡居民储蓄存款利率计息，所得利息记入个人账户，本息一并归职工个人所有，职工达到法定退休年龄经批准退休后，凭个人账户将储蓄性养老保险金一次总付或分次支付给本人。此后，在 1993 年、1995 年、1997 年、2005 年相关部门都重申和进一步发展了“建立多层次社

会保障体系”的理念。[①] 然而，中国并未形成健全的多支柱养老金制度体系，而是呈现出基础养老金“一柱独大”的制度特征。主要原因如下：

第一，计划经济时代国家保险的负面影响。计划经济时代社会福利是国家运用行政权力，对社会福利资源实行自上而下的指令性配置，成为福利制度的责任主体。[②] 历史传统的惯性使现行社会保险管理对原来形成的政府集权管理模式产生了路径依赖，不可避免地打上了政府集权管理的烙印[③]，进而严重影响了企业、个人和市场保障作用的发挥和多支柱养老金制度的构建。直接的负面影响主要体现在缴费和给付两方面。

在缴费方面，传统的社会保障“低工资”“高福利”的制度特征导致个体没有“余力”参与私营养老金计划。据研究，到 2000 年，中国城镇拥有 20% 储蓄率的家庭也才只有 10% 。[④] 而且在计划经济时代劳动者无需缴费即可享受相应的保险福利，对于需要由个人缴费才能享有的私营养老金计划，社会公众的接受度也较差。1993 年，参加个人储蓄性养老保险的职工人数仅为 70 万人[⑤]，占当年城镇职工人数 15040 万人[⑥]的 0.47% 比例，而且缴费比例都非常低，如当时福建省规定个人按照 2 元、3 元、4 元三个档次进行储蓄[⑦]。而当

---

① 1993 年中共十四届三中全会通过《中共中央关于建立社会主义市场经济体制若干问题的决定》正式提出“建立多层次社会保障体系”；1995 年国务院发布的《关于深化企业职工养老保险制度改革的通知》（国发〔1995〕6 号）再次明确“企业按规定缴纳基本养老保险费后，可以在国家政策指导下，根据本单位经济效益情况，为职工建立补充养老保险。企业补充养老保险和个人储蓄性养老保险，由企业和个人自主选择经办机构”；1997 年国务院发布的《关于建立统一的企业职工基本养老保险制度的决定》（国发〔1997〕26 号）再次提出“把改革企业职工养老保险制度与建立多层次的社会保障体系紧密结合起来……要在国家政策指导下大力发展企业补充养老保险，同时发挥商业保险的补充作用”；2000 年国务院发布的《关于印发完善城镇社会保障体系试点方案的通知》（国发〔2000〕42 号）提出“有条件的企业可为职工建立企业年金，并实行市场化运营与管理……鼓励开展个人储蓄性养老保险”；2005 年国务院发布的《关于完善企业职工基本养老保险制度的决定》（国发〔2005〕38 号）提出“为建立多层次的养老保险体系……具备条件的企业可为职工建立企业年金”。

② 邓正来．国家与社会——中国市民社会研究［M］．成都：四川人民出版社．1998：1.

③ 郑功成．从政府集权管理到多元自制管理——中国社会保险组织管理模式的未来发展［J］．中国人民大学学报．2004（5）.

④ 李珍．建立多层次多支柱老年收入保障体制的若干思考［J］．行政管理改革．2014（1）.

⑤⑥ 人力资源和社会保障局．关于 1993 年劳动事业发展的公报．［OL］．（2006－02－07）［2018－02－28］．http：//www. mohrss. gov. cn/SYrlzyhshbzb/zwgk/szrs/tjgb/200602/t20060207_69882. html.

⑦ 曹岁明．福建省推行企业补充与个人储蓄性养老保险挂钩的做法［J］．中国劳动，1993（1）：24.

时多数企业经营不善，在转向社会统筹型养老金制度又需承担高额的社会保险缴费，故也很少有余力发起企业年金制度。在给付方面，由于中国传统的“国家—企业”保障模式是一元化的高福利水平的保障制度，基于福利刚性的特点以及便于国企改制的顺利推行，新的基本养老保障制度为退休者设定了较高替代率水平，一定程度抑制了私营养老金的需求。如20世纪90年代中期养老金平均替代率在86%左右，高于发达国家20～30个百分点。①

第二，私营养老金缺乏基金投资运营环境。由于私营养老金制度主要依靠对缴费进行投资，并通过获得投资收益的方式为参保者晚年提供收入保障。一般而言，金融资本市场越发达对于养老金资产的增值作用越大。这也是资本市场较为发达的国家私营养老金制度起源早，发展程度较高的一个重要缘故。而中国正从计划经济向市场经济过度，金融市场的发展可谓一片空白，缺乏投资工具，同时也缺乏有经验的专业机构和管理人员，使其与储蓄无异。职工个人储蓄养老保险正是主要基于这个原因，加上缺乏企业的匹配缴费，对于职工个人几乎无任何吸引力，从而走向消亡。

第三，政府“无暇顾及”私营养老金的发展。20世纪80年代中期以后，随着市场经济体制改革在城镇的推进，职工终身雇佣的“铁饭碗”被打破，国企也开始出现破产，因而传统的“企业保障制”也开始动摇，中国政府开始筹建与国企改革相配套的基本养老金制度，然而直至20世纪90年代末，中国基础养老金一直处于曲折的调整改革中，使中央政府“无暇顾及”私营养老金的发展。直至1997年国务院发颁发《关于建立统一的企业职工基本养老保险制度的决定》，中国基本养老保险制度才真正定型。直到1998年行业统筹顺利移交地方管理，企业职工基本养老保险制度基本统一。② 加之，随着20世纪90年代中后期国企“改制”和“兼并重组”的深入发展，下岗职工人数大幅增加，中央政府的另一工作重心是确保下岗职工基本生活保障。这也是在2000年之前，无论是企业补充养老保险，还是个人储蓄性养老保险都没有出台实质性法规的重要原因之一。

---

① 曹国书馆．中国养老保险制度及其改革回顾．[2018－02－26]．http：//www.360doc.com/content/11/0414/09/5575132_109499976.shtml.

② 人力资源和社会保障部．1998年劳动和社会保障事业发展年度统计公报．[OL]．（2006－02－07）[2018－02－28]．http：//www.mohrss.gov.cn/SYrlzyhshbzb/zwgk/szrs/tjgb/200602/t20060207_69891.html.

4.2.2　养老金制度目标取向和政策方案存在弊端

中国养老金制度设计的最大弊端在于未能将其置身于整个市场经济改革与未能将其作为整个社会发展的一个部分加以统筹规划，而只是作为国企改革配套措施。因而对中国多支柱养老金制度的构建产生严重的负面影响。

（1）基本养老保险制度构建目标存在偏差。从养老金制度相关理论来看，公共养老金制度的保障目标应是公民的基本生存保障（见第 2 章）。而从养老金制度的具体构建来看，以基本生存保障为目标的公共养老金制度更易于寻求城乡、地域、职业身份不同的个体之间的最大公约数，确保制度的公平性。然而，为了确保国企改革的顺利进行，中国基本养老保险最初是针对国有企业员工设立的，是对国有企业员工在职时一定生活水平的保障，进而逐步向其他群体扩展，而没有考虑到多数社会公众的缴费承受力。因而在很大程度上影响了基本养老保险覆盖率的提高，造成了基本养老保险统筹层次参差不齐和制度在不同群体之间的差异化、碎片化。事实上，对国企员工退休后一定生活水平的保障本应是第二支柱职业养老金的应有之义，而不应将其划入基础养老金保障范畴。这种对于基础养老金目标定位的偏差既不利于基础养老金做好“底线保障”，也对私营养老金的发展产生不利影响。此外，由于把基本养老保险改革只看成是国企改革的配套和服务措施，导致对其进行改革的准备工作和重视程度不够。如在养老金制度构建中并未对国有单位人员分流、农民工、地区发展不平衡等问题予以考虑；传统社会保障历史欠账问题，养老保险个人账户相应投资运营机制等问题也未得到有效解决。

（2）养老金制度方案设计及相关法规的弊端。一方面，“一步到位”的制度方案设计抑制“多支柱”的发展。20 世纪 90 年代中期以来形成的“统账结合”的基本养老保险制度，试图将公平与效率、再分配与个人积累、政府责任与个人责任结合起来，这种立意和努力无疑是正确的。但由于将公平—效率、再分配—保险、政府责任—个人责任这两类相互冲突的功能寄托于“统账结合”这同一制度中，试图通过同一制度同时实现两类相互矛盾的目标，

反而因为两类功能和目标的冲突、挤竞导致良好意愿落空。[①] 从而导致了1991年提出的企业补充养老保险以及职工个人储蓄养老保险无法找到合理的定位，各自独立的“多支柱”养老保险难以真正形成，事实上变成了捆绑在一起的“多层次”。[②] 另一方面，法律法规层次低及发展滞后。中国基础养老金的改革的相关养老政策也大多以“意见”“办法”“通知”“规定”等形式存在，法律效力也较弱。[③] 就私营养老金发展而言，20世纪90年代虽然在相关文件中笼统地提及鼓励私营养老金的发展，但私营养老金在各个地方仍处于自发性、零星化发展阶段。这期间中央政府并未出台企业年金及个人储蓄性养老保险的相关管理制度。直到2004年原劳动和社会保障部才发布《企业年金试行办法》和《企业年金基金管理试行办法》，中国现代企业年金制度才正式确立，甚至到当前个人税延型养老金计划还未出台。总之，在中国基本养老保障制度的价值目标尚不清晰，私营养老金的性质和地位也失去了起码的界定依据；在基础养老金制度发展尚未定型阶段，私营养老金制度更是处于边缘化，多支柱养老金的发展也注定处于失衡状态。

4.2.3 政府税收优惠相关法规滞后

企业高额税费会抑制企业年金的发展。Munnell（1982）指出，对雇主和雇员养老金计划的税收减免，是20世纪后期养老金计划获得发展的主要原因。[④] 税收优惠措施也是几乎所有OECD国家鼓励本国私营养老金发展的重要举措（见3.2.1.4节）。具体到中国，政府对于第三支柱的养老金税收优惠政策一直处于缺位状态。2017年7月，国务院办公厅发布《关于加快发展商业养老保险若干意见》（国办发〔2017〕59号）标志着个人税延型商业养老保险的正式诞生，而个人账户养老金计划的相关税收优惠计划至今尚未落地。至于第二支柱企业年金制度，政府的税收优惠政策发展也比较滞后。中国企业年金的发展规模也深受是否存在税收优惠以及税收优惠程度的影响。具体可分为

① 刘玮．养老保险中个人—政府责任研究［D］．西北大学，2005：48.

② 王延中．加快企业年金发展的思路及对策［J］．中国经贸导刊．2003（11）：26－27.

③ 郑功成．推进中国社会保障改革的几点思考［J］．中国软科学．2001（4）.

④ ［英］大卫·布莱克．养老金经济学［M］．北京：机械工业出版社．2014：67.

三个发展阶段（见图4-5）。

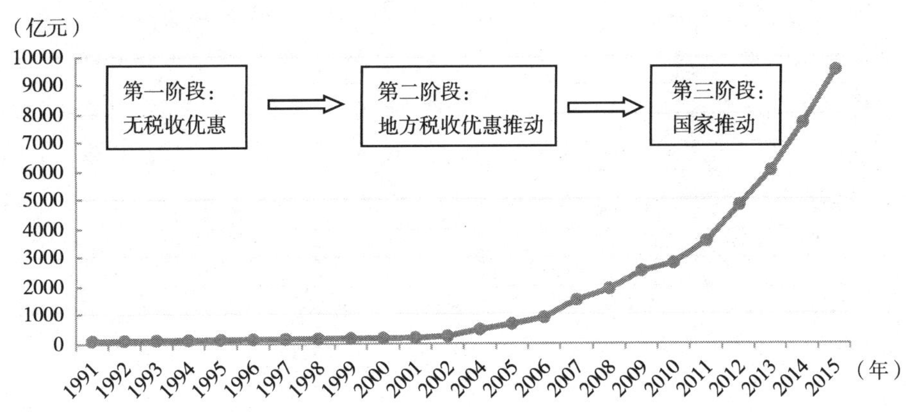

图4-5　1991—2015年中国企业年金税收优惠与基金积累互动关系

注：1991—1999年数据由笔者根据官方信息估测得出，http：//finance. sina. com. cn/g/20070613/20323688996. shtml；2000—2006年数据来自杨帆等主编《中国企业年金发展报告》，p73；2007—2015年来自历年《劳动和社会保障事业发展统计公报》《人力资源和社会保障事业发展统计公报》。

第一，无税收优惠阶段。尽管在1991年中央政府提出了发展企业补充养老保险，然而在之后的近10年时间内并未出台相应的税收优惠政策，企业年金完全处于各个地区放任发展阶段，发展十分缓慢。1991年企业年金累计余额为102亿元，到2000年仅达到192亿元；覆盖人数从1993年末的50万人[①]增加到2000年末的560.33万人。[②]

第二，税收优惠试点及地方税收优惠阶段。直到2000年，国务院发布《关于印发完善城镇社会保障体系试点方案的通知》是中国企业年金实施税收优惠政策的开端，该文件将企业补充养老保险改为企业年金，企业缴费在工资总额4%以内的部分可从成本中列支（仅在试点地区）。税收优惠试点为企业年金发展注入了新的生机，到2004年基金积累达到493亿元。然而随着2004年企业年金制度正式在中国确立到2008年期间，中央政府并未出台统一的税收优惠政策。在中央的允许下，地方政府积极出台本地区的企业年金税收优惠

① 人力资源和社会保障部．关于1993年劳动事业发展的公报．（2006-02-07）［2018-02-27］．http：//www. mohrss. gov. cn/SYrlzyhshbzb/zwgk/szrs/tjgb/200602/t20060207_69882. html.

② 杨帆，郑秉文，杨老金．中国企业年金发展报告［M］．北京：中国劳动社会保障出版社，2008：73.

政策，可被看成是税收优惠试点的全面扩展阶段，进一步助推了企业年金的发展，到2008年底，企业年金积累额达到1911亿元，参保人数达到1038万人。然而，也呈现出税收优惠比例不统一、税收优惠结构不一致，缺少相关配套措施等碎片化和混乱现象。①

第三，国家统一税收优惠阶段。2008年财政部发布的《关于企业新旧财务制度衔接有关问题的通知》规定，补充养老保险的企业缴费总额在工资总额4%以内的部分，从成本（费用）中列支。个人缴费全部由个人负担，企业不得提供任何形式的资助，这一规定标志着企业年金税收优惠制度在全国范围内走向统一。2009年6月，财政部和国家税务总局发文在全国范围内将企业缴费的税收优惠比例提高到5%，但个人缴费仍不能享受税收优惠。② 甚至在2009年12月国家税务总局发布的相关通知，要求企业缴费计入个人账户部分仍需缴纳个人所得税。③ 可见，企业年金的税收优惠是比较严苛的，不利于提高企业职工缴费的积极性。因此，2013年底，国家相关部门规定个人在不超过本人缴费工资计税基数4%的部分，暂从个人当期应纳税所得额中扣除。企业缴费计入个人账户时，个人也暂不缴纳个人所得税，并且在投资环节也无需纳税，将纳税时间递延到领取环节。④ 总之，这期间在国家相关税收优惠的影响下中国企业年金的发展速度远高于前两个阶段，基金累计余额和参保人数分别从2009年的2533亿元、1179万人增加到2015年的9526亿元、2316万人。

通过对中国企业年金发展历程的回顾，一方面，可以看出政府税收优惠政策对企业年金的发展具有极大的促进作用。在无税收优惠阶段，中国企业年金规模增长十分缓慢，企业年金税收优惠试点及地方自主实施税收优惠阶段企业年金的规模得到较快增长，特别是在国家统一税收优惠政策以后，企业年金增幅进一步提高。另一方面，由于政府税收优惠法规滞后及其存在的弊端影响了

---

① 郑秉文.中国企业年金发展滞后的政策性因素分析——兼论“部分TEE”税收优惠模式的选择[J].中国人口科学.2010（2）.

② 参见2009年6月财政部和国家税务总局联合发布的《关于补充养老保险费 补充医疗保险费有关企业所得税政策问题的通知》。

③ 参见2009年12月国家税务总局发布的《关于企业年金个人所得税征收管理有关问题的通知》。

④ 参见2013年12月国家财政部、人力资源和社会保障部及国家税务总局联合下发的《关于企业年金职业年金个人所得税有关问题的通知》。

企业年金的发展速度。由于中央政府没有一个完整和长远的企业年金发展战略，没有一个既定的税收优惠政策目标，致使在企业年金建立了近10年才开始实施税收优惠试点，又经历了8年时间才在全国范围内开始实施统一的税收优惠政策，但却存在税收优惠政策层次低、力度小，各部门税收优惠政策不甚一致，变更频繁等诸多问题。至于个人养老金计划，当前中国仅对保险公司开展一年期以上（包括一年期）返还本利的养老年金保险免征营业税，对个人购买养老保险的支出、养老保险在积累期的投资收益以及养老金的领取三个环节都没有出台税收优惠政策。[①] 此外，在中国也缺少私营养老金发展的完备的法律监管环境和其他相应配套措施，如在养老金投资产品设计、风险管理、投资监管、委托代理、信息披露等方面都有待提高。

4.2.4　政府在养老金制度中权责失当

养老金制度的责任主体涉及政府、企业、个人和市场四个方面，其中企业和市场主要起到媒介作用。因为企业为职工个人进行养老缴费实质被看成职工劳动收入的延期支付，企业为职工提供的相关养老服务也是员工福利的一部分；而市场更多解决的是养老金基金投资运营渠道和保值增值问题。因而养老保障责任实质上是在政府和个人之间的分担。从国外实践可知，政府提供基本的生存保障，充分发挥个人保障责任和市场机制作用的保障制度才更富有效率。政府提供的保障程度越高，责任越大，个人和市场发挥作用的空间就会被挤压，养老金制度的可持续性也会越差。

就国外实践而言，国外学界主流上将福利制度模式分为3种，即北欧的人民福利国家模式 、欧洲大陆的合作主义模式、以美国为代表的混合模式。其中国家的责任和义务在这3种模式中是依次递减的，市场和个人（家庭）作用是递增的。基本可概括为3点：一是北欧模式中福利供给非常慷慨，传统的工人阶级和新中产阶级都是受益阶层，但私人部门的福利市场相对发展不足，国家负担太重；二是欧洲大陆模式中，福利项目条块分割，等级森严，中产阶级是主要受益者，给付水平较高，国家负担较大，改革进程艰难；三是美国模

① 朱俊生．发展商业养老保险　完善养老金体系［OL］．江苏保险网，http：//www. jsbxw. org/view－1000－10316. aspx.

式中，广泛的社会救助、一定的转移支付与作用适当的社会保障使中产阶级离不开市场，穷人及弱势群体离不开国家，他们二者是市场化制度的两个主要支持阶层。同时国家负担较轻，个人福利不差，市场福利发达。[①]

就中国国情而言，养老金制度也需充分发挥个人和市场的保障作用。计划经济时代国家包办的高福利保障制度已经留下了沉痛的教训和深刻的负面制度遗产。尽管当前中国经济发展已有较大进步，但中国版图辽阔，发展极其不平衡，建立提供"底线"的、有限的、同时发挥国家、市场和个人（家庭）三者作用的"补救型"保障模式是理性的选择。所谓的"补救型"指国家有限的转移支付应主要针对弱势群体，制度设计一定要为社会提供一个基本的"底线"保障，其效果应该是穷人基本靠国家，富人主要靠市场，他们都能成为这个福利制度和政治制度的支持者，使之成为社会稳定的基础和主体。[②]

中国计划经济时代，社会福利与国家、企业紧紧相连，国家成为唯一的福利提供者，政府几乎包办了社会福利的全部经济和服务供给责任，福利机构的维持和发展完全依赖政府拨款。[③] 产生福利资源配置不公、政府财政难以为继，企业低效和不堪重负等诸多问题。因此，中国养老金制度改革的目标是建立多方责任共担、多层次的养老金体系。尽管改革取得一定的成效，如基础养老金已由传统的"国家—企业"包办模式走向政府、企业和个人共担的社会统筹模式，多支柱养老金制度体系也得到初步发展，然而却由于严重的政府权责失当，成为抑制私营养老金制度发展的一个重要因素。从政府权力方面看，中国社会保险组织管理模式仍是以官设、官管、官办、官督为特色的典型政府集权管理模式，雇主与劳动者既缺少发言权也缺少参与权。[④] 在一定程度上抑制了个人、企业和市场在养老保障方面作用的发挥。从政府责任方面看，作为制度的改革者，政府没有厘清养老金制度转型成本问题，没有明确政府在转制成本中所承担的责任。巨额的历史债务悬而未决，一定程度上影响了企业和公众对新型基础养老金制度的信心，也使需要承担高额保险费率的企业对于举办企业年金变得"力不从心"。

---

①② 郑秉文．建立社会保障"长效机制"的12点思考——国际比较的角度［J］．管理世界，2005（10）：58－66.

③ 成海军．计划经济时期中国社会福利制度的历史考察［J］．当代中国史研究．2008（5）.

④ 郑功成．中国社会保障改革与制度建设［J］．中国人民大学学报，2003，17（1）：17－25.

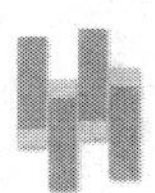

4.3　中国多支柱养老金结构失衡后果

世界银行认为，养老金制度改革的首要目标应该满足充足性、可负担性、可持续性和稳健性。[①] 结合本书多支柱养老金发展的相关理论及 OECD 国家养老金制度的改革实践可知，任何单一支柱的养老金制度都不可能同时满足上述目标。倘若在中国私营养老金仍不能得到有效发展的话，加之中国基础养老金制度自身所存在的问题，将会导致养老金制度公平性差，财务不可持续，个人的自由和保障责任不能有效发挥，市场的保障功能受到抑制以及劳动力市场流动性受阻等诸多不良后果。

4.3.1　养老金制度的公平性较差

公共养老金制度本应该承担“底线公平”的保障目标，在其他养老金支柱发展不健全，甚至缺失的情形下，公共养老金制度往往也需要承担“充足性”的保障目标，因而造成了在不同人群和代际之间养老金给付超过“底线保障”的再分配水平，使养老金制度的公平性变差，而中国基础养老金制度存在的弊端进一步加剧了不公平性。中国多支柱养老金制度结构失衡所带来的不公平主要表现在如下三方面：

第一，人口老龄化背景下现收现付制影响代际公平性。当前中国人口已经呈现出典型的“老年型”特征。具体表现在以下三个方面：（1）中国人口总和生育率增长缓慢，难以达到维持人口代际更替水平。根据 OECD 相关数据中国的总和生育率在 2000 年仅为 1.55，随着中国政府对生育政策的放宽，到 2015 年总和生育率达到了 1.63，据预测 2030 年将达到 1.71，到 2060 年总和生育率也仅可达到 1.77，远低于国际上认定的总和生育率为 2.1 的代际生育率

① ［英］罗伯特·霍尔茨曼，理查德·欣茨等. 21 世纪的老年收入保障［M］. 郑秉文，等译. 北京：中国劳动社会保障出版社. 2006：60 – 63.

更替持平水平。① （2）中国人口预期寿命大幅提高。根据联合国人口司的估计，中国的人口预期寿命由20世纪50年代的大约45岁一直上升到2000—2010年的70岁以上。② 2015年中国人口平均预期寿命已达到76.34岁，其中男性为73.64岁，女性为79.43岁，高于2015年世界人口71.6岁和中上收入国家74.83岁的平均预期寿命水平。③ （3）中国的老年抚养比快速上升。根据OECD官网资料，2015年中国老年人口抚养比（65岁及以上老年人口/20～64工作年龄人口）为14.5%，预测到2025年、2050年和2075年中国老年人口抚养比将分别达到22.3%、47.9%、58.8%。加之，当前中国法定退休年龄要远低于64岁，因此实际老年抚养比可能比预测值还要大。④ 由于中国基本养老保险制度是由"统筹养老金" + "个人账户"两部分组成，统筹养老金采取现收现付制，由企业按照工资总额的19%左右进行缴费；个人账户在理论上是采用基金制，由个人按照工资基数8%的比例进行缴费。由于统筹养老金缴费比例较高，并具有高度的收入再分配性质，在人口老龄化日益严峻的情况下造成了下一代就业者对于上一代退休者的"补贴"，产生了严重的代际分配不公。

第二，基础养老金缴费与给付不公平。由于社会上就业群体与非就业群体、就业类别、收入水平、地域差异的多样性很难适应当前养老保险制度的高额缴费及制度刚性的特征，各地政府为了积极提高养老金制度的覆盖率，不得不采取变通措施，例如针对特定群体降低费率、以最大限度的覆盖城镇灵活就业人员、农民工、务工农民、失地农民等不同群体，于是中国的社保制度就逐渐呈现出一个碎片化发展趋势。尽管随着中国城乡居民养老保险的整合、机关事业单位养老保险制度的改革进一步深化，使中国养老金制度的碎片化现状有所缓解，但由于地域、行业之间的发展差异、养老金制度属地化管理、"分灶吃饭"的财政体制等原因，中国养老金制度实际统筹层次仍然较低，使不同

---

① OECD. Pensions at a glance 2017. 2017［2018－02－16］. http：//www. oecd. org/publications/oecd－pensions－at－a－glance－19991363. htm.

② 郑秉文．中国养老金发展报告2015［M］．北京：经济管理出版社．2016：103.

③ 国家统计局．全国人口普查公报．［2018－02－26］. http：//www. stats. gov. cn/tjsj/tjgb/rkpcgb/qgrkpcgb/201209/t20120921_30330. html.

④ 人力资源和社会保障部社会保险事业管理中心．中国社会保险发展年度报告2016. 北京：中国劳动社会保障出版社．2017：4.

地区养老保险缴费率、基础养老金待遇水平都有很大差别，统一的基本养老金制度还远未达到，制度不公平性仍然很严重（见表4－5和表4－6）。

表4－5　　2016年省会城市企业养老保险缴费负担情况　　单位:%

城市	企业费率	缴费基数	城市	企业费率	缴费基数
北京	19	职工缴费工资总额	武汉	19	同上
天津	19	同上	成都	19	同上
石家庄	20	同上	杭州	14	同上
上海	20	同上	哈尔滨	20	同上
南京	19	同上	西安	20	同上
西宁	20	同上	兰州	19	同上
福州	18	同上	长春	20	同上
广州	14	同上	沈阳	20	同上
乌鲁木齐	18	同上	拉萨	20	同上
南宁	19	同上	贵阳	19	同上
银川	19	同上	济南	18	“职工工资总额”与“职工缴费工资总额”较高者
重庆	19	同上	海口	19/20	同上
呼和浩特	20	同上	郑州	19	同上
昆明	19	同上	太原	19	同上
南昌	19	职工工资总额	合肥	19	同上
长沙	19	同上			

资料来源：赵海珠．企业社会保险缴费率就业效应分析［D］．首都经济贸易大学．2017：25；郑秉文．中国养老金精算报告2018—2022［M］．北京：中国劳动社会保障出版社．2018：43.

表4－6　　2015年全国各地养老金替代率及绝对值

地区	2015年替代率（%）	2015年平均养老金（元）	地区	2015年替代率（%）	2015年平均养老金（元）
全国	48.3	2268	河南	59.6	2118
海南	47.1	1987	福建	52.9	2392
浙江	43.1	2244	河北	64.5	2483
陕西	54.5	2368	广西	51.7	2018
内蒙古	48.7	2211	西藏	69.5	3943

续表

地区	2015年替代率（%）	2015年平均养老金（元）	地区	2015年替代率（%）	2015年平均养老金（元）
山东	60.7	2656	甘肃	56.1	2267
重庆	37.0	1753	上海	36.4	3049
贵州	45.3	2062	新疆兵团	55.2	2505
北京	38.5	3318	宁夏	49.9	2360
天津	41.1	2531	吉林	45.4	1805
四川	40.1	1794	山西	64.2	2674
安徽	44.9	1959	湖北	47.1	1987
江苏	42.7	2199	黑龙江	55.3	2121
辽宁	52.6	2151	云南	55.1	2195
新疆	54.8	2483	江西	47.0	1853
广东	48.0	2391	青海	62.3	3000
湖南	45.3	1832			

注：养老金替代率＝平均养老金/上年度岗平工资。

资料来源：郑秉文. 中国养老金精算报告2018—2022［M］. 北京：中国劳动社会保障出版社. 2018：45.

第三，基本养老保障的“底线公平”仍较薄弱。在个体的生命历程中，老龄阶段是贫困发生率较高的阶段。随着中国人口老龄化的加剧以及空巢家庭、失独家庭、单身老人的逐渐增多，进一步引发了老年贫困率的上升。尽管在2012年中国已经实现了基本养老保险制度上的全覆盖，但这种基于职业身份而划分的养老保险制度在保障能力上是有差别的，其中城镇职工基本养老保险保障水平远超过“底线公平”保障，俨然成为一定程度生活水平的保障，然而庞大的城乡居民群体养老金水平较低，与国际劳工组织《社会保障最低标准公约》规定的最低替代率55%差距较大①。根据OECD相关测算，中国非缴费型安全网保障水平仅占平均收入者工资价值水平的2%，远不能起到底线保障的作用。② 此外，由于社保制度“地方化”“碎片化”的现象和扭曲的地

① 柳如眉，柳清瑞. 人口老龄化、老年贫困与养老保障——基于德国的数据与经验［J］. 人口与经济. 2016（2）.

② OECD. Pensions at a glance 2015. 2015：54［2018-01-12］. http：//www.oecd.org/pensions/oecd-pensions-at-a-glance-19991363.

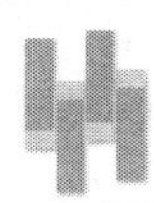

方政府行为，常常形成许多有形和无形的制度障碍，增加了流动人员、灵活就业人员、自雇人员、低收入人员、女性等弱势群体的参保难度，使其仍存在陷入老年贫困的巨大风险。据朱晓、范文婷的研究，2014年中国有23.09%的老年人总收入低于1.9美元/天/人的贫困线标准，有26.3%老年人低于国内低保线，老年人相对贫困的发生率为36.31%～42.12%。按照现有的收入贫困发生率对贫困人口进行推算，2014年低于1.9美元/天/人贫困线的贫困老人有4895万，低于国内低保线的老年人为5576万，低于3.1美元/天/人的老年人为6354万，相对贫困的老年人为7698万～8959万。[①] 可见，中国基本养老保险“底线保障”功能仍有待加强。

4.3.2　养老金制度可持续性堪忧

中国养老金制度可持续性堪忧很大程度也是由于基础养老金保障程度过高，加之基础养老金制度设计缺陷等原因导致的。具体如下：

第一，养老金制度缺乏参数自动调节机制。养老保险制度有三大参数：缴费率、替代率和退休年龄。当前在中国这三大参数没有建立起与基金收支情况、人口赡养率等变化相挂钩的自动调节机制，十年来主要依靠行政政策调整，而且各地出台的养老金待遇调整办法多数与缴费基数、缴费时间长短无关，也几乎很少考虑到当地基金收支情况，这是对制度财务可持续性的一个最大潜在威胁。然而，当前中国政府对于社会保障的集权管理模式决定了中国政府必须承担起社会保险制度的直接责任，它部分地冲消了社会保险制度的自我调节功能。[②] 加上，在中国缺乏第二、第三支柱等私营养老金补充给付的情况下，要想建立与社会经济、人口变化相适应的养老金给付调节机制也存在现实困难。根据郑伟、陈凯、林山君的研究发现，基于国际通行的社会养老保险精算方法，以及中国的人口、经济和制度三套参数数据，中国城镇职工基本养老保险基金虽然短期没有缺口，但长期缺口十分严重。从时点来看，到2037年之后中国养老保险基金当年收入将小于当年支出，且收支赤字逐步增大，2048

① 朱晓，范文婷．中国老年人收入贫困状况及其影响因素研究［J］．北京社会科学．2017（1）．

② 郑功成．从政府集权管理到多元自制管理——中国社会保险组织管理模式的未来发展［J］．中国人民大学学报．2004（5）．

年养老保险基金将面临枯竭风险。①

第二，个人账户设计缺乏“精算中性”。中国的基础养老金个人账户设计存在一些天生的财务缺陷，导致这个制度注定离不开财政转移支付的“输血”。制度规定，参保人提前死亡的，个人账户资产可以继承，超过平均寿命的长寿者则可领取账户养老金到死亡。② 可见，个人账户并没有真正的采取精算方式封闭运行，而是其基金缺口由统筹基金兜底支付，统筹基金由国家财政间接兜底。这样的结果是，导致个人账户制度“精算中性”的优势没有得到发挥，甚至个人账户规模越大，导致个人账户亏空规模越大，政府的财政责任也就越重。加上，中国基础养老金社会统筹层次低下导致了基金不能横向调剂使用，落后地区收不抵支离不开财政补贴，发达地区由于流动人口的流入等原因而有大量基金结存，但多数基金结余存银行处于贬值风险之中，进一步影响制度的可持续性。

4.3.3 个人自我保障责任不能充分发挥

通过对多支柱养老金制度发展的理论探讨可知，个人自由是对自我最好的保障。在养老保障领域，政府只承担最基本的“底线保障”，放任个人在正常的市场交易过程自然而然形成的一定程度的收入不平等，让个体承担更多的保障责任，才能激励个人努力工作和产生创新发明的动机，进而成为经济社会发展和人类福利提升的根源。也只有政府提供基础保障，高层次保障交由个人、市场而形成的多层次保障才更具有可持续性，兼具满足充足性、可负担性和稳健性的保障目标。个体也能够充分发挥自身的知识和潜质，选择更适合自身需求的养老方式和养老产品，满足自身的养老偏好。

无论是中国计划经济时代政府包办的一元养老保障制度模式的困境还是西方“福利国家”的危机都深刻反映了充分发挥个人自由和责任的重要性。中国计划经济时期形成的“高就业、低工资、高福利”的国家保险制度，在企业内部福利给付具有严重的平均主义，忽略了不同个体之间对社会福利的差别

① 郑伟等．中国养老保险制度中长期测算及改革思路探讨［C］．发展中的中国：2010 年全国人口普查研究论文集．2013－12.

② 郑秉文．中国养老金发展报告 2014［M］．北京：经济管理出版社．2014：6.

需求；在企业之间封闭运行，造成了极大的待遇差别和不公，因而无法调动政府之外的积极性和混淆了劳动所得与福利分配的差别，不仅直接损害了劳动者的工作积极性，也影响了制度自身的效率。在西方“福利国家”制度中，尽管要求个人和企业进行社会保险缴费，但它突出强调“从摇篮到坟墓”的福利供给，侧重点是政府为民众提供优厚的社会福利项目，忽视了福利供给与效率原则和市场竞争机制的有效衔接，“削弱了个人的进取和独立精神”，抑制了劳动积极性。[①] 有资料显示，有数以百万计的英国人安于完全靠救济度日的生活方式。负责监控公共开支的英国公共账户委员会表示，英国每六个家庭中就有一个家庭完全依靠津贴生活，其中 4/5 的家庭没有一个人试图找工作。[②] 由此可见，个人的自由和责任没有得到充分发挥是造成社会保障危机的实质根源。

就当前中国养老金制度而言，在基本养老保险制度之内，企业为在职员工缴费额的多少与员工退休待遇缺乏联系，尽管职工个人账户基金完全由个人缴费形成，从理论上讲个人应该具有参与权和管理权，基金也应当是逐年积累的，但个人却完全没有参与管理的权利，甚至个人账户基金被挪作他用致使职工个人养老金财产得不到切实的制度性保护。此外，政府对个人参与企业年金制度的税收激励不足，甚至对个人参与商业养老保险尚无税收优惠激励措施，个人养老金计划税延措施尚未真正落地。这些因素都影响了个人参保的积极性和个人在养老保障中权利（自由）的享有和责任的承担。

4.3.4　市场机制保障作用不能充分发挥

如上文所述（见 2.1 和 2.2 节），市场机制可以增进个体自由，即增强了个体自我保障的能力，而个人自由则构成了物质繁荣和社会进步的基础。中国市场经济形成时间晚，直至 1992 年才破除把计划经济和市场经济当作社会基本制度范畴的思想束缚。尽管在过去 20 多年，中国市场化改革取得了重要进展，然而市场经济制度仍存在诸多有待完善的地方。2018 年中国在全球 180 个经济体中排名位于第 110 位，经济自由度指数综合得分为 57.8，仍处于

① ［英］安东尼·吉登斯．第三条道路［M］．北京：北京大学出版社．2000：14.

② 田德文．金融危机背景下的英国社会改革［J］．当代世界与社会主义．2012（5）.

"比较压制"的经济体范畴。在当前的中国社会环境下，个体通过"市场"进行自我保障的意识还不强，甚至对资本市场投资还充满畏惧，在长期计划经济条件下形成的惯性思维是存银行是最保险的。也就是说，在当前中国市场经济环境下，个体的自我保障能力和意识都受到了一定程度的抑制。此外，中国资本市场还很不发达，动荡起伏大，投资产品种类有限，对养老金基金投资也产生了十分不利影响。

具体到中国养老金制度而言，社会保险管理体制的落后限制了社会保险基金发挥应有的效益。①

当前中国社会保障经办机构依附于地方社会保障行政部门，由行政部门进行管辖，形成了"政事合一""管办合一"的管理体制。这在很大程度抑制了管理与服务的社会化参与程度，造成了管理成本过高，服务与效率低下，而且也容易使社会保障资金处于被贪污或挪用的危险状态。

政府"缺位"则主要体现在投资管理体制方面。中国企业补充养老保险和职工个人储蓄性养老保险在 1991 年正式实行后的 10 多年时间里，政府没有出台任何基金投资相关的政策法规，私营养老基金基本处于存银行状态。直到 2004 年，《企业年金试行办法》《企业年金基金管理试行办法》的出台，才正式确立对企业年金进行市场化投资的政策方针，直到 2006 年下半年中国企业年金才开始开展市场化投资运作。至于中国基本养老保险制度，自建立以来至 2015 年之前，社会保险基金投资运营体制却始终没有任何改变。与基金增长幅度以及国外投资体制相比，都显得严重滞后。据国务院《关于建立统一的企业职工基本养老保险制度的决定》（国发〔1997〕26 号）规定，"任何部门、单位或个人不得利用基本养老保险基金在境内外进行其他形式的直接或间接投资，或投入其他金融和经营性事业"，这极易造成了资金的大量贬值。据相关资料可知，从 1993—2012 年，社会保险基金年均收益率为同期银行活期存款利息，还不到 2%，以 CPI 年均复合增长率高达 4.8% 相比，贬值近 1000 亿元；以企业年金基金投资收益率几何平均值 8.35% 为参考基准，损失达 3277 亿元；以全国社会保障基金年均收益率 9.02% 为参考基准，损失高达

① 王延中，王俊霞．重构我国社会保险管理体制［J］．中国社会保障，1998（3）：10－13.

5500 亿元。①

直到 2015 年 8 月，国务院发布的《基本养老保险基金投资管理办法》（国发〔2015〕48 号）；2016 年 3 月公布的《全国社会保障基金条例》才通过“统一委托投资”的方式正式确定了基本养老保险的市场化和多元化投资方式。然而，由于中国基本养老保险“转制成本”没有得到有效解决，造成了个人账户的“空账”问题，从而使本应采取市场化投资的个人账户基金数额大量减少。

可见，中国市场经济发育程度、政府在养老金制度管理方面存在的诸多问题以及基本养老金保险个人账户“空账”等问题都造成了市场机制不能有效的“发挥”保障作用。

4.4　本章小结

本章主要探讨了中国多支柱养老金制度存在的结构失衡特征及结构失衡的成因，并结合中国基础养老金制度所存在的问题深入分析了当前中国养老金制度结构失衡将会造成的后果。

中国多支柱养老金结构失衡主要体现在如下三方面：（1）三个支柱覆盖人群比例失衡。中国基本养老保险、企业年金和商业养老保险的制度参保率分别为 76.2%、5.6% 和 7.58%。（2）三个支柱积累的养老金资产失衡。中国第一支柱公共养老金累计资产占养老金总累计资产的一半以上，要远高于第二、第三支柱。特别是与多支柱发展较为健全的 OECD 国家相比，中国私营养老金占本国 GDP 的比重在 35 个 OECD 国家位列倒数第 2 名，仅略高于希腊。（3）公、私养老金在退休者收入中占比失衡。以中国城镇企业退休人员为例，2015 年第一支柱养老金的替代率为 42.56%，而第二、三支柱的替代率仅分别为 0.26% 和 1.26%。而在 OECD 国家，私营养老金的平均替代率为 18.1%，要远高于中国的替代率比例。

中国多支柱养老金制度结构失衡的成因主要由有以下四方面原因：第一，计划经济背景及原有的国家保险制度的负面影响。一方面，深受计划经济的影

① 郑秉文. 社保基金投资体制要加速改革［N/OL］. 经济参考报.（2015 - 07 - 31）［2018 - 03 - 14］. http://news.sina.com.cn/c/2015 - 07 - 31/080632162833.shtml.

响，中国在养老金制度改革初期缺乏对私营养老金进行市场化投资运营的环境，同时由于当时处于经济全面转型时期，基础养老保险制度也需要全面改革，使当时政府无暇顾及私营养老金的发展。另一方面，由于当时经济发展水平较低，处于计划经济时代具有“低工资，高福利”特征的国家保险制度下的社会公众没有多余的钱参加私营养老金计划。加之，改革初期的基础养老金计划替代率水平较高，企业要间接承担部分“转制成本”负担，使其也没有余力建立企业年金计划。第二，养老金制度改革的目标取向和政策方案方面存在弊端。在中国养老金制度改革初期，基本养老金制度改革目标是为国企改革配套，而不是基于全体社会公众的基本保障，因而由于缴费和给付的水平都较高，不仅影响了基础养老金的覆盖率，也一定程度挤压了私营养老金的发展。同时，由于改革的准备工作不足导致改革方案缺乏统筹规划，相关法规层次较低，缺乏相关配套措施等弊端。第三，政府税收优惠等相关法规发展滞后。中国企业年金税收优惠政策起步晚，而且还存在税收优惠政策层次低、力度小，各部门税收优惠政策不甚一致，变更频繁等诸多问题。甚至第三支柱养老金制度税收政策至今仍未出台。第四，政府在养老金制度领域权责失当。改革后的中国养老金制度仍是以官设、官管、官办、官督为特色的典型政府集权管理模式，一定程度抑制了个人、企业和市场作用的发挥。

中国养老金制度结构失衡的后果主要体现在如下四方面：第一，养老金制度公平性差。主要体现在人口老龄化背景下现收现付制影响代际公平性，基础养老金缴费与给付不公平，基本养老保障的“底线公平”仍较薄弱等三个方面。第二，养老金制度可持续性堪忧。主要由于在人口老龄化背景下基础养老金保障程度过高，加之基础养老金制度设计缺陷等原因导致的，体现在养老金制度缺乏参数自动调节机制，个人账户设计缺乏“精算中性”两方面。第三，个人的自由和责任得不到充分发挥。体现在基本养老保险制度不能真正形成“多缴多得”的激励机制，个人对于基础养老金，甚至是对于完全由个人缴费的个人账户养老金没有参与权，政府对个人参与企业年金制度的税收激励不足等方面。第四，市场机制的保障作用得不到充分发挥。当前中国由于市场机制发展还不够成熟在增进个人自由（自我保障）方面还很不足。具体到中国养老金制度，由于政府管理存在“越位”“错位”和“缺位”等问题，导致养老保险基金不能充分利用市场机制进行保值增值。

第 5 章 中国多支柱养老金结构改革：目标、原则及思路

本章主要对中国多支柱养老金结构改革的目标、原则以及改革思路加以探讨。就改革目标而言，中国多支柱养老金制度应该满足保障的充足性、可负担性、可持续性、稳健性以及适应社会经济发展等目标。就改革原则而言，应坚持强制性与自愿性相结合原则，公平与效率相协调原则，多方主体责任合理分担原则，养老金各支柱协调发展原则。同时，在改革思路上应该采取“抑公补私”，并以养老金费率水平为切入点提出公私养老金调整思路。

5.1 中国多支柱养老金结构改革的目标

世界银行的研究认为：“养老金制度的主要目标在于，力求以适合具体国情的方式实施能增进福利水平的计划的同时，提供水平充足、可负担、可持续和稳健的退休收入。”① 此外，世界银行认为，强制性养老金制度也应具有对经济发展做出贡献的附属目标。一方面是通过减少负面影响来实现，如避免因老年贫困而引发的社会经济矛盾，减少由不稳定的养老金制度对劳动力市场或宏观经济的稳定性产生的负面影响；另一方面是通过产生正面影响来实现，主

① ［英］罗伯特·霍尔茨曼，理查德·欣茨. 21 世纪的老年收入保障——养老金制度改革国际比较［M］. 郑秉文，等译. 北京：中国劳动保障出版社. 2006：60.

要手段是优化国民储蓄和促进资本市场的发展。① 中国多支柱养老金结构改革即以充足性、可负担性、可持续性、稳健性以及促进社会经济发展作为改革的目标，其实质要求是在确保养老金具有适度充足性的基础上兼具可持续性。

5.1.1 保障充足性

养老金制度存在的根本目标是保障老年人的基本生活需求，为其提供稳定可靠的生活来源。因而多支柱养老金制度构建必须满足充足性目标。所谓充足性是指向全部人口提供足以防止老年贫困的待遇和提供烫平终生消费的工具。充足性可分为绝对水平和相对水平两个层次。其中绝对水平是以避免老年人遭受极度贫困威胁为目标，是最低层次的养老保障。相对水平是指保证绝大多数人退休后消费水平不致明显下降、保持相对稳定；同时，该目标还必须保证养老金制度能够为那些寿命长于平均寿命的人提供长寿风险的保护。

关于充足性的衡量，在实践中，大都以替代率（退休收入与在职收入的比例）作为衡量指标。世界银行的研究表明，一个典型的全职职工税后收入的替代率约为40%时，其退休收入才能维持该职工退休后的生活水平，较低收入的职工需要较高的替代率，而较高收入的职工需要的替代率也相应较低。② 退休年龄也是影响养老金充足性的重要因素，退休越晚，职工越不可能通过其他渠道补充自己的养老金收入。③可见，养老金制度设计应考虑到不同社会经济发展水平以及不同群体自身的情况来确定养老金充足性替代率水平。

通常而言，政府强制性养老金制度应确保绝对水平的充足，即要求任何养老金改革的目标都必须确保所有人，不管他们参与的是何种水平或何种形式的经济活动，都应能避免其在退休后遭受极度贫困的威胁。因而，政府公共养老金制度应努力提高覆盖率水平，并为每个社会公民提供基本生活保障。此外，由于缴费型公共养老金制度也会造成长期贫困群体因无力缴费而被排斥在制度之外，影响制度的覆盖水平，特别是强制性缴费水平较高时，会使制度的覆盖

① 罗伯特·霍尔茨曼，理查德·欣茨，等. 21世纪的老年收入保障——养老金制度改革国际比较［M］. 郑秉文，等译. 北京：中国劳动保障出版社. 2006：63.

②③ 罗伯特·霍尔茨曼，理查德·欣茨，等. 21世纪的老年收入保障——养老金制度改革国际比较［M］. 郑秉文，等译. 北京：中国劳动保障出版社. 2006：61.

率水平较低。因此，第一支柱公共养老保险的缴费水平应适度，同时也需要构建一个非缴费型以消除老年贫困为目标的安全网保障，为无力参加养老金制度或者因故中断缴费的社会弱势群体提供底线保障。同时，也应积极发展自愿性私营养老金制度从而获得相对水平的充足性，如政府采取相关法律法规、优惠政策、监管措施等为私营养老金发展提供良好的发展和运营环境，鼓励企业和个人发展第二支柱职业养老金和第三支柱个人养老金，通过多样化的养老保障方式获得更高的待遇水平。

5.1.2　缴费可负担性

尽管更高的替代率看似更为理想（充足性水平更高），然而这需要很高的成本。也就是说，养老金的充足性并不意味着养老金水平越高越好，还应考虑养老缴费水平是否在社会不同主体的承受范围内，即可负担性基础上的充足性。

可负担性是指个人与社会可以承受养老金制度的缴费，具备相应的融资能力。对个人而言，雇员个人养老金缴费率过高会加重雇员当前生活负担，对雇员当期的消费（如抚养子女）和投资需求（如购买住房）产生不利影响。另外，养老金高额缴费率也会使大量雇员为了逃避缴费而转移到非正规就业部门，这不但对养老保险的财务可持续性产生不良影响，也会限制个人的求职机会与职业成长空间。对企业而言，养老保险缴费负担过重会增加企业的劳动用工成本，企业利润空间缩小，市场竞争力下降，进而会产生资本替代劳动的现象，导致失业率上升。对政府而言，对养老保险的过多投入会产生难以承受的财政后果，对国家预算稳定性和经济增长都会造成不良影响。

世界银行的研究表明，如果强制性缴费率超过 20%，就有可能对缴费型制度成熟的中等收入或高收入国家造成不利影响。而对于低收入国家，这个门槛应以不超过 10% 为宜。[①]平均而言，一国在长期内为养老金筹资需要的工资缴费率大约是 15%，尽管实际的缴费率可以或可能高于和低于这个水平，通常人口“较老”的国家需要的缴费率较高，而“较年轻”的国家需要的缴费

① ［英］罗伯特·霍尔茨曼，理查德·欣茨，等. 21 世纪的老年收入保障——养老金制度改革国际比较［M］. 郑秉文，等译. 北京：中国劳动保障出版社. 2006：61 - 62.

率较低。①

5.1.3 财务可持续性

养老金制度的可持续性是指制度财务状况良好，在保障退休收入一定水平下的财务收支平衡的长期可预期性，不是以目标保障水平的牺牲为代价的财务收支平衡。② 因此，其可持续性要求养老金制度设计具有确保财政稳定运行的自动平衡机制，从根本上说就是要与本国社会经济发展水平以及人口状况相适应。当一国社会经济情况发生变化时，通过事先制定的自动调整机制，养老金制度不用采取任何不当措施即可为受益人提供事先承诺的待遇水平。基于可持续性发展目标，养老金制度的设计需要考虑以下三方面：

第一，在制度设计上应兼顾已退休职工与在职职工的养老利益均衡问题；确保筹资与待遇发放的长期稳定性，即缴费和给付水平都要适度，不需要在将来突然增加缴费或是降低待遇或者从财政预算中进行突然的大规模转移支付；同时也要求养老金的筹集必须充分考虑政府、企业、个人的承受能力，即兼顾社会与经济的发展水平。

第二，养老金制度应确立旨在维持财务稳定性的参数调整计划，包括对缴费水平、待遇水平和退休年龄的调整等诸方面，并将这些计划纳入改革方案中。调整计划应包括应对各种经济冲击的制度调整机制，以保证养老金制度的财务状况能够适应变化的宏观经济环境。

第三，养老金制度在管理上也应体现可持续性。养老金制度应向多元合作的自治管理模式转化，在规范立法的前提下，行使对养老保险的管理权，并承担起制度发展的责任，使养老金制度实现自我调节、自我发展，保证其可持续发展。

---

① ［英］罗伯特·霍尔茨曼，理查德·欣茨，等. 21 世纪的老年收入保障——养老金制度改革国际比较［M］. 郑秉文，译. 北京：中国劳动保障出版社. 2006：153.

② 雷晓康，陈茜，常沁芮. 我国养老保险制度可持续性发展的内涵与实现路径［J］. 西北大学学报. 2014（04）.

5.1.4　运行稳健性

养老金制度稳健性是指在未来无法预知的条件和环境下，具有抵抗经济、人口和政治等风险冲击，并保持制度可行性的能力。而对稳健性的衡量通常以养老金制度是否有能力长期维持既定的收入替代率作为指标。从外部条件来说，一个社会的经济风险、人口风险或政治风险都可能对养老金制度稳健性造成冲击，使参保者遭受利益损失。因此，养老保险在制度设计时应把财务稳健性作为一个重要目标。这就要求对养老保险筹资模式的选择以及对未来养老金投资运营、收益及负债预测等都应遵循稳健性原则。此外，也需要完善与养老金相关的会计准则，坚持养老金缴费与给付长期精算平衡原则。

理论上，多支柱养老金制度更具稳健性（抗风险能力）。其中，第一支柱（第一层次）公共养老金制度提供具有普惠性质的最低养老金担保，基于制度规则的普遍性和透明性，一定程度削弱了政府干预的政治风险。尽管一些国家第一支柱（第二层次）也提供部分基于企业和个人缴费的现收现付制公共养老金，但相比于政府主导的单支柱公共养老金而言，政府所控制的养老金资产要少得多，故养老金制度可能发生政治风险的范围也会受到限制。第二、第三支柱私营养老金主要来自对个人账户资产进行的私人投资。在理论上讲，这笔私营养老金基金较不容易受到政府操纵。然而，在私营养老基金资产组合高度集中于政府债券的情形下，不仅为政府对私营养老金的干预创造条件，同时也丧失了通过多元化投资而带来的收益。由此可见，多支柱养老金制度只有通过合理的制度设计，选择合理的投资运营方式才可能达到稳健型的目的。此外，如果当政府对金融危机完全束手无策和经济体系实际失灵时，没有一种养老金制度是稳固的，无论是公共养老金还是私营养老金制度。可见，政府提供运营良好的社会经济环境的重要性。

5.1.5　与社会经济发展相适应

5.1.5.1　多支柱养老金制度应减少对经济发展的负面影响

（1）减少老年贫困。就政府强制性养老金制度而言，一方面，适度的强

制性养老金制度可以消除人们因在工作期间的短视行为而导致的老年贫困，从而减轻政府养老财政负担。另一方面，养老金制度通过对社会成员收入水平的调节，以及对社会成员基本生活提供保障，避免了一部分人因生活陷入困境而发生与社会对抗的现象，缓和了社会成员的阶层矛盾，从而减少了社会动荡对经济发展的负面影响，为经济发展创造了稳定的社会环境。

就自愿性私营养老金制度而言，个体可以充分体现自我负责精神，发挥个人的自由选择权，满足个体的偏好，通过购买各种养老理财产品，参与个人养老金计划等方式，充分利用市场机制进行投资从而获得了政府有限保障之外的高层次补充保障收益。

（2）减少对劳动力市场的扭曲。强制性养老金制度需要考虑总体缴费率和待遇水平对劳动力市场的影响，应认识到高缴费率通常导致逃税和税收减少，而慷慨的待遇往往鼓励劳动者退出劳动力市场。并且，养老金制度还必须避免向不同职业群体提供不同的养老金计划，否则，它将导致劳动力市场的分割。因此，最好的办法是在全国范围内建立统一的、缴费和给付水平适度的公共养老金体系，从而可以促进劳动力在全国范围内、不同行业间的自由流动。与此同时，考虑到各个地区因经济发展水平不同而带来的生活成本的巨大差异，可以由各省辅之以最低保证金制度，但仍需要建立全国性的监管体系，以确保各省不会实行严重影响经济发展的做法，如省级的最低保障金定的过高便会吸引更多的人流入本地区。

与强制性养老金制度相比，自愿性私营养老金制度基于缴费和给付的自愿性，因而对劳动力市场产生的负面影响更小。特别是当前自愿性私营养老金制度主要采取 DC 型基金制模式。该模式为每个企业员工建立个人账户，由第三方托管，独立于企业的资产与运营，当员工离开企业时自己仍然可以继续缴费，不影响其在企业供职期间享受的企业年金权利，有利于劳动者在劳动力市场上的合理流动。

5.1.5.2 多支柱养老金制度应增强对经济发展的正面影响

（1）优化国民储蓄额。在索洛的增长模型中，投资是经济产出增加的关键决定因素。投资增长和资本存量的增加源于储蓄率上升。一般规律是，随着储蓄率上升，投资和经济中的资本存量就会增加，相应的产出水平也会上升。既然高储蓄率可以带来更高的收入，是不是储蓄率越高越好呢？有没有最优的

储蓄率？菲尔普斯沿着罗伯特·索洛创立的新古典增长模型思路，发现了著名的“经济增长黄金律”（见2.4.1.1小节）。他认为，经济增长的目的不是产出的不断扩张，而是人民生活水平的不断提高，资本积累存在一个最优水平，如果一个社会储蓄率过高的话，就会导致人们的长期福利的降低。基于此，他提出，如果使资本—劳动比率达到使得资本的边际产品等于劳动增长率这样一个数值，则可实现社会人均消费最大化，即达到“黄金律水平”。

通常而言，现收现付制养老金模式如果以在职职工的当期缴费用于退休职工的即期退休消费，很难增加储蓄，甚至还可能对个人储蓄产生挤出效应。[①] 而基金积累制为在职职工建立个人账户，由职工和（或）用人单位按照职工工资一定比例向个人账户缴费，并将这些不断积累的资金用于投资，进而可以增加储蓄。世界银行的研究表明，基金积累制有增加居民储蓄，促成资本形成的潜力。[②] 因此，为了使一国储蓄与消费的比例达到最优，即经济增长处于黄金律水平，需要合理搭配现收现付制与基金制养老金制度的比例。

然而，值得提出的是，基金积累制所带来的储蓄增长能否真正发挥促进经济增长的作用还受投资转化率、投资回报率的制约。[③] 当一国资本市场和金融市场不发达时，政府通过制定严格的投资限制条件，使基金积累制的储蓄优势不能得到充分发挥。可见，多支柱养老金制度的优势作用是否得到充分发挥一方面取决于制度设计，另一方面也取决于相关的配套措施及外在环境。

（2）促进资本市场发展。在多支柱养老金体系中，随着私营养老金的发展，将会产生大量的投资性养老金基金。总体而言，养老金基金是一个长期性的机构投资者，有利于资本市场的运行。具体而言，体现在以下四方面：第一，采用基金积累制模式的养老金制度拥有大额稳定的资金，能够成为资本市场上长期机构投资者，可以起到稳定资本市场的作用。并且也为推动经济结构转型，特别是新技术革命提供了充裕的资金支持。第二，养老金基金往往通过特定的机构投资者进入资本市场，由专业人员负责投资管理，可以促进资本市场投资理性化。第三，养老保险基金对于投资工具的选择往往集中于那些长期

---

① Martin Feldstein. Social Security, Induced Retirement and Aggregate Capital Accumulation, Journal of Political Economy, 1974, 5 (82): 905-926.

② 李珍. 社会保障理论［M］. 北京：中国劳动社会保障出版社. 2001：123.

③ 薛君，孙静. 养老金融资制度与经济增长分析［J］. 人口与经济，2010（2）：58-63.

投资回报率较高的资产组合，从而能够强化资本市场的长期性投资，有利于改善资本市场结构，提高资本配置效率。[①] 第四，社会保障基金能够与商业银行等其他资金供给者形成有效竞争，降低中小企业融资成本，促进中小企业的健康成长。

然而，养老金基金在现实中由于管理运营等问题也可能会影响到资本市场的稳定性。原因有三：第一，对养老金基金绩效的例行检查太过频繁而产生的负面影响。正因为对养老金基金安全性要求特别高，所以它所受到的监督和检查也就特别严格，这就会迫使养老金基金的管理者要不断地想方设法避免经营业绩的明显恶化，从而避免对资本市场的正常运行产生的不良冲击。第二，养老金基金有时也会做出一些短期行为，造成市场的波动。由于安全性对养老保险基金来说意义深远，当资产的质量可能恶化时，养老保险基金相比其他投资者会更加缺乏耐心，进而影响了资本市场的稳定性。第三，投资者经常受到一些空穴来风的新闻的影响，从而易于产生“羊群效应”。养老金基金的任何举动都将受到其他投资者的关注，在信息不对称的条件下，容易引发资本市场的跟风操作。因此，养老金基金在投资运营等相关配套措施的设计应努力规避其可能对资本市场发展可能产生的负面影响。

5.2 中国多支柱养老金结构改革的原则

综合多支柱养老金结构优化的相关理论，OECD 国家养老金制度改革的实践以及对中国多支柱养老金制度发展的现实情况，在中国多支柱养老金结构改革中应坚持以下“四项基本原则”。

5.2.1 制度的强制性与自愿性相结合原则

在多支柱养老金制度的构建中，既需要有强制性养老金制度也需要有自愿性养老金制度，只有两者提供的保障范畴都在合理的范围内，两者协调发展才

① 李绍光. 养老金制度与资本市场 [M]. 北京：中国发展出版社. 1998：111.

才有利于多支柱养老金制度优势作用的充分发挥。

(1) 政府强制性养老金制度存在的必要性。政府为社会公众提供最基本保障具有一定的必要性（见 2.1.2 节），但对于那些有能力自行奉养的人应要求他们自行供养。强制性养老金制度实质是要求个体对自身可预见的风险负责而必须采取的某种预防性措施，从而避免个体搭便车和短视行为给其他社会群体和政府造成负担。

对此，哈耶克指出，"一旦关心老年、失业、疾病等情况下的最迫切需要成为公认的公共义务，而不论个人能否或应否自己做好准备，尤其是一旦所确保提供的帮助程度已经过高，以至于个人放松了自身的努力，那么应该强迫个人为自己通常的生活风险投保（或以其他方式预先准备），这似乎是顺理成章的。这里的理由并不在于应当强制人们去做合乎他们自己利益的事情，而是在于疏忽防范风险问题会给公众造成负担"。[①] 雅各布·冯·魏茨泽克（Jakob von Weizsäcker）也指出，政府采用收入核查型养老金给付方式会产生降低人们储蓄水平的道德风险，而强制性储蓄养老金制度是一种帕累托改善，不仅可以起到阻止富人在老年时搭便车行为，也可以防止穷人对于收入核查型养老金的过度依赖。[②]

值得强调的是，强制性养老金制度的强制范围、缴费与保障水平一定要适度，以维持个体的基本生活为宜，这样才不会对个人自由造成过大的干预，甚至这也是为了维护更大的自由而做出的某种必要牺牲。因为，如果政府只采取收入核查型养老金制度而不同时建立强制性缴费养老金制度，那么必然会产生搭便车、短视行为、放松对自身未来可预见的老年风险的预防、在职期间挥霍浪费等道德风险，个体自我负责精神在这样的环境下也趋于崩溃，最终导致社会上的大多数群体在年老时都依赖政府的救助，而此时也不得不面临政府大规模的再分配和干预，从而极大地压缩了个体自由的空间。

为了使强制性养老金制度对个人自由的干预降到最小，除了需将政府强制性养老金水平限制在合理范围内，也需要政府制定适用于所有公民的、具有普

① ［英］弗里德里希·奥古斯特·哈耶克. 自由宪章［M］. 杨玉生，等译. 北京：中国社会科学出版社，2012：441.

② Von Weizsäcker J. The Hayek Pension an Efficient Minimum Pension to Complement the Welfare State［J］. Cesifo Working Paper, 2003（10）.

遍约束力的法律法规，尽量减少政府直接行政干预，增加制度的透明度和增强社会公众对强制性养老金运行方式和保障水平的可预见性，从而有利于个人充分利用自身的自由，做出理性的私营养老保障的选择。

（2）充分发挥自愿性私营养老金的保障作用。无论是从个人的消极自由的重要价值还是政府和市场在养老保障领域的合理保障范畴来看，都应该充分发挥自愿性私营养老金的保障作用（见2.1.2节和2.2.1.2节）。陈志武曾说："人最终是为了两个目的活着，一个是生存，这是前提条件，第二个就是最大化个人自由。"① 如果说政府强制性养老金制度是基于对个体生存权的维护而做出的必要性的强制，那么自愿性养老金则是对个体自由和自我负责精神的充分体现。

从现实角度来看，当今世界上几乎所有的国家都存在政府强制性养老金制度，然而多数国家政府强制性养老金制度存在诸多弊端，其主要原因在于政府在社会保障领域权力的扩张，干预过多，保障水平过高，从而导致了政府失灵（见2.2.2节），进而使养老保障制度出现了诸多问题。因此，多数OECD国家自20世纪90年代以来纷纷进行多支柱养老金制度改革。就当前OECD国家多支柱养老金制度形式而言（见表3－11），尽管每个国家都具有强制性或准强制性养老金制度，但却有弱化和缩小的趋势，如澳大利亚、墨西哥、丹麦、爱沙尼亚、芬兰、冰岛、以色列、瑞士、土耳其、斯洛文尼亚、智利等国在基于底线保障的公共养老金制度（第一支柱第一层次）之外，只建立了强制性第二支柱职业养老金制度或者将既有的与收入相关的强制性公共养老金制度（第一支柱第二层）改革成第二支柱强制性职业养老金制度（智利改成强制性个人账户制度，属于第三支柱范畴），而且在这些国家仍然大力提倡发展其他自愿性私营养老金制度，而其他对于公共养老金制度进行非结构性（参数）改革的OECD国家，所建立的私营养老金制度都具有自愿性属性。可见，OECD国家多支柱养老金制度改革实质上也蕴含着协调强制性与自愿性养老金发展问题。

中国城镇职工基本养老保险制度同样也存在保障水平过高，政府权力过大，干预过多等诸多问题，因而私营养老金制度的发展更应采取自愿型，政府

① 陈志武．儒家文化、金融发展与家庭定位［J］．社会科学论坛．2013（7）．

相应的政策措施只限于引导和鼓励而不是强制推行。由于社会公众的认知和资本市场的发育都需要一个过程，故自愿性私营养老金制度的成长也需要一个过程，这就意味着多支柱养老金制度的改革和发展是一个渐进的过程。

5.2.2　公平与效率相协调原则

尽管多支柱养老金制度在理论上有促进公平与效率协调发展的作用，然而多支柱养老金在实际运行中其作用的有效发挥仍离不开良好的制度设计。故在中国多支柱养老金制度改革中，也应坚持公平与效率协调发展的原则。根据本书对公平与效率内涵的理解和辨析（见 2.3 节），公平除了具有保障弱势群体基本可行能力，即底线公平这一特殊含义外，其他方面与效率具有一致性，即要求“权利与义务相对等”“按劳分配”。因此，多支柱养老金制度改革实则是坚持“底线公平”与效率协调发展的原则。

（1）在养老金制度设计上应将“底线公平”和“效率”目标相分离，形成不同的养老金制度模式。通常，传统的收入关联型现收现付制公共养老金制度，在制度设计中既追求效率目标，同时又对贫困老年群体进行收入再分配（“底线公平”），甚至在制度设计时所秉持的原则被冠之以暧昧不清的“权利与义务相结合”，从而使该养老金制度模式很难在“底线公平”与效率之间找到合适的“度”，这也是造成当前现收现付制公共养老金制度产生财务持续问题的重要原因。

因此，就中国城镇职工基本养老金制度而言，一方面要基于权利与义务相对等原则建立强制缴费型养老金制度，将职工个人全部缴费和企业的部分缴费直接计入职工个人账户中，当职工退休时基于个人账户累积存储额及预期寿命计发养老金待遇。如果在个人账户养老基金具有较高的生产效率（获得较高的收益额）的情况下，这种缴费与给付密切联系的制度模式必将会激发职工个人缴费积极性，从而有利于养老金制度配置效率的提高。另一方面，通过将企业另一部分养老保险缴费纳入到统筹养老金账户，根据职工个人的缴费年限，为个人账户存储额低于一定水平之下的老人提供有分别的补充性养老金，从而把激励低收入群体缴费与提供有针对性的补贴结合起来，提高收入再分配的效率。除此之外，也需建立面对所有公民的非缴费型最低养老金制度，以保

障在工作年龄内没有能力缴费的个体在老年时基本生活能得到基本保障。

(2) 私营养老金制度应秉持权利与义务相对等原则。私营养老金制度的参与主体应遵循市场经济运行规则，但需要政府制定相关法律法规，提供公平的市场竞争环境，减少私营养老金领域的信息不对称，提高服务运作的透明度，避免因政府部门监管不力而造成的私营养老金机构过度营销以及养老金融诈骗事件的发生，同时也需要政府增强对私营养老金资产的安全性以及投资运营的监管，从而避免计划参与者资产遭受巨大损失，增加公众对私营养老金制度的信心。

此外，公共养老金给付水平和强制费率水平的设计也应充分考虑到（底线）公平与效率之间的协调。如果在（底线）公平的名义下，对投资和生产的课税过重，对社会公众收入再分配范围过大，程度过高，将会挫伤个人的积极性，阻碍市场竞争的发展，有损于创新、投资和发展。

5.2.3 多方主体责任合理分担原则

养老责任是养老领域中的重要问题，在养老金制度中，养老责任的划分与不同组合构成养老金制度的核心所在。因而，不同主体责任划分是否合理在很大程度上影响养老金制度的可持续发展。养老的责任主体通常涉及政府、市场、企业和个人。市场主要为个体的养老提供多种方式和途径，起到媒介作用，而企业尽管需要为员工缴纳养老保险费，但这部分缴费实质上是雇员报酬的一部分。因而，养老保障最终归结为政府与个人责任的划分问题。基于（消极）自由的重要价值，OECD 国家改革的启示以及对中国多支柱养老金发展成因和后果的剖析，在多支柱养老金制度改革中，责任的合理分担体现在如下三方面：

(1) 充分发挥个人“自立”责任。自由和责任是不能彼此分离的。它们是同一面奖章的两面。既然个人消极自由具有重大价值（见 2.1 节），政府应充分保障个体享有消极自由，这也意味着个人需要承担相应的责任。所谓个人责任意思是为自己的行为担保。因而一方面个人必须为自己的行为后果承担责任，这种做法是一个自由社会正常运转的基本条件；另一方面，个人需要对自己生存负责任，这意味着国家不是全保机构，个人必须关心自己的生计，并采

取社会预防措施。[1] 个人以自己的方式解决年老时收入降低而产生的消费福利的巨大下降，是任何一个理性个人的自发行为，这是个人理性和个人责任的体现，这种理性的自发的养老的责任主要表现为两种形式：一是以个人为中心的自我规划和自我积累；二是以家庭为范围的家庭积累、代际养老。[2] 随着家庭保障功能的弱化，当前个人养老应积极依靠市场机制和社会化的养老方式为自己的晚年生活做准备。

（2）充分发挥政府的法规制定、运行监管与基本保障责任。如2.2.1节所述，出于对个人消极自由的维护和自我保障作用的发挥，政府只应承担最低限度保障。在以政府全面管理和承担全面责任的养老保障制度类型中，企业完全成为养老金制度缴费的“工具”，而个人则是该制度的“消极参与者”，企业和市场的作用将受到极大压制。而在政府扮演“基本保障”和“游戏规则制定”的养老保障制度中，个人自我保障的自由和责任以及企业和市场的保障作用都将得到极大发挥。政府在养老金制度中需要承担的责任包括提供普遍性公共养老金计划和为个人养老责任的实现创造条件和环境，具体包括：制度投入、监管投入、资金投入（非缴费型养老金计划资金的承担、转制成本、社会保险相关机构运行费用等）、培育市场和个人责任。

（3）充分发挥市场机制和企业的积极作用。在当前市场经济条件下，中国传统的家庭养老方式正面临着来自家庭功能、生活方式、代际关系、思想观念变化等方面的冲击，家庭养老功能正在削弱。因而，养老模式更加向个人责任和借助于社会化的途径发展。在这样的背景下，个人养老责任的实现除了依赖个人自身创造价值的能力，同时也更需要私营养老金计划。而市场机制不仅可以最大限度地维护个人的自由，还可以对个体形成有效激励，为个体创造财富提供广阔的空间，同时也可以满足个体多样化的养老需求。企业不仅是职工个人参与公共养老保险的缴费主体，同时也是企业年金的发起者和监管者，甚至也是个人养老金计划的支持者。总之，在多支柱健全发展的养老金体系中离不开市场机制和企业作用的充分发挥。

---

① ［德］格尔哈德·帕普克．知识、自由与秩序［M］．北京：中国社会科学出版社．2001：136－137.

② 刘玮．“梯度责任”：“个人—政府”视角下的养老保险［J］．经济问题探索，2010（12）：112－116.

5.2.4　养老金各“支柱”协调发展原则

养老金制度结构调整应注重不同支柱之间协调发展问题，主要体现在以下三方面：

第一，公私养老金结构调整应遵循帕累托最优原则。养老金制度涉及社会公众的切身利益，任何不当的改革都可能使部分群体遭受利益损失，造成社会的动荡。因此，养老金制度结构调整应当慎重行事。在遵循帕累托最优，即在不损害任何群体的利益的同时，使社会公众整体的养老保障效率得到改善。由于第二、三支柱属于自愿性养老金制度，应该在积极鼓励其发展的基础上，逐步控制基础养老金的给付水平，使大多数劳动者的养老金替代率维持在在职工资水平的70%~80%水平，而不能因制度改革而造成待遇水平的降低。

第二，注重公私养老金保障目标的协调性。公共养老金制度以消除老年贫困为目标，注重“保基本”和“底线公平”。而私营养老金以满足参保者较高保障水平为目标，更加注重效率，有利于提高制度的可持续性。在发展多支柱养老金制度，降低公共养老金保障水平时，应努力提高私营养老金的保障能力和注重底线保障问题，否则在制度转型时必将出现部分群体保障境况变差的现实问题，降低新制度在公众中的可信度。

第三，注重第二、第三支柱私营养老金之间的有效衔接。企业年金是企业自愿建立的补充养老保险制度，要求建立的企业必须依法参加基本养老保险并履行缴费义务、具有相应的经济负担能力并建立集体协商机制，这对建立企业年金制度的企业有一定的门槛限制。并且个人是否能够加入企业年金制度还取决于个人是否就业以及就业单位是否有企业年金计划。这导致企业年金的制度覆盖人群会受到限制。而个人养老金计划的优势是参保与否主要取决于个人意愿和缴费能力，与就业与否无关，这使第二、三支柱之间有很大的互补性。因此，在制度设计时，应加强以“账户”为核心的制度设计，企业年金参与者在不同企业之间流动或者离职时可将企业年金资产转移到个人养老金账户内，并按照规定额度进行缴费、享受投资运作等管理服务。同时，个体在就业时也可将既有的个人养老金账户资产并入相应单位的企业年金或职业年金。

5.3　中国多支柱养老金结构改革的思路

为了达到结构优化的效果，中国多支柱养老金结构改革应结合上述目标和原则进行“一揽子”设计，其中不仅涉及制度结构改革问题，而且也应该涵盖参数的调整以及子制度的构建。纵观 OECD 国家多支柱养老金结构改革，无不伴随着对养老金制度参数的调整以及对于私营养老金制度的调整和构建。当前中国城镇职工基础养老金“一柱独大”，很大程度上抑制了私营养老金的发展，因而改革的总体思路是采取“调公补私”的改革策略。针对当前基础养老金存在的缴费率水平较高和制度不可持续等问题，首先从缴费和给付角度对基础养老金进行结构性改革，明确其制度目标定位，增强制度的效率，进而在此基础上构建和发展私营养老金制度。

5.3.1　采取“调公补私”的改革策略

公共养老金与私人（个人）养老金之间存在着某种程度的“挤出效应”：当公共养老金所提供的替代率足够高的时候，私人（个人）养老金则会失去存在的理由和空间；而私人（个人）养老金替代率的上升，可以减轻公共养老制度的支付压力。[①] OECD 国家多支柱养老金结构改革采取控制公共养老金缴费和给付，促进私营养老金发展的总体改革策略。

鉴于当前中国多支柱养老金体系中，第一支柱城镇职工基本养老保险“一柱独大”，从长期来看应采取“调公补私”的改革策略。即采取控制公共养老金缴费和给付水平，促进私营养老金发展的相关政策措施。但也应该考虑到中国公共养老金替代率已经持续降低，私营养老金发展滞后短时期内难以提供保障需求的现状。因而，无论是基于帕累托效率角度还是考虑到社会保险福利“只能升不能降”的棘轮效应，对于基础养老金的改革不应该损害当前参保者的利益。故对中国城镇职工基础养老金进行结构调整时，短期内不宜降低

① 刘玮．养老保险中个人——政府责任研究［D］．西北大学，2005：19.

公共养老金待遇水平。这样不仅更符合实际需求，也在很大程度减少改革的阻力。

5.3.2 以养老保险缴费为改革的切入点

造成中国多支柱养老金结构失衡的原因颇为复杂，甚至有些是来自“制度遗产”，是短期内无法改变的，因而很难从中探求出中国多支柱养老金结构改革的切实可行方案。OECD 国家发展多支柱养老金制度采取的一个主要措施是限制公共养老金总体的缴费和给付水平，而中国当前企业所承受的社会保险和养老保险缴费负担要远高于多数 OECD 国家，这就成为抑制私营养老金发展的重要现实原因。故笔者拟从降低企业基本养老保险缴费作为中国城镇职工基本养老保险结构改革的突破口。尽管当前在中国降低企业基本保险缴费率已成为学界共识，然而对于降低多少比例为宜仍有待探究，并且很多人担忧，在当前“私营养老金”并不能真正提供收入替代的情形下，降低企业养老保险费率将会导致本已不高的退休金水平进一步降低，影响退休者晚年生活。同样，由于个人的缴费能力是私营养老金制度能否得到有效发展的根本决定因素。因此，对于私营养老金制度的构建和发展也首先基于对私营养老金缴费能力进行测算。

就中国城镇职工基础养老金的改革而言，本书主要在第 6 章予以详细论述，其改革思路如图 5 -1 所示。首先，对中国企业的基本养老保险缴费能力进行测算，以考察企业缴费负担程度。测算的总体结果是企业养老保险缴费率过高，在此基础上从企业降低基本养老保险缴费是否会大幅降低退休职工收益的视角来分析降低企业缴费的可行性。在对基础养老金缴费和计发方案做出不同假设，基于情景模拟分析发现企业降低基本养老保险缴费并不必然引起退休金水平的降低。基于不同养老金方案模拟结果的退休金收益水平，提出基础养老金改革应采取“小统筹 + 大个人名义账户”模式，并辅之以配套的改革措施，如完善基本养老保险费用征缴，完善个人账户记账利率调整机制及建立非缴费型最低养老金制度等。

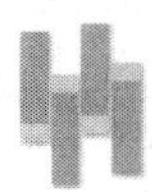

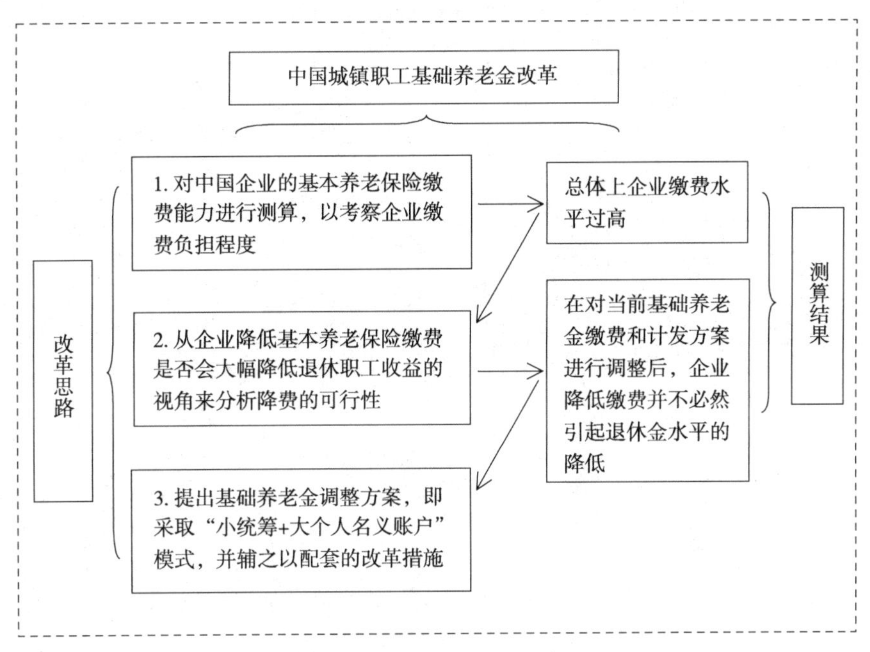

图 5－1　中国城镇职工基础养老金改革思路图

就中国私营养老金制度改革和构建而言，本书主要在第 7 章予以详细论述，其改革思路如图 5－2 所示。首先对中国家庭人均私营养老金缴费能力进行测算，以考察个人是否具有参与私营养老金的资金基础，经测算发现大多数家庭居民具有较大的私营养老金缴费能力。针对当前中国居民仍以银行储蓄作为养老的一种重要方式，因此本书通过情景模拟将个人养老金账户与个人银行长期储蓄存款收益进行比较，考察两者的收益水平。结果发现，个人养老金账户比银行储蓄存款的收益水平要高得多。因而，提出在中国发展和构建企业年金、个人账户养老金等私营养老金的方案规划以及促进其发展的相关政策建议。

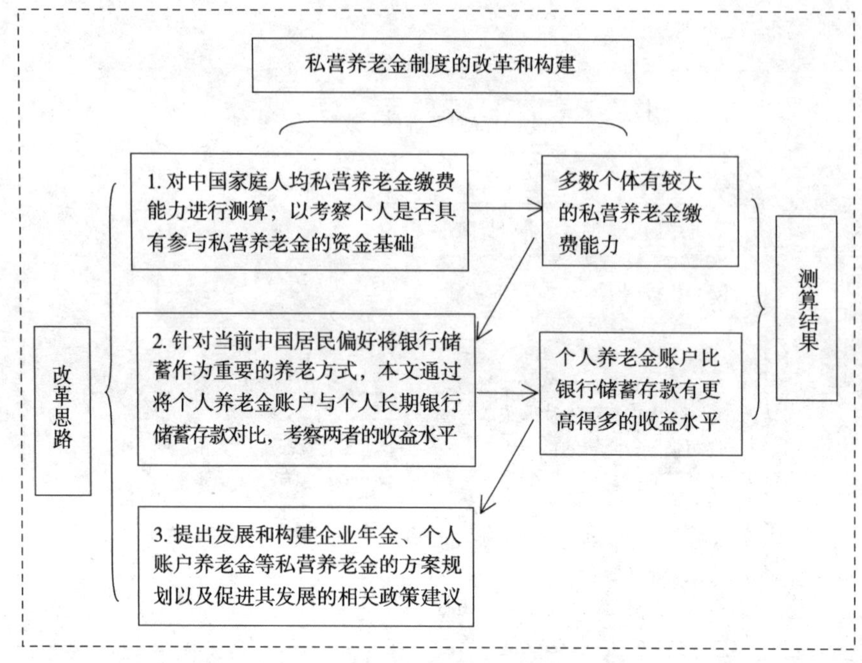

图5－2　中国私营养老金构建和发展思路图

5.4　本章小结

本章主要提出了多支柱养老金结构改革所应该遵循的目标和原则以及本书总体改革思路。多支柱养老金制度改革所应追求的核心目标是保障的充足性和可持续性，前者是养老金制度得以存在的前提和依据，后者决定了制度是否能够得以存续。而在本书接下来所提出的“强制性与自愿性相结合”“公平与效率相协调”“多方主体责任合理分担”“各支柱协调发展”这“四项基本原则”都是围绕着养老金制度“充足性”与“可持续性”的目标加以展开的。进而，在上述改革目标和原则的指导下，提出了对于多支柱养老金结构改革的基本思路。

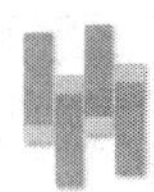

第 6 章 中国多支柱养老金结构优化：基础养老金改革

本章首先对企业的最大保险缴费能力进行测算，进而基于情景分析法和对养老金制度方案进行假设的前提下，寻求既可降低企业基本养老保险缴费，同时也不会降低当前基础养老金给付水平的更有效率的切实可行的基础养老金改革方案。

6.1 企业法定养老保险费率过高及降费可行性分析

通常而言，过高的社会保险缴费会加重企业和个人的负担，挤压私营养老金的发展。尽管当前中国社会保险费率水平过高已成为基本共识，这一结论主要是通过国际比较得出：中国社会保险费率位居全球 173 个国家和地区中的第 13 位；养老保险位居全球 148 个国家中的第 21 位。[①] 尽管横向比较有其合理部分，但却忽略了企业类型不同所能够承担的保费差异，同时也不能测出企业最大保险缴费能力，而企业最大缴费能力是确定基本养老金制度和企业年金制度适宜缴费区间的基础。因此，笔者首先从实证角度分别考察国有企业、私营企业、外资企业和股份制企业的最大缴费能力以及职工个人的缴费负担能力。然后基于公平与效率相协调的角度，对企业降低基本养老保险的缴费进行可行

① 人民日报．［2017－12－30］．http：//www. cnr. cn/gundong/201209/t20120911_510880950. shtml.

性分析，进而得出不同养老金制度适宜的缴费区间。

6.1.1 企业法定养老保险费率过高的实证测算

6.1.1.1 模型构建及数据来源

企业社会保险缴费能力取决于企业利润和劳动者报酬。但由于中国普遍存在的劳动者报酬非货币化、货币收入非工资化，导致各类统计数据中的工资数据与现实相差甚远。[①] 因此，首先需要对劳动者报酬进行合理估算，对此本书采用柯布—道格拉斯 Cobb – Douglas（C – D）生产函数模型估计劳动者报酬占企业产出的份额，进而测算企业的利润水平及最高缴费能力。C – D 生产函数是唯一可以使均方误差达到最小的生产函数，最贴切地反映了产出和投入要素之间的数量关系，而且适用性极广，对不同部门、产业、企业、地区或国家都可以应用。[②]

尽管当前在中国诸如刘钧（2004），刘鑫宏（2009），王增文（2009），翟永会（2014），许志涛、丁少群（2014）等学者都采用过 C – D 生产函数对中国工业企业社会保险最大或者适度缴费水平进行了测算，得出了中国社会保险缴费水平过高的近似结论。但上述研究也存在一定程度的不足，他们或使用时间序列数据仅对国有企业社会保险缴费负担能力进行考察，而忽略了不同地域差异的影响；或使用某一年度的截面数据，忽略了企业随时间而变的诸如技术进步、企业成长周期对企业产值的影响，这些都可能使结果产生一定的偏误。因此，笔者试图通过近 11 年的面板数据对全国各省不同性质企业的社会保险缴费能力加以考察，既增加了时间这一考察维度，也增加了样本，有利于减少结果的偏误。

C – D 生产函数通常采用以下形式：

$$Y=A(t)L^{\alpha}K^{\beta}\mu \qquad (6-1)$$

其中，Y 表示工业总产值，$A(t)$ 表示综合技术水平，L 是投入的劳动力

① 孙博，吕晨红．不同所有制企业社会保险缴费能力比较研究［J］．江西财经大学学报．2011（1）．

② 许志涛，丁少群．各地区不同所有制企业社会保险缴费能力比较研究［J］．保险研究．2014（4）．

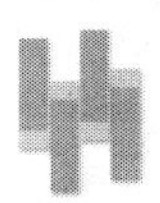

数，K 是投入的资本，一般指固定资产净值。α 是劳动力产出的弹性系数，β 是资本产出的弹性系数，α 与 β 分别反映了资本要素贡献率与劳动力要素贡献率。μ 表示随机干扰的影响，$\mu \leqslant 1$。

$$y_{it} = \alpha l_{it} + \beta k_{it} + \mu_{it} \tag{6-2}$$

其中，y_{it}、l_{it} 和 k_{it} 分别表示 Y_{it}、L_{it} 和 K_{it} 的对数形式。其中残差项 μ_{it} 包含了综合技术水平 $A(t)$ 对数形式信息。具体到本书采用如下公式：

$$y_{it} = c_i + \alpha_i l_{it} + \beta_i k_{it} + \lambda_i t + \mu_{it} \tag{6-3}$$

其中，i 代表省份，t 代表年份，λ 作为不同年份的截距项，表示时间固定效应，c_i 为常数项，表示不同省份个体效应的平均值，μ_{ij} 为随机扰动项。

本书选取了 2005—2015 年《中国工业企业统计年鉴》30 个省（直辖市、自治区）的面板数据，运用（6－3）式对资本要素贡献率 α 和劳动力贡献率 β 进行拟合分析。由于工业总产值和增加值的数据在很多统计年份都没有涉及，基于变量的一致性考虑，本书选取与工业总产值非常接近的工业销售产值（亿元）作为被解释变量 Y，以历年各地平均用工人数（万人）作为劳动力投入要素 L，以历年各地固定资产合计作为固定资本投入要素 K，并对解释变量与被解释变量做对数处理，使数据变得更加平稳。

6.1.1.2　回归结果分析

本书的回归分析主要分为三个步骤，首先，对面板数据做 White 检验和 F 检验，通过 White 检验，χ^2（32）值为 175.56，P 值为 0.00，可见样本存在异方差问题，由于样本容量相对较大，拟采用稳健标准误的方式加以解决；F 值为 11.54，p 值为 0.000，故样本数据存在很强的个体效应，固定效应模型要优于混合回归模型，并通过 LSDV 法进一步验证了大多数省份存在显著个体效应的结论。其次，判断面板数据应采用固定效应模型还是随机效应模型，由于在存在异方差的情况下，一般的 Hausman 检验是无效的，通过过度识别检验（overidentification test）可知，χ^2 值为 104.55，P 值为 0.00，故应采用固定效应模型。具体到本书，由于时间和个体效应都显著，故采用双向固定效应模型。最后，通过对模型回归分别得到国有及国有控股企业、股份有限公司、私营企业和港澳台商及外商投资企业资本与劳动力对总产出的贡献率。

表 6－1 和表 6－2 分别是按照不同企业性质和不同地区分类得到的回归结果。R^2 都在 0.88～0.98 之间，可见模型拟合效果较好，具有较强的解释力。

从显著性水平看，不论是按照地区还是按照企业性质分类，回归系数 α、β、截距项以及几乎所有的 λ 参数都在1%的水平上显著。从回归系数 α、β 的值来看，表6－1和表6－2的劳动弹性系数 α 值在0.415～0.981之间，资本弹性系数 β 值在0.214～0.487之间，并且回归模型 α 值都大于 β 值，表明劳动要素投入对产出的贡献要大于固定资本投入对产出的贡献，特别是在私营企业和外资企业，总产值的绝大部分都是依靠劳动力的投入，可见其多数为劳动力密集型产业。此外，表6－1的国有企业和股份制企业 $\alpha+\beta$ 的值分别为0.86和0.77，小于1，可见其处于规模报酬递减阶段，而私营企业和外资企业 $\alpha+\beta$ 值都大于1，总体上处于规模报酬递增阶段。

表6－1　　不同企业性质C－D生产函数模型回归结果

企业性质	α	β	_cons	R^2	N
国有企业	0.564*** (0.141)	0.293*** (0.0959)	3.281*** (0.714)	0.956	300
股份有限公司	0.415*** (0.122)	0.357*** (0.0756)	3.338*** (0.398)	0.925	300
私营企业	0.981*** (0.122)	0.214*** (0.0607)	2.122*** (0.302)	0.977	300
外资企业	0.845*** (0.106)	0.355*** (0.113)	2.168*** (0.460)	0.882	300

注：* $p<0.1$，** $p<0.05$，*** $p<0.01$，括号中的数值为 t 统计量。国有企业指国有及国有控股工业企业；外资企业包括港澳台商投资工业企业和外商投资工业企业。

表6－2　　不同地区C－D生产函数模型回归结果

地区	α	β	_cons	R^2	N
全国	0.696*** (0.0721)	0.408*** (0.0426)	2.146*** (0.216)	0.878	1200
东部	0.564*** (0.105)	0.487*** (0.0696)	2.250*** (0.411)	0.844	480
中部	0.792*** (0.133)	0.340*** (0.0859)	2.138*** (0.452)	0.908	360

续表

地区	α	β	_cons	R^2	N
西部	0.683*** (0.143)	0.376*** (0.0618)	2.266*** (0.306)	0.883	360

注：* $p < 0.1$，** $p < 0.05$，*** $p < 0.01$，括号中的数值为 t 统计量。本书按照经济带对东、中、西部进行划分：东部地区包括北京、天津、河北、辽宁、上海、江苏、浙江、福建、山东、广东、广西、海南等；中部地区包括山西、内蒙古、吉林、黑龙江、安徽、江西、河南、湖北、湖南等；西部地区包括重庆、四川、贵州、云南、西藏、陕西、甘肃、青海、宁夏、新疆等，西藏因缺失值过多，故排除之。

6.1.1.3　企业最大养老保险缴费能力测算

理论上讲，尽管企业社会保险缴费承担能力的最高限度是将其利润全部用于社会保险缴费，但实际上企业一般需要对其利润缴纳企业所得税和支付相关管理费，也需要从当期利润中提取一定比例的资金进行下一期投资，便于企业的长期发展。因此，在不考虑企业留成收益和历史负债等情况，企业最大社会保险缴费能力为企业利润扣除企业所得税和按照社会平均投资率扩大再生产后的全部剩余利润。

基于上述假设，可以按照如下步骤来测算社会保险和养老保险缴费能力：

第一，确定劳动者报酬占企业总产出的比重。假定每个劳动者报酬与劳动边际产出值相等，此时劳动者报酬占企业产出的份额 E 为：

$$E = \frac{\partial Y}{\partial L} \times \frac{L}{Y} = \alpha \tag{6-4}$$

使柯布 - 道格拉斯生产函数的参数 $\alpha + \beta = 1$，基于此对上述回归模型的参数 α、β 进行正规化调整。结果如表 6 - 3 所示。

表 6 - 3　　正规化调整后的 α、β 参数值

地区	α	β	企业性质	α	β
全国	0.630	0.370	国有企业	0.658	0.342
东部	0.537	0.463	股份有限公司	0.538	0.462
中部	0.700	0.300	私营企业	0.821	0.179
西部	0.645	0.355	外资企业	0.704	0.296

第二，确定企业利润占企业总产出的比重。根据道格拉斯生产函数所确定的资本的边际产出 β 并不能完全转化为企业利润，需要对此进行相关税费扣

除。根据收入法企业增加值等于劳动者报酬加固定资产本年折旧加税金及管理费用加企业盈余。如果用 D 表示企业固定资产折旧占产出的比重，T 代表企业税金及管理费用占产出的比重，企业利润占企业增加值的比重 P 可以表示为：

$$P = 1 - E - D - T \tag{6-5}$$

为了计算企业利润占企业总产出的比重，在 E 已知的情况下，需要进一步确定 D 值和 T 值。根据《中国工业统计年鉴》的相关数据对两者进行计算，进而根据式（6－5）计算出企业利润占企业增加值的比重 P（见表 6－4）。

表 6－4　2005—2015 年税金及管理费用占企业总产出的平均比重

地区	税金及管理费占比（T）	固定资产年度折旧比例（D）	企业利润占比（P）	企业性质	税金及管理费占比（T）	固定资产年度折旧比例（D）	企业利润占比（P）
全国	0.094	0.030	0.246	国有企业	0.136	0.048	0.158
东部	0.085	0.030	0.348	股份有限公司	0.116	0.042	0.304
中部	0.104	0.033	0.163	私营企业	0.067	0.029	0.083
西部	0.134	0.034	0.187	外资企业	0.075	0.032	0.189

注：税金及管理费用包括主营业务税金及附加、本年度应缴增值税和管理费用三项指标之和。2005—2007 年当年累计折旧数据来自《中国工业统计年鉴》，2008—2015 年固定资产年度折旧数据是用当期累计折旧减去上一期累计折旧计算得出。税金及管理费用占比＝当期税金及管理费用/当期工业销售产值，固定资产年度折旧比例＝固定资产年度折旧数据/当期工业销售产值，上表所列数据是历年不同企业性质、地区相关指标的简单平均数。

第三，确定企业的最大社会保险及养老保险缴费能力。在企业利润比重已知的情况下，扣除企业的投资率即可得到企业的最大社会保险和养老保险缴费能力。根据《中国统计年鉴》的相关数据可以计算出 2005—2015 年间中国固定资本形成率平均值为 43%①，其中国家平均投资比例为 4%，存货增加占 6%，因此企业的年度投资的固定资本形成率是 33%。那么，平均而言企业最多拿出利润的 67% 缴纳社会保险费。基于此可测出社会保险缴费占企业总产值的比例，结合劳动者报酬占企业总产出份额 E 即可算出最大可负担社会保险缴费率和养老保险缴费率（见表 6－5）。

① 固定资本形成率为固定资本形成总额在以支出法计算的 GDP 中的比重。

表6－5 最大社会保险和养老保险缴费率

地区	社会保险缴费占比	社会保险缴费率	养老保险缴费率	企业性质	社会保险缴费占比	社会保险缴费率	养老保险缴费率
全国	0.165	0.262	0.175	国有企业	0.106	0.161	0.107
东部	0.233	0.434	0.289	股份有限公司	0.204	0.379	0.253
中部	0.109	0.156	0.104	私营企业	0.056	0.068	0.045
西部	0.125	0.194	0.129	外资企业	0.127	0.180	0.120

注：企业最大养老保险缴费率按照最大社会保险缴费率的2/3计算而得。

如表6－5所示，最大社会保险和养老保险缴费率因地区和企业性质不同而异。从地区角度看，全国最大社会保险缴费负担率是26.2%，养老保险缴费率是17.5%。东部地区的最大社会保险和养老保险缴费率分别为43.4%和28.9%，而中、西部地区与东部地区有很大差距，甚至全国最大保险缴费率很大程度也是由东部地区拉动起来的。从企业性质角度看，最大社会保险和养老保险缴费率由高到低依次为股份有限公司、外资企业、国有企业和私营企业。与国有企业相比，股份有限公司资本报酬占比更高，而且企业税费和折旧份额较低，因而社会保险缴费能力更高。

6.1.2 企业养老保险缴费过高的负面影响及降费可行性分析

6.1.2.1 企业养老保险缴费过高的负面影响

2016年5月，人力资源和社会保障部与财政部联合发布《关于阶段性降低社会保险缴费率的通知》，要求养老保险企业缴费率在20%以上的统筹地区将企业缴费率降至20%，养老保险基金累计结余可支付9个月的统筹地区可在两年期内执行19%企业缴费率。加上之前中国政府实施的下调失业、生育、工伤保险的相关缴费政策，至此中国企业法定社会保险缴费率已经由30%左右的缴费率大体降至27.25%的水平。然而这一费率水平仍高于全国最大社会保险和养老保险26.2%和17.5%的缴费水平。并且，全国最大社会保险缴费率水平主要是由东部地区和股份有限公司拉动起来的。从地区上看，中、西部最大保险缴费能力与国家法定费率水平仍有很大差距。从企业性质上看，私营企业、国有企业、外资企业的最大保险缴费能力都与国家法定费率水平存在很

大差距。特别是私营企业的社会保险和养老保险缴费率只有6.8%和4.5%，其缴费能力要远低于国家法定的社会保险缴费水平。

（1）过高保险缴费率影响企业的公平发展。由于不同企业盈利水平各异，所处的发展阶段不同，按照相同水平缴纳社会保险费对其发展也未必是公平的。通过上述分析可知，中国私营企业的利润仅占工业总产值的8.3%，却要与企业利润占比为30.4%的股份有限公司缴纳同样比例的养老保险费。当前中国私营企业和外资企业正处于规模报酬递增阶段，理应拿出更多资金来扩大生产投资，然而过高的社会保险缴费限制了其投资水平，阻碍了企业的发展壮大，甚至抑制了资本对该企业或者行业的进入。正如英国经济评论家邓宁格所说，“资本害怕没有利润或利润太少，就像自然界害怕真空一样——有适当的利润，资本就会非常胆壮起来”。故企业利润的减少会对外资企业进入中国起到很大抑制作用，而国内弱小的私营企业则无处可逃，可见高额社会保险缴费对企业的影响可能是致命的。此外，与资本密集型企业相比，劳动密集型企业面对过高的法定社会保险缴费也将负担更多。因此，公平的社会保险费率水平不只是缴费水平相同，更应关注弱小企业的生存和发展空间，因而应该是低水平的相同缴费率。

（2）过高保险缴费率影响社会保险制度的公平。社会保险费率水平过高更容易诱使发生企业逃避缴费的道德风险，因而事实上会在“守法”缴费的企业与“违规”缴费的企业之间形成了费率负担不公情况。同时，企业费率过高也会导致企业用资本替代劳动或者减少对劳动力的雇佣，那么首当其冲的将是弱势就业群体，使其被排除在企业社会保险制度之外，从而因就业人数的降低，导致收入关联型公共养老金制度覆盖率的降低。这不仅会造成社会保险基金收入水平降低，还会带来政府养老救济范围的扩大和成本的增加。

当前中国企业社会保险制度覆盖面过低与缴费率水平过高有很大关系。尽管中国企业职工基本养老保险的参保人数占城镇就业人数比例不断攀升，从2007年的49.05%上升到2016年的64.88%，但离制度的全覆盖仍有很大距离，其中2015年中国港澳台及外资企业职工的养老保险的参保比例为74.36%，而其他各种经济类型企业职工的参保比例仅为54.21%。[①] 而美国

① 郑秉文．中国养老金发展报告（2017）［M］．北京：经济管理出版社．2017：19－21．其中，参保比例是指参保职工人数与就业人数之比，其他各种经济类型是指除了国有企业、集体企业、港澳台及外资企业以外的其他经济类型企业。

2015 年 OASDI 制度的参保缴费人数为 1.69 亿人，占就业人口的 92% 左右。[①]据相关研究，企业社会保险缴费率增加 1 个百分点会导致就业人数下降 3.84 个百分点，其中民营企业、资产规模较小的企业、劳动密集型企业受缴纳保费的影响更大。[②]

6.1.2.2　企业养老保险降费可行性分析

一方面，中国企业养老保险高缴费率并没有带来相应的高征缴收入。企业社会保险成本由法定或名义缴费率和缴费基数共同决定的，如果实际缴费基数低于法律规定缴费基数，导致实际缴费率（实际缴费率 = 法定或名义缴费率 × 实际缴费率/法律规定缴费基数）低于法定或名义缴费率。由于中国名义缴费率过高，加之缴费与给付联系不甚紧密，严重损害了企业和个人的缴费积极性。同时，由于中国养老保险制度仍未实行全国统筹，在实际经办过程中，各地缴费基数规定不统一，具体执行的严格程度有差别，许多地方往往通过压低缴费基数的办法来减轻企业负担，从而导致了实际缴费率远低于名义缴费率。根据公开数据粗略计算表明，中国城镇企业养老保险实际缴费率只在 18% 左右，远低于 28% 的名义缴费率。但从实际情况看，社会保险实际缴费率仍然偏高，尤其是实际经办中作为重要缴费基数的社会平均工资逐年增长，造成中小企业及职工、灵活就业人员和农民工的沉重负担，成为影响社会保险制度扩面的重要阻碍。就中国企业社会保险缴费率与企业参保程度的关系，封进通过对 2004—2007 年四个省份的制造业企业微观数据相关研究表明，低缴费率地区企业（17%）的参保程度比高缴费率地区高近 13 个百分点，中缴费率地区（24%）比高缴费率地区（29%）高近 4 个百分点。因而，中国当前养老保险基金的征缴收入并没有因为高缴费率而获得相应的高缴费收入，甚至还因此阻碍了保险缴费的收入水平和养老保险覆盖面的扩展。

另一方面，通过提高基金征缴效率，较低的企业养老保险降费即可满足当前养老金替代率的需求。以 2013 年为例，城镇企业职工基本养老保险制度参保赡养比为 1:3 左右，理论上养老金替代率应该达到 84% 左右，而实际计算出的替代率与理论值相差 30 多个百分点。这不仅与中国法定退休年龄较低、待

---

① 郑秉文．中国养老金精算报告（2018—2022）［M］．北京：中国劳动社会保障出版社．2017：34.

② 赵海珠．企业社会保险缴费就业效应分析［D］．首都经济贸易大学，2017：99.

遇领取最低缴费年限较短（仅为15年）有关，也与上述的过高缴费率负面影响有关。如2015年全国城镇职工基本养老保险基金征缴收入为23016亿元，仅占应缴收入的55.7%，其中全国养老保险实际缴费基数仅为在岗职工平均工资的70%，并且有接近20%的企业参保人员未缴费。[①] 如果参保人员完全按照法定缴费基数，那么2015年中国基本养老保险的缴费收入将为41321亿元。假定遵缴人数与参保人数相等，企业和个人的缴费率之和为15.6%即可以实现23016亿元的缴费收入。如果参保个人仍按照当前8%的缴费比例缴费，企业仅需负担7.6%的养老保险缴费。此外，通过对中国城镇职工基础养老金制度的方案进行改革也可以在不影响当前退休金收益的情形下降低企业养老保险缴费率（见6.3.1节）。可见，降低企业社会保险缴费率并不必然会减少养老保险基金收入，只要政府在降低费率的同时，积极实施提高制度覆盖率、加强企业的遵缴率、扩大企业缴费基数、延长个人退休年龄和最低缴费年限等政策措施，将会使虚高的保险缴费走向正轨。这样既可以提高制度的公平性，也可以使制度更有效率，同时也有利于企业的公平竞争与发展。

此外，降低企业基本养老保险缴费需要处理好转制成本和隐性债务问题。尽管就全国整体而言，当前和未来的一段时期内养老保险基金总收入大于总支出，仍能够维持基金的收支平衡。然而由于中国基本养老保险基金收支是以省（市）级统筹为单位进行核算的，各统筹单位间的基金存量不能调剂使用。就不同统筹地区而言，2013年黑龙江最早出现基金收支不平衡的情况，到2015年当期“收不抵支”的省份已经达到6个。在此背景下，降低企业基本养老保险缴费率，如果在养老保险基金遵缴率和缴费基数没能得到及时提高的情况下，必将会造成“收不抵支”的扩大，甚至会在一些省份出现新的收不抵支的情况。因此，中央政府应该以“降费”为契机，尽快实行基础养老金的全国统筹（见6.3.1节）并及时厘清转制成本，通过国有股减持和发行特种国债等方式妥善解决转制成本。

在划拨国有资产解决转制成本的可行性问题上，一是需要适当的机构接收划拨的国有资产。考虑到国有资产管理的复杂性，建议应由全国社会保障基金理事会和省级社会保险经办机构来接收国有资产；同时，为减少地方政

① 应缴收入=参保人数×上年度城镇企业在岗职工平均工资×法定费率，征缴收入即实际收入。

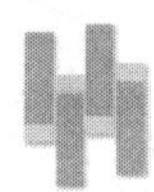

府通过社会保险经办机构对划拨国有资产的行政干预，可对划拨国有资产实行信托管理，并建立严格的风险控制机制和监管措施，保证国有资产能够安全变现。[①] 二是理顺中央政府和地方政府的财权和事权。只有在明确中央政府和地方政府对社会保障责任的分担机制才能够确定中央政府和地方政府划拨国有资产解决转制成本的比例。同时，这也有利于提高基本养老保险的统筹层次。

6.2 基于企业降费视角下基础养老金改革方案

本节假设企业完全按照法定标准缴纳养老保险费，通过情景模拟分析发现，企业按照20%缴费率为在职员工缴纳养老保险费的情况下，退休职工通过基础养老金所获得的终生收益甚至低于企业的缴费额，更是大幅低于将企业缴费按照基金制进行累计投资所获得的总收益。如果使缴费与个人收益的联系更加明确（如采用基金制或者名义账户制），企业按照10%的缴费率水平为在职员工缴费即可在总体上使退休者享受当前按照20%缴费率水平缴费的替代率水平。

6.2.1 两种统筹养老金方案收益模拟预测

6.2.1.1 典型样本选取及方法简介

（1）典型样本选取。由于工作收入和工作年限对养老金缴费和给付有非常重要影响，故以此作为选择典型代表的依据。从工作收入角度考虑，由于中国养老保险以社会平均工资的60% ~300%为缴纳基数，基于此，本书在测算中分别选取工资收入等于在岗职工平均工资60% 、100%、300%的职工作为低、中、高收入者的代表。

从工作年限角度考虑，尽管当前中国仍以男性60岁，女干部55岁，女工人50岁作为法定退休年龄，然而延迟退休已然成为一种趋势。2013年党的十

①② 宋晓梧．企业社会保险缴费成本与政策调整取向［J］．社会保障评论，2017（1）．

八届三中全会即提出研究制定渐进性延迟退休年龄政策。依据《人口与劳动绿皮书：中国人口与劳动问题报告 No. 16》的建议，中国将从 2018 年开始，女性退休年龄每 3 年延迟 1 岁，男性退休年龄每 6 年延迟 1 岁，至 2045 年男性、女性退休年龄同步达到 65 岁。因此，本书共选取了低、中、高收入者，退休年龄分别为 55 岁、60 岁和 65 岁的职工代表。由于大学毕业年龄通常是 22 岁，本书将其作为职工代表首次参加工作的年龄。考虑到中国基本养老金制度在 2006 年新作调整，本书假定所有代表职工都在 2006 年参加工作，因而分别在 2039 年、2044 年、2049 年达到退休年龄，工作时间分别达到 33 年、38 年和 43 年。

（2）模拟方法简介。首先通过利用 Crystal Ball（简称 CB）软件基于近 40 年的全国城镇在岗职工平均工资水平对 2017—2049 年间城镇在岗职工平均工资水平进行了预测，并根据退休者预期寿命和当前中国城镇职工统筹养老金缴费率和计发公式，分别测算出职工代表企业缴费总额及终生所获得的统筹养老金收益。同时，假设企业在同样的缴费率和缴费年限下将统筹养老金缴费额划入职工个人账户并进行市场化投资，并测算在不同投资收益率下退休职工所能够获得的收益总额。以此来对两种养老金制度模式进行效率比较，在深入剖析不同收益差异成因的基础上提出养老金制度改革方案。

6.2.1.2 统筹养老金替代率计算及关键变量预测

（1）养老金给付及替代率计算方法。用 SW_y 表示 y 年在岗职工月平均工资，TP_y 表示 y 年基本养老金给付总额，BP_y 表示 y 年社会统筹养老金给付额（其中 BP_y^d、BP_y^z、BP_y^g 分别表示低、中、高代表者社会统筹养老金给付额）。

根据中国相关保险法规：

基本养老金 = 社会统筹养老金 + 个人账户养老金

社会统筹养老金 =（全省上年度在岗职工月平均工资 + 本人指数化月平均缴费工资）÷2 × 缴费年限 ×1%

由于改革方案仅假设将企业社会统筹养老金缴费额转化为个人账户养老金并对其进行投资，并将在职职工达到退休时点个人账户所能获得的收益总额与其按照法定统筹养老金计发公式在去世之前所能够获得的全部统筹养老金（贴现到退休时点）收益进行比较，因而既有的个人账户养老金部分可在分析中予以排除。此外，由于本书所选取的典型代表工资水平分别为在岗职工平均

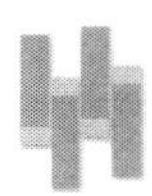

工资水平的 60%、100% 和 300%，故低、中、高收入者本人指数化月平均缴费工资分别为 0.6 倍、1 倍和 3 倍的社会平均工资水平。因此，

$BP_y^d = (SW_y + 0.6SW_y) \div 2 \times N \times 1\% = 0.8SW_y \times N \times 1\%$，其中 $N = 33$ 年，38 年，43 年

$BP_y^z = SW_y \times N \times 1\%$，其中 $N = 33$ 年，38 年，43 年

$BP_y^g = 2SW_y \times N \times 1\%$，其中 $N = 33$ 年，38 年，43 年

（2）关于中国城镇职工平均工资水平的预测。本书选取 1979—2016 年历年来的在岗职工平均工资数据，采用 CB 软件预测器来预测 2017—2049 年的在岗职工平均工资水平。通过对 ARIMA（0，2，0）、二次移动平均法、二次指数平滑法、一次移动平均法、一次指数平滑法以及阻尼趋势非季节性预测等六种方法比较发现（见表 6－6），二次指数平滑法，在 RMSE（标准误差）、MAD（绝对中位值）、MAPE（平均绝对百分误差）方面的数值几乎都是最低的，Durbin-Watson 的数值为 1.7987，接近于 2，也表明了随机误差项之间的相关性较弱，都表明了二次指数平滑法对预测效果较好，预测结果见表 6－7。由此得到职工代表在 2005—2049 年期间的工资数据，为下文相关预测提供基础。

表 6－6　　城镇在岗职工平均工资各种预测方法优劣比较

方法	排名	RMSE	MAD	MAPE	Theil's U	Durbin-Watson	Alpha	Beta
ARIMA(0,2,0)	3	441	308	1.80%	0.3974	1.8001		
二次移动平均法	4	584	417	2.38%	0.4631	1.10		
二次指数平滑法	1	435	302	1.82%	0.4225	1.7987	0.9990	0.9990
一次移动平均法	5	2680	1847	11.68%	1.00	0.0263		
一次指数平滑法	6	2683	1848	11.69%	1.0008	0.0263	0.9990	
阻尼趋势非季节性	2	436	303	1.82%	0.4226	1.7902	0.9990	0.9990

表 6 - 7　　2017—2049 年城镇在岗职工平均工资预测　　单位：元

年份	预测值	年份	预测值	年份	预测值	年份	预测值
2017	74750	2026	126520	2034	172550	2042	218580
2018	80500	2027	132280	2035	178300	2043	224330
2019	86250	2028	138030	2036	184060	2044	230080
2020	92010	2029	143780	2037	189810	2045	235830
2021	97760	2030	149540	2038	195560	2046	241590
2022	103510	2031	155290	2039	201320	2047	247340
2023	109270	2032	161040	2040	207070	2048	253090
2024	115020	2033	166800	2041	212820	2049	258850
2025	120770						

注：预测结果（舍入：十）。

（3）对养老金基金投资收益率的假设。由于本书将涉及当前中国现收现付制统筹养老金收益与假设将企业养老缴费存入职工个人账户所取得的养老金收益对比问题，故需要基于实际投资情况对个人账户养老金投资收益做出假设。从中国既往养老保险基金投资情况看，中国企业年金 2007—2015 年间几何平均收益率是 8.09%（算数平均收益率是 8.68%）。[①] 全国社会保障基金 2002—2016 年平均投资收益率是 8.40%。[②] 从银行储蓄利率来看，1990—2015 年中国人民银行 1 年、2 年、3 年整存整取定期存款利率平均为 4.43%、5.01%、5.59%，1990—2014 年中国人民银行 5 年定期存款利率平均为 6.24%。[③] 随着中国养老基金投资的市场化程度加深，投资收益率仍有很大的上升潜力，但也考虑到中国经济进入"新常态"后经济发展的下行趋势，本书保守假定 2006—2049 年养老基金投资平均收益率为 3%、4%、5%、6%、7%（为了简化计算，假设每一年投资的收益率相等），并在不同收益率下分别计算个人账户总养老金收益额。

① 人力资源和社会保障部. 全国企业年金基金业务数据摘要 2015 年度 [EB/OL]. (2016 - 03 - 31) [2017 - 12 - 30]. http://www.mohrss.gov.cn/gkml/xxgk/201603/W020160331605955093652.pdf.

② 新华网. [2017 - 12 - 26]. http://news.xinhuanet.com/2017 - 02/20/c_1120499374.htm.

③ https://wenku.baidu.com/view/2d58fa950975f46526d3e142.html, [2018 - 01 - 16], 经笔者计算得出.

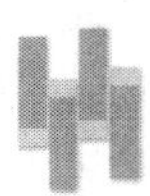

6.2.1.3　统筹养老金给付模拟结果

由于本书假定所有的职工代表都是在 22 岁大学毕业后，于 2006 年加入到新调整的城镇职工基本养老保险制度中，因而可知职工代表的出生年份应该是 1984 年。根据第三次人口普查资料，1981 年出生的全国男性人口预期寿命是 66.4 岁，女性是 69.3 岁，全部人口平均为 67.9 岁。[①] 由于同时期全国城镇职工预期寿命水平要高于全国平均水平，故本书将职工代表的预期寿命假设为 70 岁，即所有代表职工都在 70 岁死亡。在企业按照岗位平均工资 20% 的比例缴费的情况下，直到退休时点企业为 9 位代表性职工缴纳的净保费额总计是 1202.42 万元[②]，根据上述社会统筹养老金计发公式可计算出职工代表在其退休后从统筹养老金中所获得的终生给付额为 898.56 万元[③]，退休者的总收益额只占了企业总体缴费额的 3/4 左右，而余下的 1/4 企业缴费额很可能用来消化中国养老金的转制成本，作为“老人”和“中人”的部分给付资金。值得强调的一点是，上述企业总缴费额的计算并没有涉及从企业初始缴费到职工代表到达退休时点期间的缴费利息收益，同时也没有涉及将职工代表退休后直到去世期间每年所领取的统筹养老金折现到退休时点导致的给付额降低问题，但政府对于退休职工统筹养老金进行某种程度的指数化调整也会抵消掉部分贴现利率。因此，上述退休者总收益额占企业总缴费额仍可能存在高估问题。由此可见，中国统筹养老金在待遇给付上具有严重的代际不公特性。

从具体收益额来看，工作年限越短、工资收入越低所获得的给付额越划算，其中 55 岁退休的低收入代表职工、中收入代表职工、60 岁退休的低收入代表职工的统筹养老金给付额占缴费额的比例分别是 1.97 倍、1.48 倍和 1.34 倍；而 65 岁退休的低、中、高收入代表职工统筹养老金给付额分别占缴费额的 0.66 倍、0.50 倍、0.33 倍（见表 6－8）。可见，工作年限越长实际可能领取到的养老金会越少，其中最不划算的是 65 岁退休的高收入代表职工，其退休后所获得的养老金给付额甚至不到企业为其缴费的 1/3。尽管现实中高收入者相对于低收入者可能寿命会更长，但与其给付受损相比仍是微不足道的。可

① 《中国统计年鉴 1984》.

② 不含利息收益。

③ 没有不考虑未来养老金给付额折现到退休时点所引起的养老金额减少问题，也不含在未来时段养老金指数化调整收益上涨的情况。

见，中国统筹养老金具有严重的制度效率负激励性。

假定企业20%的养老保险缴费全部划入职工个人账户，基于不同投资收益率假设，可计算出职工代表在退休时点个人账户中积累的养老金收益额。假定退休者终生领取的统筹养老金折现到退休时点的收益减少额加上统筹养老金指数化调整收益增加额与职工退休期间个人账户积累额投资收益相抵。那么，可将职工代表在退休时点个人账户收益额与统筹养老金总给付额直接加以比较，结果发现：当年均投资收益率仅为3%时，职工代表在退休时点的收益总额将达到1890.87万元，是企业总缴费额的1.57倍，比统筹养老金的给付总额多出近1000万元。除了55岁退休的低收入群体从统筹养老金获得的给付额要比个人账户累积额大近20万元，55岁退休的中等收入者两种给付模式大体相等之外，其他职工代表都将从个人账户模式下获得更大收益。特别是65岁退休的高收入职工从个人账户中所获得的收益额将是统筹模式下收益额的5倍左右。此外，由表6-8和图6-1可以看出，当年均投资收益率分别达到4%、5%、6%、7%时，职工代表在个人账户模式下所获得的养老金收益额总体上更大得多。当投资收益率达到5%时，55岁退休的低收入群体的收益水平也将和统筹模式下养老金给付额大致相等。当年均投资收益率达到7%时，9位职工代表所获得的养老金收益将是企业缴费额的2.6~3.7倍。

表6-8　社会统筹与基金积累模式下企业相同缴费额的养老金待遇差异分析

退休年龄（岁）	收入水平	预期寿命（岁）	企业缴费额（万元）	统筹养老金终生给付		不同平均投资收益率企业缴费收益额				
				给付额（万元）	占比	3%	4%	5%	6%	7%
55	低	70	39.28	77.44	1.97	57.63	66.23	76.56	88.99	104.01
55	中	70	65.47	96.8	1.48	96.05	110.39	127.59	148.31	173.35
55	高	70	196.4	193.61	0.99	288.15	331.17	382.78	444.94	520.06
60	低	70	51.7	69.2	1.34	80.37	94.55	112.09	133.89	161.11
60	中	70	86.17	85.25	0.99	133.96	157.58	186.81	223.14	268.52
60	高	70	258.52	170.49	0.66	401.87	472.75	560.43	669.43	805.57
65	低	70	65.85	43.53	0.66	108.63	130.95	159.43	196.03	243.33
65	中	70	109.76	54.41	0.5	181.05	218.24	265.72	326.72	405.55

续表

退休年龄（岁）	收入水平	预期寿命（岁）	企业缴费额（万元）	统筹养老金终生给付		不同平均投资收益率企业缴费收益额				
				给付额（万元）	占比	3%	4%	5%	6%	7%
65	高	70	329.27	108.83	0.33	543.15	654.72	797.16	980.16	1216.64
代表职工总金额（万元）			1202.42	898.56		1890.87	2236.58	2668.57	3211.61	3898.15
给付与缴费之比			1	0.75		1.57	1.86	2.22	2.67	3.24

注：企业缴费额按照代表性职工缴费工资的20%，并对工作期间历年缴费额加总计算得出。统筹养老金给付额是以代表职工退休年份为计算时点，根据上述不同代表职工社会统筹养老金计算公式计算出年给付额，再乘以预期余命计算得出。企业缴费收益额是指在不同投资收益率下的总收益额，此处忽略了退休后直至去世期间累积额的利率收益。

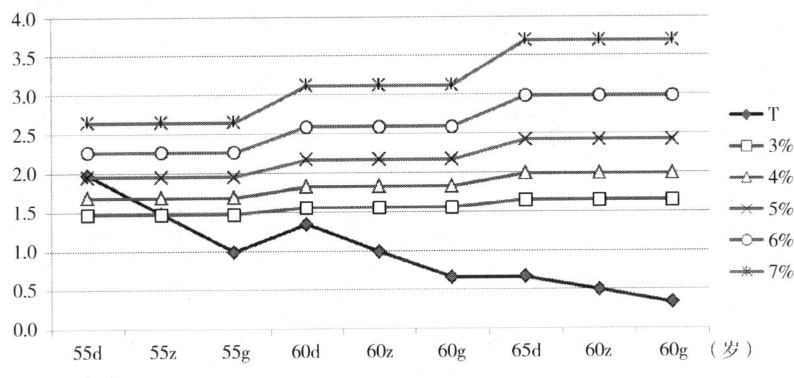

图6-1　不同情境下养老金给付额与缴费额之比

注：T表示退休职工统筹养老金终生给付额占企业总养老保险缴费比例，3%、4%、5%、6%、7%分别代表在不同的年均收益水平下个人账户积累额与企业总养老保险缴费之比，55d、55z、55g分别代表55岁退休的低收入者、中等收入者和高收入者代表。

6.2.1.4　模拟结果的成因分析

通过上述模拟结果可知，总体上退休者在个人账户基金制模式下要比在现收现付模式下获得更大的养老金收益。然而从中国基本养老金制度运营的现实情况来看（见图6-2），即使被当作投资成功典范的全国社会保障基金的年收益率与生物回报率（社会平均工资增长率与人口增长率之和）的比较仍然是不理想的。2005—2015年，中国现收现付制生物回报率的平均值

为18.41%，明显高于全国社保基金收益率的平均值11.9%。[①] 这也进一步说明了现收现付制的收益率水平并不必然比基金制低，两者在不同的人口、经济和金融市场等情况下，收益水平各有优劣（见2.4.1.1节）。然而，同时期（2005—2015年）中国退休者平均基本养老金替代率从47.01%下降至43.33%[②]，并没有因为高水平的生物回报率而受益。这与上文的预测结果也是有某种吻合之处。

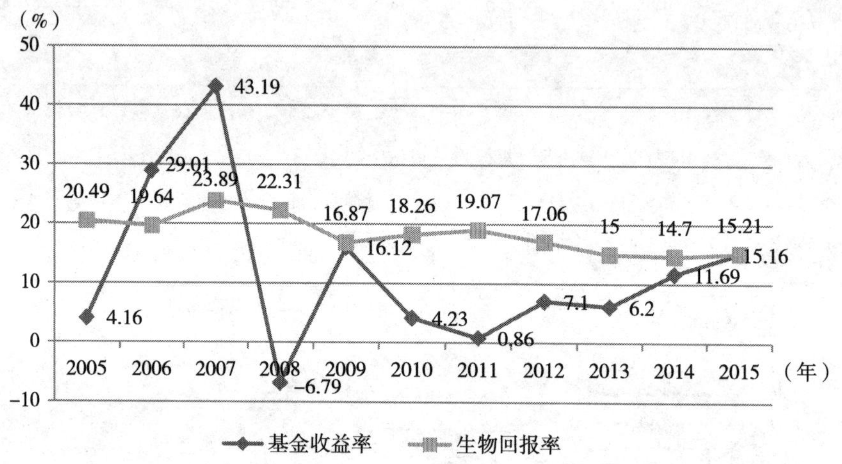

图6－2　2005—2015年生物回报率与全国社保基金年收益率比较

资料来源：郑秉文．中国养老金发展报告（2017）［M］．北京：经济管理出版社．2017：31.

既然现收现付制的生物回报率并不必然比基金制低，那为什么退休者在统筹养老金模式下所获得的收益水平总体要远低于基金制模式？在笔者看来，现收现付统筹养老金模式下企业养老保险缴费所有权不明晰是问题根源所在。一方面，现收现付制产权不明晰使缴费与给付是相区分的，容易产生代际之间分配不公平问题（见2.4.1.3节），加上中国养老金待遇计发公式存在严重的“奖懒罚勤”倾向使同代人之间养老金给付也是不公的，导致对企业和个人缴费的负激励性，使中国公共养老金制度在低遵缴率与缴费率虚高之间恶性循环。对此，郑秉文也曾指出，（中国公共养老金制度）统账

① 郑秉文．中国养老金发展报告（2017）［M］．北京：经济管理出版社．2017：31.

② 基本养老金替代率是指人均基本养老金与当期城镇单位就业人员平均工资之比，引自郑秉文．中国养老金发展报告（2017）［M］．北京：经济管理出版社．2017：22.

分开加之个人账户比例较小，导致养老金给付属于“非精算性质”的、与雇员的利益没有直接的挂钩，进而致使雇员缺乏监督雇主的内部冲动，从而造成了“大锅饭”心理和“搭便车”的“负激励”机制。[①] 另一方面，现收现付制产权不明晰的特性也增加了基金使用的政治风险，如养老金待遇指数化调整具有很大的随意性，甚至政府会将统筹养老缴费基金挪作他用（如支付制度转制成本）等。

此外，现收现付制中参保者的“给付确定”性也使其易于遭受政治风险。因为现收现付制获得的权利是被“契约”限定死的——至少在原则上——因而当外生的经济发展水平和人口波动所导致的生物回报率发生变化时，政府也只能通过政治干预来调整缴费与给付。[②] 政府人为地对养老金制度干涉的后果是不仅容易造成制度的不公平，也破坏了制度的长期财务平衡机制，损害了效率，削弱了公众对制度的信心。同时，过高的基本养老保险缴费也抑制了私营养老金的发展，造成养老金体系结构发展不协调。因而，需要在改革公共养老金制度的基础上，促进私营养老金的发展。

6.2.2　采取“小社会统筹+大名义账户”的新模式

一般而言，公共养老金与私营养老金的发展既相互矛盾，也互为补充。公共养老金缴费率过高会抑制私营养老金的发展。同时，公共养老金与私营养老金各有优劣，互补、协调发展。当前，中国公共养老金制度的高缴费率无疑对私营养老金发展产生很大抑制作用，加上现收现付制统筹养老金保障范畴过大，导致公共养老金产生了诸多弊端。然而，由于现收现付制具有收入再分配性，可以更好地满足对老年弱势群体的底线保障，仍有其存在的必要性。但在超过最低限度保障之外，统筹养老金可以采用名义账户制，明确参保者对养老缴费的所有权，使参保者缴费与给付直接挂钩，获得相应的生物回报率，而且也极大地降低了政治风险。而私营养老金可以采用基金积累制，通过市场投资

---

① 郑秉文．“名义账户制”：中国养老保障制度的一个理性选择［M］．郑秉文自选集（下卷）．北京：人民出版社．2014：1288.

② ［英］罗伯特·霍尔茨曼，爱德华·帕尔默．名义账户制的理论与实践［M］．郑秉文，等译．北京：中国劳动社会保障出版社，2017：22.

获得相应收益，发挥两种养老保险制度模式的收益互补。总之，在有效改革公共养老金制度的基础上，促进公私养老金多支柱协调发展。

6.2.2.1 基于降低企业费率的统筹养老金改革模拟分析

表6－9假定企业养老保险缴费率降至10%的情况下，分别计算出了年均投资收益率分别为3%、4%和5%时，职工代表到退休时点个人账户的累计额，并将其与按照当前计发公式计算出的统筹养老金给付额进行比较，可以发现：当投资收益率达到3%时，职工代表养老金收入总额为945.43万元，即超过了当前898.56万元的统筹养老金总给付额。具体来看，55岁低、中、高收入群体以及60岁低、中收入群体在3%投资收益率水平下个人账户养老金收益都要比在当前统筹现收现付模式下收益水平要低，5位职工代表的总养老金减少额为194.2万元，而其他4位工作年限长、缴费更多的职工代表养老金收益额将增加240.1万元。可见，个人账户基金制对参保者可以起到激励缴费，遏制提前退休的作用。

然而，基于公共养老金“保基本”和“底线公平”原则，也应关注弱势群体的保障水平。由表3－11可知，所有的OECD国家或者为全体国民提供普遍性、扁平化的基本养老金（Basic Pension Schemes），或者针对低养老金收入的退休人员给以额外补贴，形成所谓的目标性养老金制度（Targeted Plans）。因此，中国将企业缴费的10%划入参保者个人账户，再额外为每个参保者提供4%的缴费进入统筹养老金，作为对养老金收入低于一定水平退休者的补充基金。根据2005—2049年间的工资数据，企业按照缴费基数的4%缴费，9位职工代表退休时企业的总缴费将达到240.48万元（不含利息收入），可以完全覆盖5位职工代表的养老金减少总额194.2万元。除此之外，缩小统筹基金规模、扩大个人账户的比例也有利于激励养老保险缴费和扩大制度的覆盖面。因为在“统账结合”的制度设计中，个人账户的规模与“搭便车”现象成反比，与社会统筹水平成正比。个人账户的规模越小，“激励机制”就越弱，缴费就越困难，扩大社会统筹范围的难度就越大；相反，如果个人账户的规模越大，缴费就越容易，从而扩大社会统筹的范围就越容易。[①]

① 郑秉文．“名义账户制”：中国养老保障制度的一个理性选择［M］．郑秉文自选集（下卷）．北京：人民出版社．2014：1289.

表6-9　　企业10%缴费率不同制度模式养老金待遇差异分析

退休年龄（岁）	收入水平	当前统筹养老金给付额（万元）	3%投资收益率		4%投资收益率		5%投资收益率	
			收益额（万元）	占统筹养老金比重	收益额（万元）	占统筹养老金比重	收益额（万元）	占统筹养老金比重
55	低	77.44	28.82	0.37	33.12	0.43	38.28	0.49
55	中	96.8	48.03	0.5	55.19	0.57	63.8	0.66
55	高	193.61	144.08	0.74	165.58	0.86	191.39	0.99
60	低	69.2	40.19	0.59	47.27	0.69	56.04	0.82
60	中	85.25	66.98	0.79	78.79	0.92	93.4	1.1
60	高	170.49	200.94	1.18	236.37	1.39	280.21	1.64
65	低	43.53	54.31	1.25	65.47	1.5	79.72	1.83
65	中	54.41	90.52	1.66	109.12	2.01	132.86	2.44
65	高	108.83	271.57	2.5	327.36	3.01	398.58	3.66
总计		898.56	945.43	1.05	1118.29	1.24	1334.28	1.48

通过上述模拟结果可知，总体上退休者在个人账户基金制模式下要比在现收现付模式下获得更大的养老金收益。然而从中国基本养老金制度运营的现实情况来看（见图6-3），即使被当作投资成功典范的全国社会保障基金的年收益率与生物回报率（社会平均工资增长率与人口增长率之和）的比较仍然是不理想的。2005—2015年，中国现收现付制生物回报率的平均值为18.41%，明显高于全国社保基金收益率的平均值11.9%。[①] 这也进一步说明了现收现付制的收益率水平并不必然比基金制低，两者在不同的人口、经济和金融市场等情况下，收益水平各有优劣（见2.4节）。然而，同时期（2005—2015年）中国退休者平均基本养老金替代率从47.01%下降至43.33%[②]，并没有因为高水平的生物回报率而受益。这与上文的预测结果也是有某种吻合之处。

① 郑秉文．中国养老金发展报告2017［M］．北京：经济管理出版社．2017：31．

② 郑秉文．中国养老金发展报告2017［M］．北京：经济管理出版社．2017：22．基本养老金替代率是指人均基本养老金与当期城镇单位就业人员平均工资之比。

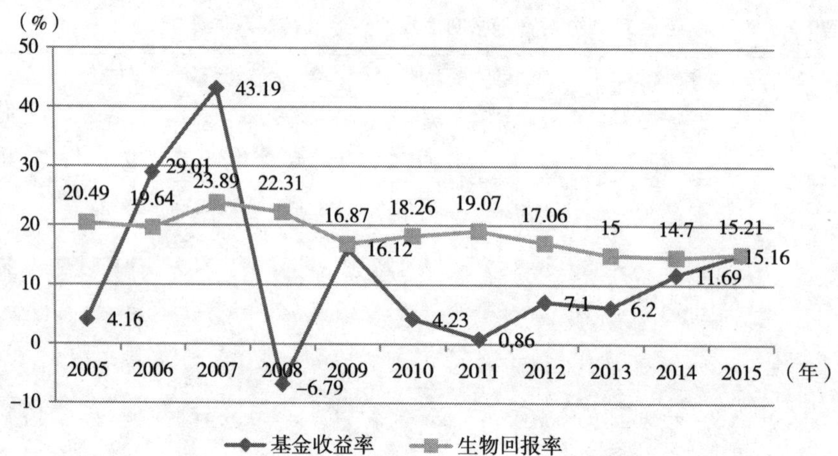

图 6-3　2005—2015 年生物回报率与全国社保基金年收益率比较

资料来源：郑秉文．中国养老金发展报告 2017 [M]．北京：经济管理出版社．2017：31.

6.2.2.2　采取“小统筹＋大个人名义账户”的优势作用

基于上述测算以及基于中国现实情况，对于中国城镇职工基本养老保险制度本书提出应采取“小统筹＋大个人名义账户”的模式。为了维持第一支柱当前的替代率水平，将企业统筹养老金缴费额的 10% 左右的比例划入职工个人账户，与个人 8% 的缴费率一起通过名义账户制的方式获得“生物回报率”收益，由于不存在做实个人账户的转制成本问题，因而改革相对易于实施。同时，企业另将 2% ~4% 的缴费额划入统筹账户，用以弥补个人账户养老金给付额低于某一最低限度的退休者收益水平，起到底线保障作用。此时，企业基础养老金缴费率水平将降至 12% ~14% 的水平。关于采取“小统筹”主要是基于第一支柱养老金的性质，需要“底线公平”和对弱势老年群体进行保护。下面主要分析采取“大个人名义账户制”的原因。

（1）采取“个人名义账户制”是基于中国基础养老金发展现状。在中国，对于城镇职工基本养老保险“个人账户”采取实账积累面临着很大的困难。尽管自 1997 年中国确立了“统账结合”的养老金制度以来，直到 2001 年才开始在辽宁进行“做实个人账户”的试点，并且从 2004—2006 年又扩展到另外 10 个省，在个人账户划入比例降至 5% ~6% 时仍显捉襟见肘。直到 2014 年底全国做实账户仅为 5001 亿元，而个人账户累计空账已达到

40974 亿元。[①] 如果再将企业缴费的大部分比例充实个人账户，很难具有现实操作性。事实上，在党的十八届三中全会提出了“完善个人账户制度”和“坚持精算平衡原则”取代了 2001 年以来始终如一的“继续做实个人账户”的传统表述，预示着“做实个人账户”制度的搁浅。然而，在现收现付制与个人账户基金制的两难中有一种另辟蹊径的制度选择——名义账户制（简称“NDC”）。

（2）名义账户制具有自身的优势作用。所谓“名义账户制”也称为记账式个人账户，是一项“缴费确定型”现收现付制的养老金计划。缴费的确定依据个人收入的某一个固定比例，计入个人账户，但与“实账缴费确定型”（FDC，即基金制个人账户）相反，参保者计入个人账户的缴费并未被“做实”，只是以记录的形式存在，因而不能投资于金融市场，但却可以类似于现收现付制获得相应的生物回报率。具体而言，名义账户制有以下主要优点：

第一，名义账户制有利于提高制度效率。由于名义账户制将企业养老保险缴费的大部分比例在名义上划入到职工个人账户，使参保者对个人账户账面资金拥有类似银行存款一样的所有权，并按某一记账回报率积累增值，使参保者的权利和义务更明晰。只要参保人工作并缴费，账户价值就会继续积累，退休年金是用账户资产除以退休时期的预期余命而得到的年度待遇。这种“多缴多得”的制度模式不仅激发了企业和个人的缴费积极性，增强了养老金制度的财务可持续性。

第二，名义账户制更符合公平原则。在名义账户制度下，处于同一年龄组中的两个人如果在相同时期缴纳了同样多的养老保费，由于享有相同的记账利率，就有望获得相同水平的养老金权利。这也符合本书所界定的公平内涵，无论是在同代人还是代际之间都体现着“非基本自由比例平等”的公平原则。

第三，名义账户制有利于降低政治风险。由于名义账户制的养老金记账利率综合考虑了一定时期的经济发展水平、人口状况以及通货膨胀率等因素，有利于将现收现付制模式下人口老年化、经济波动等外生因素内化，能够以固定的缴费率维持资产和负债之间的长期平衡，不像传统现收现付制的“刚性待遇”需要政治干预。尽管名义账户制的记账利率性质不能保证完全避免政治

① 郑秉文．从做实账户到名义账户——可持续性与激励性［J］．开发研究．2015（3）．

干预，但是由于名义账户制需要向参保者提供账户信息，能够（应该）每年制作财务报表并公布于众，因而名义账户制即使面对政治干预也将比传统现收现付制更透明。①

第四，名义账户制有利于多支柱养老金制度优化组合。欧盟委员会在2002年发表的一份研究报告中为欧盟成员国和候选国设计了向“名义账户”制过渡的3个方案，其中都将企业保险放到了绝对不可或缺的地位。研究报告认为，在“名义账户”制引入之后替代率将下降到36%～45%，所以必须同时建立起一个完全积累制的、强制的补充保险体系，并且应向私人市场开放；第一支柱即“名义账户”制实行的是“内部利率”，它基本上等同于工资增长率，而第二支柱即企业年金的资产回报率则取决以市场。② 因此，可以实现在不同条件下的收益组合和风险分散。此外，名义账户制公共养老金与基金制私营养老金共存的话可以对一国的储蓄率起到调节的作用。通常而言，名义账户制对储蓄率的增加没有直接的贡献，而基金制在到期之前有助于增加国民储蓄。那么，在名义账户制与基金制的共同作用下有利于使储蓄率达到经济增长的黄金率水平。

第五，名义账户制是解决养老金“空账”的切实可行途径。在由现收现付制向基金积累制或者部分积累制过渡中，存在着巨额的“转制成本”，需要持续分摊给几代人才能逐渐消化。由于名义账户制的做法是参保人按照确定数量缴费进入个人账户，管理部门每年计入按照法定利率计算的利息收入，但个人账户上的钱并不需要留下来，而是直接支付给同一时点的老人，因而可以有效地避免“转制成本”的产生。③ 参保人退休时，可以获得根据账面积累额精算出来的养老金，这样做可以避免年轻人的双重负担和不合理的代际收入转移，使“转型成本”分散到和“消化”到一个年龄跨度很宽的时段里，并可以作为向积累制过渡的途径。

此外，名义账户制也具有良好的“便携性”，有利于劳动力流动，提高统

---

① ［英］罗伯特·霍尔茨曼，爱德华·帕尔默．名义账户制的理论与实践［M］．郑秉文，等译．北京：中国劳动社会保障出版社，2017：4.

② 郑秉文．欧亚六国社会保障“名义账户”制利弊分析及其对中国的启示［J］．世界经济与政治．2003（5）

③ 中国经济改革研究基金会，中国经济体制改革委员会联合专家组．中国社会养老保险体制改革［M］．上海：上海远东出版社，2006：序言3.

筹层次和解决当前中国基础养老金碎片化问题。

6.2.2.3　名义账户制可能存在的问题及回应

尽管名义账户制存在上述诸多优势，但也有一些不足，这也是一些专家学者反对名义账户，支持做实个人账户重要的原因。主要体现在如下六方面：

一是背离改革初衷。认为市场化改革以来，社会保障制度改革的初衷是采取社会统筹与个人账户相结合的制度，通过“社会统筹”来体现社会公正，通过个人账户的实账积累来体现激励。如果将个人账户变成名义账户，缴费积累会变成数字符号，巨额“空账”运转影响职工对缴费的积极性。同时，对于企业而言，缺少做实个人账户的制约，将导致企业逃费行为。①

二是名义账户制混淆产权性质。认为个人账户具有明确的私有属性，属于个人财产，不但可以积累，而且可以继承。因而，为了改变基本养老金发放过程中的个人账户被挪用现象，需将个人缴纳的养老金存入银行专有账号，使其成为名副其实的“实账”，保障养老金缴纳者的所有者权益。②

三是名义账户制没有基金积累，不能通过投资获得相应的收益。认为在名义账户制下，参保人的缴费如果全部用于支付当期养老金，根本毫无资金积累，无法投资，“计息”是无源之水。③

四是再分配功能弱，难以应对长寿风险。在名义账户制中个人养老金待遇完全由个人缴费水平和缴费时间决定，成为了类似新加坡的中央公积金模式，缺乏在参保者之间进行收入再分配的功能，公共养老金的互助共济与促进公平功能基本丧失。④当个人账户记账的养老金全部发完，而参保人仍然存活便会陷入老年贫困境地，无法真正应对老年人收入下降所产生的风险。⑤

五是记账利率增加制度运营的复杂性，不利于劳动力流动。认为养老金个人账户的重要特征是具有私有性和便携性，职工跨统筹地区流动时个人账户资

①②　韩克庆．名义账户制：养老保险制度改革的倒退［J］．探索与争鸣．2015（5）．

③　申曙光，孟醒．社会养老保险模式：名义账户制与部分积累制［J］．行政管理改革，2014（10）：34－37．

④　董克用，孙博，张栋．“名义户制”是我国养老金改革的方向吗——瑞典“名义账户制”改革评估与借鉴［J］．社会保障研究．2016（4）．

⑤　鲁全．养老金制度模式选择论——兼论名义账户改革在中国不可行性［J］．中国人民大学学报．2015（3）．

金随之转移。如果长期空账运行，会阻碍劳动力在地区间的自由流动，同时使账户的一次性支付和依法继承面临窘境。①

六是名义账户制带来信任危机。认为当前民众对养老金制度的信任程度普遍不高，如果再次进行彻底的模式改革，对于专业知识有限的普通民众和参保者而言，“整个养老金账户全部变成了空账”这样似是而非的信息便会首先引起他们的注意，对养老金制度的信任度会进一步下降。名义账户在设计上的激励机制自然很难为参保者所接受，更无法转化成积极的参保行为，导致预期的政策效果难以实现。②

上述关于名义账户制的批评和质疑尽管有一定的合理成分，但事实上，在实施名义账户制的同时，对养老金制度进行“一揽子”设计，实施一些配套的改革措施，上述诸多问题都可迎刃而解。甚至上述有些批评，换个角度而言也正是名义账户制所具有的优势。在此，笔者对于上述对于“名义账户制”的质疑一一予以回应。

第一，名义账户制没有背离改革初衷。在谈及“名义账户制”背离改革初衷时，首先应该明确改革初衷到底是什么。在笔者看来，改革初衷是使基本养老金制度既体现公平又具有激励性因素，使制度更加具有可持续性。而采取“个人账户制”只是实现这一目标的必要手段。做实个人账户会遇到重重阻力，不能实现制度预期效果，在采用“名义账户制”并辅之以必要的社会统筹养老金以及最低养老金制度，同样可以达到兼顾（底线）公平与效率的目标。因而，不能说名义账户制违背了改革的初衷。改革不是故步自封，改革更应该注重制度的目标和效果。事实上，由于名义个人账户制更容易将个人账户的比例“做大”，增强缴费和给付之间的联系，在将企业的部分缴费也划入个人名义账户的情况下，必将同时增加对企业和个人缴费的激励因素。

第二，名义账户制并不损害个人财产权。按照支持做实个人账户的观点，只有在个人账户有存款的情况下才能保证退休者顺利领取养老金。因为如果账户上没有存款就无法取现，这正是在基本养老金支付中动用个人账户资金所产

---

① 韩克庆．名义账户制：养老保险制度改革的倒退［J］．探索与争鸣．2015（5）．

② 鲁全．养老金制度模式选择论——兼论名义账户改革在中国不可行性［J］．中国人民大学学报．2015（3）．

生的严重后果，做实个人账户就是对这一“严重”后果做出的反映和应对措施。[①] 然而，在本质上，个人账户做实与否都不会改变所有者权益。对参保职工来说，由于不能从个人账户随意取现，因此“做实”与“不做实”没有本质差别，都仅具有名义账户的记账意义。而且，在名义账户制下，通过增加缴费和指数化给付的透明度，个人可以随时查看他的账户，比基金制更容易了解未来将获得的收益情况。

第三，名义账户制可以获得“生物回报率”。生物回报率主要取决于经济增长率和人口增长率。因而没有资产积累的“名义账户”，可以分享经济发展带来的成果，即工资增长率，也可以享受人口红利带来的收益。在人口老龄化背景下，共同承担人口老龄化的风险。与现收现付制不同的是，名义账户制以显性化的方式将“生物回报率”公平的分摊给每个参保者，主要体现在同期加入到名义账户制的参保者享有相同的生物回报率。此外，由于名义账户制与现收现付制具有共同的收益性质，因而可以与基金积累制的私营养老金制度之间形成收益上的优劣互补，有利于风险分散。

第四，“名义账户制”的再分配功能弱化可以通过统筹养老金或者非缴费型最低养老金制度等配套措施予以弥补。在同一制度内不可能同时追求再分配与效率（激励性）两个相互矛盾的目标。从某种程度上说，“名义账户制”弱化的再分配功能以及较强的激励性恰恰是其制度模式优势的体现。

第五，“名义账户制”更有利于提供统筹层次，从而是促进劳动力流动而不是阻碍劳动力流动。在名义账户制下，个人的“名义记录”与缴费资源的使用完全可以分为两个不同的独立操作系统，这样将统筹水平提高到中央一级便没有任何技术障碍。在名义账户制下，企业的高额配比缴费激发了员工个人缴费的积极性以及对企业缴费的监督行为。由于企业和职工个人缴费金额的多少与退休金待遇密切相关，故吃统筹基金“大锅饭”的行为空间遭到很大挤压，即使统筹层次提高到中央一层，也很少会造成个人、企业甚至是地方逃避缴费的行为。此外，进行名义账户制改革，由于地方养老保险缴费上解中央，养老金不再固化为地方利益，当前各个地方政府养老基金结余“饥饱不均”的现状也可以得到根除。并且由中央政府通过委托的方式对于养老保险基金进

① 万树，蔡霞. 基本养老保险基金：做实账户制还是名义账户制？［J］. 南京审计学院学报，2014，11（4）：75－82.

行投资也有利于节约行政成本和提高基金收益率。

第六，产生信任危机的不是“名义账户”制本身，而是公众的隐忧或者是对一项制度的误解。就当前中国养老金制度而言，导致社会公众信任与否的根源不在于是“名义账户”还是“实际账户”，而是在于由传统的国家保险制度转向“统账结合”制度过程中所遗留下来的“转制成本”。在“做实”的个人账户中，直观上给人的感觉是没有承担转制成本那笔额外的债务，觉得更“安心”。殊不知，即使采取“做实”个人账户的方式，如果“做实”的个人账户比例很小，社会统筹养老金也可以通过隐性的方式承担“转制成本”。反过来，即使采取名义账户制的方式，把“转制成本”经过合理测算后予以显性化，通过制度规范化的方式在不同主体以及不同代际之间进行公平合理分摊，社会公众也未必不能接受，而最使人不能接受的应是对于自身利益损失程度以及对于未来缺乏判断和预知。

6.3 中国基本养老保险改革的配套措施

通过上文的相关分析，可以得出在中国对城镇职工基本养老保险采取“小统筹+大个人名义账户”具有很大的可行性。同时为了确保该制度模式能够有效运行以及为多支柱养老金发展提供良好的制度空间，需要采取完善基本养老保险费用征缴体制，完善个人账户记账利率调整机制以及加强公共养老金安全网建设等政策措施。

6.3.1 完善基本养老保险费用征缴体制

在中国基础养老保险制度中，一方面名义缴费率过高，另一方面制度的实际缴费收入远低于制度的应缴收入，从而导致养老金制度在缺乏公平和效率的畸形状态中运行。为了使养老保险制度回到正常的运行轨道中，在下调企业基本养老保险缴费率的同时，为了确保保险基金的收入，务必要完善中国当前养老保险的费用征缴体制。

第一，完善养老金征缴法律法规。中国养老金遵缴率较低，缴费基数不实

与国家相关法律法规不健全有很大关系。当前中国养老保险费的征缴仍以1999年国务院颁布的《社会保险费征缴暂行条例》（国务院令第259号）作为主要依据，但是该法规对于企业和个人违法缴费行为主要采取罚款、加收滞纳金措施；对于缴费企业逾期拒不缴纳社会保险费、滞纳金的由劳动保障行政部门或者税务机关申请人民法院依法强制征缴。总体而言，惩罚力度较轻。在具体实施过程中多由各个地方政府制定本地区的相关征缴法规，地方政府出于促进地方经济发展和地方保护主义观念，在法规制定和执行中更是弱化了对于企业违规缴费的惩罚力度，甚至默认企业的违法缴费。因而中央政府应该提高社会保险费用征缴的立法层次，完善费用征缴的相关法律法规内容，加强对企业和个人费用征缴的执行和惩处力度。

第二，完善养老金费用征缴机制。过去的十多年里，中国社会保险费征缴体制中，地方税务机构和社会保险经办机构并存，形成二元征缴局面。总体而言，两者征缴体制各有优劣。由于税务机构是以“征税”为主，“税”具有很强的刚性和强制型特征，缺少由社会保险经办机构“征费”的灵活性和弹性。因而，在企业和个人缴费水平过高，社会不同企业和社会群体收入差别较大，社会保障统筹层次低的情形下由税务机构征缴会造成“一刀切”，容易造成部分弱势就业群体被排斥在法定养老保险制度外，而由社会保险部门征缴则更容易考虑到不同企业和个人的承受力，使社会保险缴费在经济波动期更容易采取弹性费率。但在全国范围采取统一的，社会绝大多数企业和个人可以承受的低水平费率的情形下，由于税务机构执法手段强，工作力度大，可以有效减少和防止了偷逃费现象，因而征缴更具效率。如若基础养老金采用“小社会统筹+大个人名义账户”的模式，在企业缴费总体水平降低，采用税务机构征缴会更有效率。

第三，提高养老保险统筹层次。目前，全国名义上有600多个地、市级以上的统筹地区，但实际上90%以上是以县（市）级统筹为基础的。各统筹地区之间缴费率不同，待遇标准和具体管理方式也不尽相同。这在很大程度上影响了不同地区养老金制度的覆盖人数，也影响了遵缴率，进而影响了制度的公平和效率。此外，统筹层次低也阻碍了劳动力的自由流动，特别是对于非正规部门就业人员和流动人口来说，频繁的工作变化和跨区域流动也是造成中断缴费的主要原因。故应建立全国统一的基本养老保险制度。对此，政府应以降低

企业基本养老保险缴费为契机，在全国范围内确定较低的统一的社会保险缴费基数和缴费比例，同时缩小企业缴费纳入到统筹账户的比例，即实施“小统筹+大名义账户”制，这将在很大程度上降低对不同地方利益的影响，减少改革的阻力，有利于基础养老金全国统筹的实现。

6.3.2 增强制度设计的激励性因素

一方面，应密切缴费年限与待遇领取的联系。中国退休年龄过低已是公认的事实，随着受教育年限的普遍增加进一步缩短了劳动者的社会保险缴费年限。加上，中国对于领取待遇的最低缴费年限规定过短，仅为15年。这些因素都导致了参保缴费与待遇领取周期不匹配。以2013年为例，全国平均缴费年限为25.8年，离欧美国家普遍实行的35年以上的要求还有很大差距，尤其是在非正规部门的参保人群中普遍存在缴满15年等待领取养老金的参保心态以及临近退休趸缴的情况。因而，密切养老保险缴费与待遇领取之间的联系，增强对缴费的制度激励性，对于提高中国养老保险基金的收入是十分迫切和必要的。

另一方面，完善个人账户记账利率调整机制。在基本养老保险采取“小统筹+大个人名义账户”的模式下，参保者养老金收益水平与个人账户记账利率有着密切联系，因此应注重对此加以完善。政府行政指令式的记账利率调整方式必然带来代际之间的收益水平不公，同时也会影响参保者对基础养老金待遇水平的合理预期，降低社会公众对制度的信心。由于名义账户制实际上与现收现付制一样，获得的是“生物回报率”，为了使制度具有内在的可持续性，故应建立基于“生物回报率”的自动记账利率调整机制。具体而言，应基于人口生命预期、经济增长率、通货膨胀率以及基金收支平衡情况等指标建立个人账户收益率自动调整机制，使不同代的人们按照共同的一套规则共享利益和共担风险。此外，尽管名义账户制不需要转制成本，但是厘清既往的统筹养老金转制成本以及参保者的待遇支付问题，对于合理确定新的“小统筹+个人名义账户”的权责是十分必要的，这一方面有利于剥离既有的制度遗留问题对于新的制度模式的侵蚀，另一方面便于新的制度模式根据收支平衡原则维持自身的可持续发展。

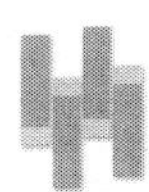

6.3.3　建立非缴费型最低养老金制度

一方面，建立非缴费型最低养老金制度是由多支柱养老金自身特点所决定的。在多支柱养老金体系中，第二、第三支柱私营养老金注重对效率的追求，甚至在第一支柱内部，由于“小统筹+大个人名义账户”的引入也增加了效率性因素，使统筹养老金范畴大幅缩小，削弱了收入再分配功能，从而难免使低收入老年群体陷入生存困境。另一方面，建立非缴费型最低养老金制度也是由当前中国养老金体系发展的现实情况决定的。截至2017年底，尽管中国基本养老保险覆盖人数已达到9.15亿人，然而仍有近2亿人尚未参加基本养老保险。加之，城乡居民非缴费型退休金水平总体较低，又存在着大量参保中断缴费现象，对老年群体的底线保障仍很薄弱，故老年贫困发生率仍很高（见4.3.1节）。

因此，为了进一步完善中国多支柱养老金体系，消除老年群体的生存危机，需要政府提供以财政托底的非缴费型最低养老金制度。当前中国非缴费型养老金制度还未正式建立和实施，只是大约有一半多的省份建立了针对困难老人和高龄老人的老年津贴制度，存在着缺乏国家层面的统筹规划，地区政策差异大，制度定位不清，大部分地区保障水平低、保障年龄过高、覆盖面狭窄等问题，形成了地区之间、老龄群体之间新的不公平。因此，应在中央政府统筹规划和监管体系下，各个省份结合本地的实际生活水平和物价水平，并综合考虑到对劳动力自由流动的影响等因素，构建非缴费型最低养老金制度。其中，对于已建立高龄老年津贴制度的地区可在此基础上改革成非缴费型养老金制度，而在没有建立老龄津贴制度的地区应加快其构建。

考虑到当前中国财政负担能力，对于城镇退休职工可以基于退休金水平实施累退性的收益补贴机制。也就是说，对于在一定水平之下的退休金收益随着退休金收益额提高给予的补贴逐渐减少的累退补贴方式。对于达到退休年龄的城乡老年居民，可以采取基于退休金收益+家庭资产核查方式给予非缴费型最低养老金津贴。当前构建的最低养老金方案仍是收入核查型的，但基于其具有的底线保障的目标，制度的覆盖率水平定得高些，并随着国家财政负担能力的提高而逐渐变成普惠性质的最低养老金制度。

6.4 本章小结

本章首先利用中国工业企业面板数据回归得出企业的劳动报酬弹性系数和固定资本报酬弹性系数，进而根据收入法、企业增加值的计算方法分别测算出中国企业最大的社会保险和养老保险缴费能力。结果显示，全国最大社会保险缴费负担率是26.2%，养老保险缴费率是17.5%。尽管总体来看与中国当前法定社会保险和养老保险缴费率差别不是太大，但全国最大保险缴费负担能力主要是由东部地区及股份有限公司拉动起来的。中、西部地区、外资企业、国有企业以及私营企业都与当前中国法定社会保险27.25%~30%和养老保险19%~20%的缴费率水平有较大差距。过高的企业保险缴费率不仅影响了企业公平发展，也影响了养老金制度自身的公平与效率。

其次，在分别假定企业缴费率为20%和10%的情况下，对比企业将全部缴费划入统筹基金和个人账户所取得的退休金收益差别。结果发现，在年均投资收益率仅为3%的情况下，企业划入个人账户10%的缴费率，职工代表从个人账户获得的总收益额甚至大于企业向统筹基金缴费20%时职工代表所获得的统筹养老金总收益额。原因在于个人账户制度使企业和个人养老缴费的所有权更加明晰，降低了养老金分配不公及制度的效率损失。可见，通过对公共养老金制度进行变革，在不降低养老金收益水平的前提下也可以降低企业缴费率。

再次，由于做实“个人账户”面临巨大的现实困难，可以采取“名义账户”制的方式变革当前养老金制度。与基金制个人账户相似，名义账户制也具有明确的保险缴费所有权，既有利于提高制度的公平、效率，也可以降低制度的政治风险。此外，名义账户制通过获得“生物回报率”可以与基金制私营养老金投资方式优化组合，达到分散风险的目的，还可以对一国的储蓄率起到调节的作用。

最后，基于本章分析，提出了中国城镇职工基本养老保险采取“小统筹+大个人名义账户”模式。而企业养老保险缴费率只需要达到12%~14%

的水平即可保持当前第一支柱的养老金替代率水平，其中企业需将缴费额10%划入职工个人账户，另外2%～4%的缴费额进入统筹账户。同时，对该制度模式辅之以完善基本养老保险费用征缴体制，完善个人账户记账利率调整机制以及加强公共养老金安全网建设等配套措施。

第7章 中国多支柱养老金结构优化：私营养老金发展

在公共养老金制度内部结构得到调整的情况下，本章主要探讨中国私营养老金制度构建问题。通过对家庭人均私营养老金缴费能力进行测算发现，当前中国居民个人存在较大的缴费能力。通过情景模拟分析法，对个人养老金账户和个人银行储蓄存款的收益率进行比较，发现个人养老金计划以及具有类似性质的企业年金计划具有更高的效率。基于此，提出中国发展私营养老金的总体方案及其相关政策建议。

7.1 中国居民个人参与私营养老金的可行性分析

当前，在中国大力发展私营养老金的可行性主要体现在两方面：一是居民个人具有较强的私营养老金缴费能力；二是私营养老金的收益性比通过长期银行储蓄的方式积累养老金具有更高的收益性。

7.1.1 居民个人具有较强的私营养老金缴费能力

7.1.1.1 回归模型及数据来源

本节数据来源于2014年中国家庭追踪调查（CFPS）。首先通过WLS一元回归法得出家庭人均消费性支出占人均收入的比例，进而在此基础上测算出个

人的最大私营养老金缴费比例和缴费额，以此来考察中国个人的私营养老金缴费能力。个人是否具有保险缴费能力是制约私营养老金发展的根本因素。因此，笔者对个人的最大私营养老金缴费能力进行测算分析。假定个人为了追求生命周期效用最大化，将其工作期的收入分为两部分，一部分收入用于工作期消费，剩余部分进行储蓄，在老年时进行消费。因此，可将个人工作期的收入除了即期消费外剩余部分全部用来参与私营养老保险缴费，以此作为个人私营养老保险缴费上限。如果个人工作期收入为 y，工作期消费为 C，个人的边际消费倾向为 c，不变消费为 C_0，则

$$C = C_0 + c \times y \tag{7-1}$$

假设养老金缴费额为 p，则可得个人私营养老金最大缴费比率：

$$p/y_i = (y_i - c_i)/y_i = 1 - c - C_0/y_i \tag{7-2}$$

本书使用的是 2014 年中国家庭追踪调查（CFPS）数据。CFPS 是由北京大学中国社会科学调查中心实施的具有全国代表性的大型微观入户调查数据。2014 年 CFPS 调查样本覆盖了全国 28 个省不同地区的 14798 个家庭户，① 其分层多阶段抽样设计使得样本能够代表大约 95% 的中国人口。② 本书以家庭为样本单位，选取一年期家庭人均消费性支出作为被解释变量，家庭人均收入作为解释变量。家庭消费包括食品、衣着、家庭耐用品、日常用品及服务、出行、通信、居住、文娱休闲、教育和医疗等各项支出。家庭人均收入指包括家庭农业生产纯收入、个体经营或开办私营企业的利润收入、所有家庭成员的工资性收入、出租和出卖财物所得收入、存款利息、投资金融产品收入、政府各项补贴和救济收入等所有收入的平均值。由于此处旨在考察收入与消费性支出的关系，故未对数据做对数化处理。考虑到数据的稳健性，笔者除了剔除必要的缺失值之外，也对数据做了离群值和缩尾处理③，故在 2014 年 CFPS 的 14219 个家庭原始样本数据中共得到 12111 个有效样本。本书拟分城乡、地区和不同收

① CFPS 没有覆盖西藏、青海、海南、香港、澳门、台湾等地区，其中新疆、宁夏、内蒙古只含有极少样本数。

② 马光荣，周广肃．新型农村养老保险对家庭储蓄的影响：基于 CFPS 数据的研究［J］．经济研究．2014（11）．

③ 将家庭年人均支出小于 400 元、家庭年人均收入小于 500 元的数据、家庭人均支出大于家庭人均收入两倍以上、家庭人均收入大于家庭人均支出 6 倍以上作为离群值处理，并对数据右侧进行 1% 缩尾处理。

入水平分别考察人均可支配收入对人均消费性支出的影响。[①] 具体统计结果如表 7 - 1 所示。

表 7 - 1　　城乡家庭个体变量的描述性统计

类别	变量名称	观测值（人）	占总样本比	最大值（元）	最小值（元）	均值（元）	标准差（元）
全国	*C*	12111	1.000	533333	429	11720	14686
	y	12111	1.000	666667	500	16692	21125
城市	*C*	6019	0.497	533333	500	14923	17770
	y	6019	0.497	666667	545	21420	26183
农村	*C*	5988	0.494	188000	429	8469	9625
	Y	5988	0.494	200000	500	11890	12572
东部	*C*	4732	0.391	533333	500	15097	18471
	y	4732	0.391	666667	500	21900	27153
中部	*C*	4241	0.350	150000	431	9973	10370
	y	4241	0.350	375000	545	14193	14862
西部	*C*	3134	0.259	300000	429	8958	11949
	y	3134	0.259	400000	500	12193	15572
低收入	*C*	2639	0.218	12000	429	3148	1851
	y	2639	0.218	5000	500	3321	1342
中收入	*C*	5055	0.417	36667	1013	7695	4086
	y	5055	0.417	15000	5017	9944	2839
高收入	*C*	4417	0.365	533333	2800	21446	20329
	y	4417	0.365	666667	15033	32403	28419

注：*C* 表示家庭人均年消费性支出，*y* 表示家庭人均年可支配收入，D_2C、D_2y 分别表示购买商业保险的家庭人均消费性支出和人均可支配收入。

7.1.1.2　回归结果分析

由表 7 - 1 的分类可以看出共形成 9 个一元回归模型。经过怀特检验，所

① 本书根据各省经济发展水平划分东、中、西部地区，其中东部地区包括北京、天津、辽宁、上海、江苏、浙江、广东、山东、福建；中部地区包括山西、吉林、黑龙江、河南、湖北、湖南、安徽、江西、河北；西部地区包括重庆、四川、贵州、云南、陕西、甘肃、广西、内蒙古、宁夏、新疆。收入水平的划分是将家庭人均年收入小于或等于 5000 元的归为低收入组，大于 5000 元小于 15000 元的分为中等收入组，大于 15000 元的归为高收入组。

有的回归模型都存在异方差，因而采用传统的 OLS 回归会导致估计的有效性降低。由于 CFPS 的样本量较大，加之本书对回归结果的精度有一定要求，故采用加权最小二乘法（WLS）对异方差加以修正。通过表 7－2 回归结果可知，在 9 个回归模型中，家庭人均收入及常数项都在 99% 的显著性水平下对家庭人均消费产生影响。从 R^2 来看，除了中、高收入家庭 R^2 值较低以外，其他回归模型拟合效果相对较好，可见家庭人均收入对家庭人均支出解释力较强。从回归结果来看，在全国范围内，收入每增加一元，消费水平将增加 0.68 元，不变消费增加 710 元。除了低收入群体、西部地区外，其他类型不变消费 C_0 都要大于全国水平；边际消费系数在低、中、高收入家庭中明显体现了随着收入水平的增加边际消费递减倾向。但城市相对于农村、东部地区相对中部地区并没有呈现出边际消费递减倾向，但西部地区边际消费却明显高于东部、中部地区。

表 7－2　　家庭人均消费性支出与收入回归分析

类别	c	C_0	R^2	c 的 95% 置信区间	C_0 的 95% 置信区间
全国	0.680*** (164.18)	710.4*** (28.98)	0.690	(0.671, 0.688)	(662.3, 758.4)
城市	0.678*** (118.74)	853.7*** (17.88)	0.701	(0.666, 0.689)	(760.1, 947.2)
农村	0.671*** (104.78)	687.2*** (22.76)	0.647	(0.659, 0.684)	(628.0, 746.4)
东部	0.668*** (106.39)	916.4*** (18.20)	0.705	(0.655, 0.680)	(817.7, 1015.0)
中部	0.666*** (89.46)	786.6*** (18.26)	0.654	(0.651, 0.680)	(702.2, 871.1)
西部	0.704*** (81.51)	536.4*** (13.79)	0.680	(0.687, 0.721)	(460.2, 612.7)
低收入	0.849*** (53.53)	339.3*** (8.92)	0.521	(0.817, 0.879)	(264.7, 413.9)
中收入	0.672*** (38.56)	1015.1*** (6.45)	0.227	(0.638, 0.706)	(706.5, 1323.6)

续表

类别	c	C_0	R^2	c 的95%置信区间	C_0的95%置信区间
高收入	0.622*** (48.97)	1470.8*** (4.61)	0.352	(0.597, 0.647)	(845.6, 2096.0)

注：* $p < 0.1$，** $p < 0.05$，*** $p < 0.01$. 括号中的数值为 t 统计量。

7.1.1.3 家庭人均最大私营养老金缴费能力测算

通过（7－2）式及回归模型相关参数便可测算出家庭人均最大养老保险缴费能力。通过表7－3的测算结果可知，全国家庭人均私营养老金最大缴费占家庭人均年收入总额的27.7%，其中城市、中部地区、东部地区、高收入家庭缴费能力要高于全国平均水平；中等收入家庭、农村、西部地区的缴费能力都高于20%的缴费率。而占总样本21.8%的低收入家庭人均最大养老保险缴费能力是4.9%，可见其私营养老金缴费能力相对较弱。也就是说，从家庭收入角度而言，全国仍有高达78.2%的家庭有能力为每个家庭成员缴费私营养老保险费。然而通过CFPS数据可知，在13946个总样本中，其中缴纳商业保险的家庭仅有2984个家庭，占总样本的21.4%，而且在CFPS数据中所定义的商业保险不仅包括商业人寿，而且也涵盖商业医疗、汽车险和房屋财产保险等。① 可见，中国私营养老金发展仍有很大的提高潜力。

表7－3　　家庭人均最大养老保险缴费预测

类别	预测缴费率	预测缴费率区间	预测缴费值（元）	预测缴费值区间（元）
全国	0.277	(0.267, 0.289)	4631	(4450, 4829)
城市	0.282	(0.267, 0.299)	6044	(5714, 6394)
农村	0.271	(0.253, 0.288)	3225	(3011, 3426)
东部	0.290	(0.274, 0.308)	6354	(5993, 6738)
中部	0.279	(0.259, 0.300)	3954	(3671, 4251)
西部	0.252	(0.229, 0.275)	3073	(2789, 3356)

① 见2014年CFPS调查问卷家庭支出部分。

续表

类别	预测缴费率	预测缴费率区间	预测缴费值（元）	预测缴费值区间（元）
低收入	0.049	(−0.004, 0.103)	162	(−12, 343)
中收入	0.226	(0.161, 0.291)	2247	(1600, 2893)
高收入	0.333	(0.288, 0.377)	10778	(9342, 12213)

注：根据表 7.1 不同类别均值作为 y，测算得出。

由于商业养老保险及个人账户等私营养老金并不完全类似公共养老金、企业年金制度依照个人收入的一定比例缴费，而通常表现为固定缴费额的形式。因而，笔者也根据 CFPS 数据不同类别群体的收入平均值测算出私营养老金的缴费值和相应的缴费区间。如表 7－3 所示，在 2014 年的经济发展水平情况下，全国总体上家庭人均私营养老金最大缴费可以达到 4631 元的水平，城市、东部地区、高收入家庭缴费水平在 6000～11000 元之间；中等收入家庭、农村地区、中部地区、西部地区的缴费水平则介于 2000～4000 元之间；低收入家庭人均最大缴费能力只有 162 元。

7.1.1.4　相关结论

总体可见，居民个人私营养老金缴费潜力较大。由上文分析可知，除了低收入家庭以外，中国 3/4 以上家庭都有很大的私营养老金缴费能力，其中人均最大缴费水平占家庭人均收入 20% 以上，以 2014 年不同类型家庭收入平均值为参照，缴费金额都在 2000 元以上。而且随着经济发展水平的提高，个人的缴费能力将得到进一步增强。从区域角度而言，城市的缴费能力高于农村，东、中、西部地区缴费能力也呈现依次递减趋势。

从中国历年来城乡人均消费性支出占人均可支配收入比例的变化趋势来看（见图 7－1 和图 7－2），尽管 1980—2012 年城镇和农村居民人均消费性支出占人均可支配性收入的比率都经历了一定程度波动，但总体上都呈现出下降趋势，其中城镇从 1980 年的 0.86 逐步下降到 2012 年的 0.67，农村从 1980 年的 0.85 下降到 2012 年的 0.74。可见，中国公民个人不仅当前私营养老金缴费能力较强，而且也具有持续缴费能力，能够满足私营养老金需要长期持续性缴费的要求。

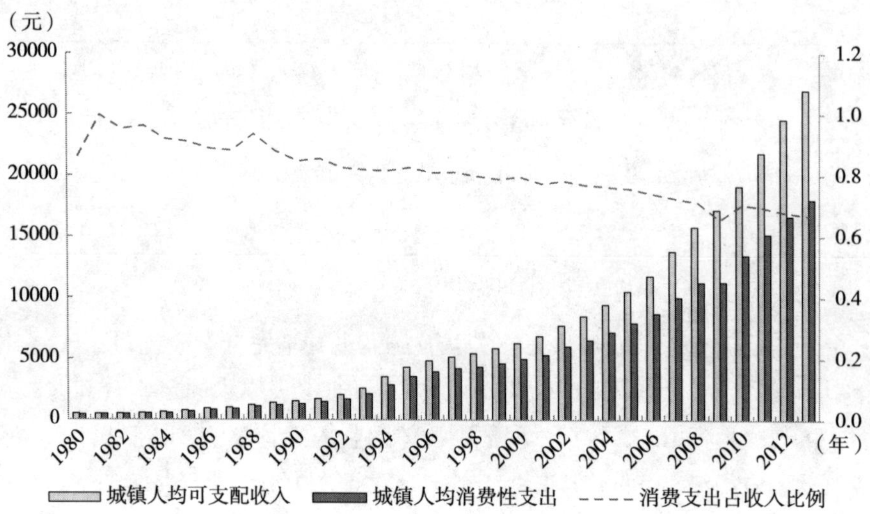

图 7－1　中国历年城镇人均消费性支出占城镇人均可支配收入比例

资料来源：历年《中国统计年鉴》，由于 2012 年以后的相关数据采用新的统计口径，故没有计算在内。

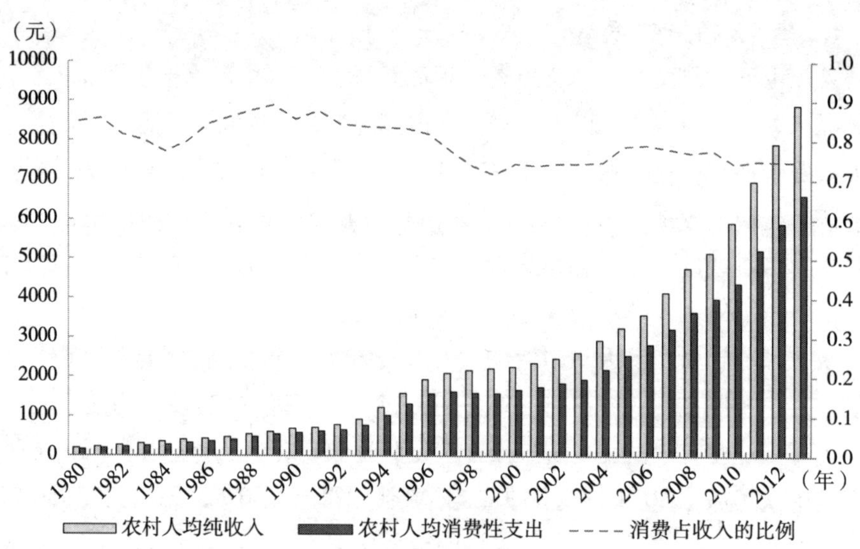

图 7－2　中国历年农村人均消费性支出占农村人均纯收入比例

资料来源：历年《中国统计年鉴》，由于 2012 年以后的相关数据采用新的统计口径，故没有计算在内。

7.1.2　相比于银行储蓄私营养老金收益水平更高

7.1.2.1　个人养老金账户收益测算相关假定

如前文所述，私营养老金主要包括企业发起的企业年金以及个人自主参加的养老储蓄计划、个人账户养老金等。企业年金计划与实账制基础养老金个人账户在所有者权益和投资收益方面具有类似性质，第6章已经对此有类似预测。因此，本章仅就当前在中国尚未真正存在的个人养老金计划的账户收益情况进行预测，结果发现其收益水平要远大于居民银行储蓄存款收益，故得出将居民银行储蓄存款转化为个人养老储蓄计划的结论。

尽管当前中国个人养老金计划还没有真正落地，但由于其并非是针对职业群体的养老金制度，很难按照工资的一定比例来缴费，而且考虑到与城乡居民养老保险制度的对接，更适宜采用固定金额制缴费方式，而且这也符合国际通行的做法。所谓金额制指的是不论参加者收入水平高低，都设定统一的税收优惠额度，避免了工资比例制税收优惠形式对高收入者的倾斜，因而更加公平。[①] 7.1.3节已测算出家庭人均最大私营养老金缴费能力，在此笔者假定家庭人均最大缴费能力的一半金额作为个人的适宜缴费水平，以此为参照结合上述不同地区和收入家庭的最大缴费能力因素，将缴费区间设置为[1000，6000]，每档缴费金额之差为1000元，所以共计有6档。通常来讲，个人养老金计划投资产品种类更加丰富和灵活，收益率会更高，收益水平波动也较大。笔者根据2006年1月至2016年1月的上证综指月度数据计算出中国最近10年来股票投资年均收益率是12.73%[②]，结合6.2.2.3节企业年金、社会保障基金投资收益率以及近年来银行储蓄存款利率，并考虑到新常态下经济下行趋势，假定个人养老金计划投资收益率在［2%，10%］之间均匀分布。因此，参保者的本息总额也就变成养老金投资收益率是随机分布的预付年金终值，可按照预付年金终值计算公式对此加以计算。笔者采用

---

① 董克用，姚余栋．中国养老金融发展报告（2017）［M］．北京：社会科学文献出版社．2017：61.

② 郑秉文．中国养老金发展报告（2016）［M］．北京：经济管理出版社，2016：145，经笔者计算得出。

Crystal Ball 软件，通过 1 万次模拟，测算出平均缴费额。

7.1.2.2 个人养老金账户收益水平分析

总体上，个人养老金账户经过长期的投资都能获得颇为丰厚的投资收益水平，随着缴费金额和缴费年限的增加收益水平也就越大。如表 7－4 所示，即使在年缴费额是 1000 元，缴费年限为 25 年的情况下，参保者在达到退休年龄时将积累 62000 余元的本息收益额；随着缴费年限的增加和缴费额度的提高，参保者退休时点所积累的本息总额也会更高，甚至在年均缴费额为 6000 元，缴费 35 年时，参保者将获得多达 81000 余元的本息收益，是所缴纳本金的 3.89 倍，这将在很大程度上弥补退休者养老金收益水平。

个人养老金账户显然要比银行储蓄养老方式带来高得多的收益水平。如果通过银行存款方式，每年年初存款 1000 元，连续存款 25 年，即使在年存款利率达到 5% 的水平时，25 年后所获得的本息总额也只有 50113 元，要低于个人养老金账户收益额近 20 个百分点。而在年均缴费额为 6000 元，缴费 35 年时，仍在 5% 的年利率水平下，将获得 569018 的本息额，比通过个人账户投资方式少获得近 25 万元收益，低于个人养老金账户收益额约 30 个百分点。而且随着经济发展下行，银行存款利率持续下滑，银行长期存款利率甚至出现“倒挂”的现象，实际利率水平要远低于 5%，显然通过建立个人养老金账户进行专业化、长期性投资将会获得高得多的效益水平。

表 7－4　　个人养老金账户退休时点收益额测算

缴费档次	年度缴费额（元）	缴费年限（年）	退休本息总额（元）	平均值标准误差（元）
一档	1000	25	62034	214.5
		30	92888	398.0
		35	136862	686.6
二档	2000	25	124609	428.0
		30	185484	786.0
		35	272358	1381.9
三档	3000	25	187396	642.6
		30	276688	1176.0
		35	409714	2079.8

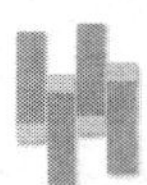

续表

缴费档次	年度缴费额（元）	缴费年限（年）	退休本息总额（元）	平均值标准误差（元）
四档	4000	25	247838	857.2
		30	369101	1576.2
		35	549527	2781.0
五档	5000	25	125000	1067.5
		30	461659	1973.0
		35	678079	3434.6
六档	6000	25	375786	1289.0
		30	554734	2343.0
		35	816796	4177.0

7.2　中国私营养老金发展的总体规划

从 2004 年算起，中国企业年金制度经过 10 多年来的试行发展，已经建立了比较完备的制度架构和市场运作规范。2017 年 12 月中国《企业年金办法》出台，企业年金制度从“试行”步入“正式”阶段，制度层面变得更加完善。然而，导致中国企业年金制度难以发挥“支柱”作用有两方面主要原因：一是覆盖率水平低；二是企业年金缴费水平较低。因而，为了充分发挥企业年金制度的“支柱”作用，仍需对其加以完善。此外，在当前中国私营养老金计划中政府税延型个人养老金计划还并没有真正出台，因而需对其进行制度构建。

7.2.1　实施“自动加入”企业年金计划

在经济进入新常态的情况下，企业年金的发展开始放缓。2016 年底，年度新建企业年金计划的企业 844 家，增速约为 1%，创 2010 年以来新低。受此影响，参加年金计划员工人数停留在 2300 万，增速下降至 0.37%，预计未来几年内，新增企业年金的企业个数和员工数量增速将进一步放缓。[①] 在此背景

① 董克用，姚余栋．中国养老金融发展报告［M］．北京：社会科学文献出版社．2017：94.

下，政府应该通过相应的政策鼓励，积极促进企业年金的发展。

（1）当前应以社保降费为契机，实施“自动加入”企业年金计划。由于纯粹的自愿性养老金计划会使个体产生不愿进行养老储蓄的风险，使私营养老金覆盖率很难提高。而采取强制性缴费措施尽管可以快速地提高养老金覆盖率，但却存在诸多弊端，如影响企业的扩大再生产和投资，加重企业负担；影响个体的当期消费或投资，而对于个体而言可能当期投资或消费要比养老储蓄的效用更高，如个人可能将一定数量的资金用来养育和教育孩子以及进行理财投资和创业等。为了避免两者的弊端可以考虑采取“自动加入计划”，即需要申请退出企业年金计划而不是申请加入该计划，这样既可以提高私营养老金的参与率，又可以保留个体的自由选择权。故当前中国可以社保降费为契机，通过“自动加入机制”使企业和个人参与到企业年金制度中来。

对此，政府需要制定企业年金“自动加入”计划相关的法律法规，要求规模以上的企业为其员工提供“自动加入”企业年金计划。实施步骤可以从规模以上的大企业开始到中小型企业逐步扩展，如针对不同资产规模和雇员数量的企业制定不同的履行“自动加入”义务的时间表。对于雇员而言，对于符合一定的条件要求的，如年龄达到22岁及以上，年收入在50000元及以上（可以随时间进行调整），并未参加其他职业养老金计划等应直接纳入到“自动加入”计划中。

（2）“自动加入计划”的相关配套措施。“自动加入计划”通常要求企业员工在“不作为”的情况下即已成为企业年金计划的参与者，甚至为了鼓励企业尽早实施“自动加入”计划，政府也需要积极为企业提供相应的便利条件。因而，需要制定“自动加入”计划的相关配套措施。

第一，需要成立全国统一的具有自治性质并接受政府监管的非营利性组织——国家职业年金管理机构，提供种类多样的DC型养老金计划，并对所有的雇主和雇员开放，这将非常有利于中小企业雇主和雇员加入到企业年金计划中，并且也应该允许在雇员所在的企业没有在国家职业年金管理机构开设企业年金计划时，雇员可以自主选择加入，事实上这也构成打通企业年金和个人养老金计划的一种方式。

第二，为了简化员工个人参与程序，“自动加入”计划需要雇主预设默认缴费率和默认投资组合。就缴费率而言，比如在员工加入该计划初始可设定企

业和个人分别按照工资的 3% 比例缴费，随着时间的推移，可以采取缴费自动升级计划，分别提高企业和个人的缴费比例，但是企业和员工个人也可以根据实际情况申请降低缴费比例，并且也要考虑个人缴费额与政府税收优惠比例的协调性问题。就默认投资组合而言，是指在员工不对企业年金账户的投资自主做出选择的时候，由企业或者国家职业年金管理机构根据人的生命周期发展特征设置稳健型的基金投资选择组合对员工个人账户资金进行投资。这很大程度上解决了在年金计划引入初期，职工可能因缺少相应的投资知识，主动参与意愿也不强以及员工个人没有时间和精力对个人账户基金做出投资选择等问题。此外，由于企业年金的私有属性，同时也为了激发个人参与的自主性，在设置默认投资组合的情况下，也应该针对有意愿对个人养老金账户进行自主投资的员工个人，逐步放开个人的投资选择权。但为了避免个人因投资不善而带来的巨大风险损失，个人的投资选择权在短期内应该是有限的。

第三，建立企业年金与个人账户养老金计划之间的自由转换机制。当前政府税延型个人账户养老金计划尚未出台，但在企业年金计划改革中应该考虑到企业年金个人账户与个人养老金计划账户之间的相互转移问题。如一方面，鼓励没有实力为员工提供企业年金计划的小型和微型企业通过为员工参与个人养老金计划提供部分补贴和资助的方式，从而提高私营养老金参与率。有能力为员工建立企业年金计划的企业可将个人养老金计划转为企业年金计划。另一方面，当企业员工离职，特别是对于回乡务农、自主创业等并确定以后不再进入企业工作的人员，可将以往参加的企业年金制度转为个人养老金计划。因此，为了便于企业年金和个人养老金账户之间的有效对接，不仅需要保持两者在制度设计和实施方面具有某种程度的一致性，也需要将国家职业年金管理机构与个人账户养老金信息管理平台（见 7.2.2.1 节所述）实现信息共享与对接。

7.2.2　中国个人养老金计划构建的方案

7.2.2.1　个人养老金计划方案设计

针对未被企业年金所覆盖的就业人员以及非就业群体实施个人养老金计划，形成第三支柱。第三支柱个人养老金制度设计的核心是账户制，因而围绕着账户建立、运作和领取三个阶段确立制度架构。

（1）在账户设立阶段。个人按照自愿原则以公安机关颁发的居民身份证为登记识别信息向符合条件的账户管理机构，如商业银行或证券公司开设个人养老金账户。同时在全国范围内建立个人养老金账户的信息平台，账户管理机构将个人相关信息上传到该平台信息系统中，税务系统可从中获得个人的相关信息，进而核算个人养老金账户中的免税额合计是否已经超过规定的总额上限。账户管理机构负责为个人提供缴费信息、相关查询服务、产品运作信息、退保、到期给付等。

（2）账户运作阶段。由证券、保险和银行监管部门分别负责基金产品、保险产品、储蓄及理财产品的准入审核，建立统一的养老金融产品池。同时将产品池与个人账户对接，参加者根据偏好与需求在该产品池内选择相应产品进行投资。同时，引入默认投资工具，如果参加者没有主动选择，则可以将资金转入默认投资产品。同时，在整个账户运作期间的信息，如缴费、交易以及投资收益等都需要上传到个人养老金账户的信息平台系统，以便税务机构及时掌握相关情况，为税收优惠和延迟征税提供依据。

（3）账户领取阶段。个人达到领取年龄，账户管理系统根据税务部门提供的参保人应计纳税额度代扣代缴，并为参保者提供灵活的养老金发放服务，同时账户管理机构也为参保者提供退保、个人账户转移接续以及其他相应服务。此外，为了确保个人养老储蓄目的，除了政策规定的特别提款条件，个人账户资金只能在账户所有人达到法定退休年龄后才能领取，并设定退休后相对灵活的领取方式。

7.2.2.2 建立最低收益担保机制

私营养老金制度通过市场投资运营获得收益，在提高养老金效率的同时也伴随着较大的风险。为避免退休者晚年生活水平受到大幅降低，可以参照智利的做法，由政府为私营养老金参与者建立最低收益担保机制。具体而言，政府可以通过相关法规要求基金管理公司必须对计划参与者保证最低投资收益率，如不低于所有基金管理公司平均回报率的50%或者不得比所有基金公私过去12个月平均收益率低2个百分点等等。同时，政府要求基金管理公司建立现金准备金和收益波动准备金以用来向计划参与者确保最低投资收益率。其中，一定数额的现金准备金（如所管理的全部养老基金的1%）是每个基金管理公司依照相关法规自行筹措的；收益波动准备金主要来自于基金管理公司的养老

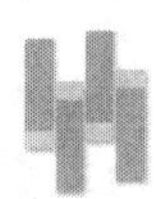

投资收益额高于前 12 个月平均投资收益率 2 个百分点以上部分的提取额，这样可以使计划参与者的养老金收益在一定程度内实现风险分散和收益共享。此外，对于基金管理公司通过动用现金准备金和收益波动准备金仍不能为计划参与者提供最低收益率的情况，政府应通过财政预留基金予以最后担保，并对基金管理公司实行破产清算，以提高基金管理公司的竞争与效率。

7.3　促进私营养老金发展的相关政策建议

结合促进私营养老金发展的总体规划，并基于多支柱养老金发展的相关理论、中国私营养老金发展现状以及 OECD 国家发展私营养老金的经验，笔者提出以下五个方面政策建议。

7.3.1　通过税收优惠政策提升公众对私营养老金的需求

中国企业年金制度发展缓慢的一个重要原因在于税收优惠政策发展滞后。2013 年底，《关于企业年金职业年金个人所得税有关问题的通知》的出台标志着中国企业年金和职业年金采取 EET 税收优惠模式。该税收优惠模式在缴费阶段对一定缴费比例（额度）免税。根据该制度规定，在缴费阶段只给予个人缴费工资计税基数 4% 的税收减免额，要远低于多数 OECD 国家在缴费阶段的税收减免额度，对于提高个人职业养老保险缴费额造成很大限制。加上，中国目前个人所得税扣缴群体规模尚小，一般城乡工薪群体并不在其中，因而税收优惠政策所起到的激励性不强。

至于第三支柱，当前税收递延型商业养老保险正处于地区试点阶段，个人养老金计划，截至当前中国还没有出台相关税收优惠政策。与企业年金和职业年金计划相比，个人养老金计划覆盖的人群更广泛，几乎全部劳动年龄人口都囊括在内，同时覆盖人群也更具多样性，包括非正规就业、灵活就业人员甚至非就业人员。个人养老金计划所面对的人群收入通常具有非常规性和非固定性特点，甚至一些低收入群体的收入额达不到个人所得税的起征点。因而，在缴费环节对其进行税收减免可操作性差，而且个人养老金计划对于没有就业收入

的群体吸引力也不大。

因此，为了激励居民个人积极参加个人养老金计划，可以采取TEE+匹配缴费模式，即在缴费环节根据缴费额给予一定的退税或者匹配缴费。并且如上文所述（见7.2.1节）缴费方式可以采取与城乡养老保险类似的金额制。特别是面向低收入群体，一些OECD国家通常采取有针对性固定比例补贴和匹配缴费来促进其参加私营养老金计划①，中国也可以采取类似做法。

7.3.2 满足社会公众多样化的养老保障需求

私营养老金实质是在个人自愿基础上，根据自身养老需求和风险偏好，自主进行的养老储蓄计划。多样化的养老金计划和养老金融产品可以满足不同群体的需要，产生更大的制度吸引力和灵活性。

首先，丰富私营养老金计划种类。自2004年中国正式建立企业年金制度以来，中国企业年金计划种类一直比较单一。2016年第一季度中国建立企业年金计划1459个，其中单一计划有1384个，占94.86%，而集合计划和其他计划分别只有55个和20个。企业年金计划种类不丰富的状况使得很多企业（特别是中小企业）既无法自己单独建立一个企业年金计划，又难以找到适合自身需要的计划类型，只能选择放弃，成为制约中国企业年金发展的一个重要因素。② 同样，对于个人养老金计划也需针对不同人群设计种类多样的养老金计划类型，当前在中国个人养老金仍主要是契约型的寿险产品，主要由人寿保险公司提供，产品形式较为单一。现阶段中国信托机构和基金公司几乎未涉及个人养老金计划业务，信托型个人养老金产品很少存在。

其次，拓宽私营养老金投资渠道。多元化投资是养老金保值增值的有效保障。当前中国企业年金市场化投资仍处于起步阶段，基金投资受限较为严格，投资品种主要集中在一、二级市场债券、股票、公募基金等传统领域；投资范围较窄，仅限于境内投资，无法进行资产的国别配置，导致了投资系统性风险

① OECD Pensions Outlook 2016. 2016: 11. [2018-03-11]. https://www.keepeek.com//Digital-Asset-Management/oecd/finance-and-investment/oecd-pensions-outlook-2016_pens_outlook-2016-en#.WqdC4y_4SKI#page3.

② 郑秉文. 中国养老金发展报告（2016）[M]. 北京：经济管理出版社. 2016：339.

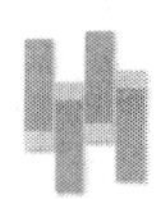

增大，收益受到相应制约。鉴于企业年金和个人养老金计划基金来源稳定，资产规模较大，投资周期较长，安全性要求较高等特点，可以考虑扩宽企业年金投资品种，全面开放企业年金股权投资和不动产投资，允许企业年金直接投资资产证券化产品，进一步放开企业年金参与到金融衍生品交易，形成多元化投资策略。当前在中国个人养老金计划设计中也应注重扩展投资渠道。具体而言，应将银行、基金、保险、股票、信托、债券等多类养老金融产品纳入到选择范围内。

最后，放开个人投资选择权。年金计划实施个人投资选择权是国际通行做法。中国企业年金制度自建立以来一直对个人投资权未做明确规定，在实际运作过程中，企业年金基金的投资运营决策和选择权大都由企业代表个人行使。① 在职工自主投资选择权缺失的情况下，企业在很大程度上承担了职工参与投资运营的权利和风险责任。企业为了避免风险，投资决策会偏于保守进而影响投资收益，并且企业对于投资机构的收益考核也趋于短期化，造成了投资行为的扭曲。特别是随着第三支柱个人养老金计划的建立，依据产权性质个人投资自主选择权乃是制度应有之义，这也将有利于逐渐激发公众的参与热情。考虑到中国资本市场的成熟度还不高，应采取渐进性开放个人投资选择权策略。

7.3.3　完善私营养老金的投资监管

首先，明确私营养老金制度的监管框架。为了对具备资格的金融机构实施同等效力的监管，必须加强不同领域的监管机构间的沟通与协作，因此可以考虑建立一个更高层次、更具权威性、专门的企业年金监管机构，建立企业年金监管联席会议制度，搭建信息共享平台。② 此外也需要积极培育金融保险行业的自我约束机制和行业自律组织，通过高信誉的独立中介机构形成对金融保险业的监管。

其次，构建合理的市场准入与退出机制。由于私营养老金作为中国多支柱养老金制度的重要组成部分，肩负着重大的社会责任和民生使命。设立市场准

① 郑秉文．中国养老金发展报告（2016）［M］．北京：经济管理出版社．2016：343.

② 束丹．中国企业年金监管体制探讨［J］．中国市场．2014（12）.

入标准可以使受托人在资格认证合格的市场参与群体中挑选管理人，有利于个人账户资金更加安全，收益更加稳健。对于市场准入机制，应尽量采取发挥市场自身约束机制的方法，逐步由审批制转变为审核制，最终过渡到发达国家登记注册制。[①] 除了设置机构、业务、管理人员等标准以外，还可要求管理机构提供持续的业绩报告、保证资本充足率及风险基金的提取等。同时，也需要对保险金融等参与主体的退出基金进行监管，这是及时控制与减少私营养老金基金投资运营的损失和实现私营养老金市场优胜劣汰的重要手段。在退出机制的设计中应以保护受益人为根本原则，谨慎处理批准终止、资产清算、业务交接等各环节事宜。[②]

最后，建立以风险为导向的监管。中国企业年金市场化投资仍处于起步阶段，采取的仍是数量限制监管模式[③]。通常而言，数量限制监管模式刚性较强，无法积极应对多变的经济环境和金融市场；投资工具较为单一，无法通过分散投资消除非系统性风险，不利于私营养老金的保值增值和资产的优化配置。而审慎性监管模式[④]的弊端在于其监管理念过于依赖详细的规则进行事后监管和非现场监督，与市场变化结合不紧密，不能及时鉴别风险。因此，应当引进风险导向型监管理念，它是基于风险控制的金融监管理念，即监管要有事先性、及时发现、避免并干涉可能出现的严重问题，防范系统性风险，一般包括风险确认、风险评估、监管实施和实施评价等环节。此外，私营养老金制度的有效监管还离不开信息披露机制和问责机制。有效的信息披露能够规避由于信息不对称所产生的道德风险和逆向选择。为了使受益人的投诉、质询得到解决，养老权益得到保障，需要建立一套从仲裁、申诉到责任追究、纠纷解决及补偿等完整的问责机制。

7.3.4 引导社会公众对私营养老金的正确认知

人们在做出与退休收益相关的决策时总是面临诸多障碍，导致难以做出最

①② 束丹．中国企业年金监管体制探讨［J］．中国市场．2014（12）．

③ 数量限制监管对年金治理、运作和绩效等具体方面都进行严格的数量限制，如通过直接限制特定资产的数量和比例而控制养老保险基金投资组合的整体风险。

④ 在审慎性监管模式下监管机构较少干预基金的日常活动，只在当事人提出要求或基金出现问题时才介入。

优决策。这一方面体现在人们对未来自身养老金需求缺乏合理的认知。通常而言人们总会低估自己的预期寿命，特别是女性比男性更容易对自身寿命造成低估，而且人们对收益存在时间偏好，与远期丰厚的收益相比，人们更倾向于选择近期较少的收益。此外，特别是在中国资本市场起步较晚，极大多数居民对养老金融还较为陌生。这些因素都可能导致社会公众对私营养老金制度的参与度。另一方面，与公共养老金制度相比，个人需要对私人养老金做出更多的决定，因为私营养老金的待遇主要取决于投资收益水平。通常来说，在雇主发起的企业年金和职业年金中，由于其具有的集体协商的性质，个人做出的决策会受到一些限制。特别是在个人养老金计划中，个人的选择性和灵活性更强，因此需要更高的财务技能才能就个人养老金计划（提供者）的选择，缴费水平，投资分配，支付时间和支付类型等方面做出合理的选择。

然而现实中人们常常缺乏金融知识和技能，短期行为明显，缺乏长期规划，存在盲从心理。因此，很多国家政策制定者已经认识到金融教育在支持个人做出养老计划选择方面的重要性，国家金融教育战略正变得越来越普遍。① 中国也应培养居民的养老规划意识和金融知识储备，各地政府部门应加强对居民养老规划的宣传力度，并结合地区情况制定合理的居民投资理财培训机构；同时，积极促进养老金融咨询业的发展，为老年人提供更好的金融咨询服务。

7.4　本章小结

本章首先根据 2014 年中国家庭追踪调查（CFPS）数据对中国家庭人均最大私营养老金缴费能力进行测算，结果发现除了低收入家庭以外，中国 3/4 以上家庭人均最大缴费水平占家庭人均收入 20% 以上，可见居民个人私营养老金缴费潜力较大。

通过对个人养老金计划养老储蓄账户的投资收益进行测算，发现其收益水平要远高于居民储蓄的收益率水平。面对当前中国居民存在大量的预防性储蓄的现实情况，笔者建议可将其转化为个人养老金账户资金进行长期投资。

① OECD pensions outlook 2016. 2016：135. [2018－02－14]. http：//www. oecd. org/pensions/oecd－pensions－outlook－23137649. htm.

由于中国大多数居民都有参加私营养老金缴费的能力，而且私营养老金通过长期投资具有很大的保值增值潜力，因此笔者基于养老金可持续发展和多支柱分散风险的角度而言提出了构建中国多支柱养老金制度的整体框架并提出了促进私营养老金发展的相关政策建议。

第 8 章
研究结论及不足

8.1　本书主要结论

第一，从理论上来说，结构优化的多支柱养老金体系既能够更好地实现养老保障在个人、企业、政府和市场等主体中的权责分配，又能够实现不同制度模式和保障目标的优劣互补，在确保“底线公平”的前提下达到效率最大化。具体而言，就不同主体责任承担方面，在结构优化的多支柱养老金体系中，个人在养老保障领域的自由选择权，养老偏好，自我保障的责任（作用）得到最大程度的发挥；市场机制不仅可以充当个人获得自我保障的媒介，也可以充分发挥在养老金投资方面保值增值作用。政府为个人自我保障和市场机制保障作用的发挥提供良好的制度环境，并为社会公众提供满足其基本生活需求的有限保障。就公平与效率而言，多支柱养老金体系的“不同支柱”或“不同层次”可以分别承担实现“底线公平”或“效率”的保障功能，不同养老金制度模式也可以在多支柱体系中实现优劣互补和优化组合，从而达到公平与效率的协调。

第二，从实践角度而言，多支柱养老金制度只有充分而又恰当地发挥不同责任主体的保障作用，合理设计不同养老金支柱的保障目标、保障功能才能够真正地发挥多支柱养老金制度的优势作用。OECD 国家养老金结构改革即是改

变政府在养老金领域权力及负担过重问题，通过大力发展私营养老金引导个人、市场充分发挥在养老领域的作用，同时通过对不同养老金支柱之间，甚至同一支柱内部的保障目标及功能，保障模式的调整达到平衡“底线公平”与效率的目的。结合 OECD 改革实践以及中国现实情况，得出如下启示：在养老金改革中应充分发挥个人自我保障责任和市场机制的保障作用，注重不同保障目标和功能的优化组合以及对于贫困老年群体的底线保障作用。

第三，针对当前中国多支柱养老金结构特征、成因及其可能产生的后果进行探究。总体结论是当前中国并未形成真正意义上的多支柱养老金体系，中国养老金结构失衡其实质是公私养老金发展的失衡，失衡主要体现在，三个支柱覆盖人群比例失衡、三个支柱积累的养老金资产失衡、公、私养老金在退休者收入中占比失衡等三个方面。结构失衡主要是由于计划经济时代背景及原有的国家保险制度的负面影响，养老金制度改革的目标取向和政策方案方面存在弊端，政府税收优惠等相关法规发展滞后，政府在养老金制度领域权责失当等原因引起的。结构失衡将会导致养老金制度公平性差，养老金制度可持续性堪忧，个人的自由和责任得不到充分发挥，市场机制的保障作用得不到充分发挥等后果。

第四，以降低企业基本养老保险缴费为切入口，通过养老金方案假设和情景模拟分析，探究一条既可降低基本养老保险缴费，同时又不影响当前基础养老金给付的更为有效率的公共养老金改革方案。具体而言，首先利用实证数据测算出中国企业最大的社会保险和养老保险缴费能力。结果显示，从地区和企业性质来看，除了东部地区，股份有限公司以外，其余大部分地区和大多数企业都不能承受当前的社会保险和养老保险缴费。其次，在对企业缴费率和养老金方案进行不同假设的前提下，经过测算发现在年均投资收益率仅为 3% 的情况下，企业划入个人账户 10% 的缴费率，代表性职工从个人账户获得的总收益额甚至大于企业向统筹基金缴费 20% 时职工代表所获得的统筹养老金总收益额。从而得出企业按照 10% 的比例缴费存入职工个人账户（方案 1）与企业按照 20% 的比例缴费划入统筹账户（方案 2），所有职工代表获得的收益总和是相等的，但同一职工代表在两个方案所获得的收益额却有很大差别，其中方案 1 退休收入与缴费联系更紧密，激励性更强。最后，基于中国个人账户“空账”的现实问题，推行基金积累制的“大个人账户”的制度可行性较差，而

“名义账户”制不仅具有与基金制个人账户类似的激励机制，同时也会获得“生物回报率”收益，能够进一步优化与采取基金制的私营养老金的投资组合，达到分散风险的目的。故主张采取“名义账户制”作为基金制个人账户的替代。

第五，继公共养老金改革方案之后，本书着重探讨了中国私营养老金制度发展和构建问题。首先，通过实证数据对中国家庭人均最大私营养老金缴费能力进行测算，结果发现除了低收入家庭以外，中国3/4以上家庭人均最大缴费水平占家庭人均收入20%以上。由此得出，在中国鼓励私营养老金发展具有潜在的资金基础。其次，在方案假设前提下，通过设定不同的缴费和投资年限的个体代表进行情景模拟分析，并对投资收益率采取随机波动等方式，来预测个人在退休时点养老储蓄账户总本息额，并将其与个人银行储蓄存款的收益率进行比较，发现个人养老金计划以及具有类似性质的企业年金计划具有更高的收益额。

第六，提出了中国多支柱养老金结构调整的总体规划及相关政策建议。本书提出中国多支柱养老金结构调整的总目标是在以政府为社会公众提供最基本保障的基础上，最大程度上追求个人的自由（责任），同时在不同支柱的设计过程中本着优化组合的原则。具体制度调整如下：（1）第一支柱实施“小统筹+大个人名义账户制”并加强公共养老保障安全网建设；（2）通过相关政策鼓励企业将降低的部分统筹养老金缴费为员工建立实账积累的企业年金制度，构成第二支柱；（3）针对未被企业年金所覆盖的就业人员以及非就业群体实施个人养老金计划，形成第三支柱。对此，进而提出了促进基础养老金结构调整和私营养老金发展的相关政策建议。

8.2 可能的创新点及研究不足

8.2.1 可能的创新点

本书可能的创新点有以下五方面：

第一，以个人的自由（权利）为分析起点，进而延展到从政府与市场的关系、公平与效率等角度来论证多支柱养老金制度建立的必要性，从而进一步丰富了构建多支柱养老金制度的理论基础。

第二，结合OECD国家养老金结构改革实践剖析了多支柱养老金制度应如何发展和配置能够使多支柱养老金优势作用得到发挥，养老金制度变得更加可持续。

第三，结合中国养老金制度改革和发展的特有时代背景探究了养老金制度结构失衡的成因以及从个人自由与责任、政府与市场的关系、公平与效率等角度来探究结构失衡带来的后果。

第四，从中国基础养老金企业缴费率过高从而抑制私营养老金发展作为切入点，基于情景模拟和实证测算寻找出在不降低基本养老保险待遇水平的前提下降低企业基本养老保险缴费率的公共养老金改革方案。

第五，从多支柱养老金制度整体结构优化的视角提出了多支柱养老金结构改革的规划和优化多支柱养老金结构发展的相关政策建议。

8.2.2 研究不足及研究展望

由于本人学识有限以及精力不足等原因，本书可能在以下几个方面存在缺憾和不足：

第一，对于基础养老金职工代表在不同养老金方案下所获得的退休收益额的测算方法还比较粗浅。在测算中对一些基本假设，如参加工作年龄、死亡年龄、投资收益率等规定得比较刚性，没能形成动态化的预测结果。

第二，在对多支柱养老金调整的规划中，没能形成一个完整的各个支柱的养老保障量化设计和目标，如企业年金和个人养老金计划缴费多少年、回报率多少才能达到30%或者35%的替代率、加上第一支柱替代率后退休收入合计应该替代率是多少等问题在本书中并没能得到有效的解决。

第三，促进私营养老金发展的相关政策建议仍不够具体。由于笔者的学识和阅历等原因，没能提出促进私营养老金发展更为具体可行的方案，仍是处于比较宏观的政策建议层面。

此外，关于多支柱养老金结构优化仍有很多重要问题有待探究，如企业和

个人公共养老金缴费率对私营养老金发展的影响，公共养老金替代率对私营养老金发展的影响，以及在不同的经济发展水平下公私养老金缴费率和替代率合意比率问题等。在今后的工作和学习中，本人将继续深入思考以上问题，以期为中国养老金制度的健康持续发展和多支柱养老金体系的构建略尽绵薄之力。

参考文献

[1] Beetsma R M W J, Romp W E, Vos S J. Voluntary participation and intergenerational risk sharing in a funded pension system [J]. European Economic Review, 2012, 56 (6): 1310 - 1324.

[2] Bovenberg A L, Ewijk C V, Westerhout E W M T. The Future of Multi - Pillar Pensions [J]. Casper Ewijk, 2012, 10 (4): 16 - 20.

[3] Brunelli M. Slovenian Pension System in the Context of Upcoming Demographic Developments [J]. Fuzzy Sets & Systems, 2011, 176 (1): 76 - 78.

[4] Chybalski F. The Multidimensional Efficiency of Pension System: Definition and Measurement in Cross - Country Studies [J]. Social Indicators Research, 2016, 128 (1): 15 - 34.

[5] Clark G L, Urwin R. Best - practice pension fund governance [J]. Journal of Asset Management, 2008, 9 (1): 2 - 21.

[6] Deken J J D. Belgium: the Paradox of Persisting Voluntarism in a Corporatist Welfare State [J]. Varieties of Pension Governance Pension Privatization in Europe, 2011.

[7] Ebbinghaus B, Gronwald M. The Changing Public - Private Pension Mix in Europe: From Path Dependence to Path Departure [J]. Buchkapitel, 2011.

[8] Sarfati H. Ebbinghaus, Bernhard (comps.). The Varieties of Pension Governance - Pension Privatization in Europe [J]. Revista Internacional De

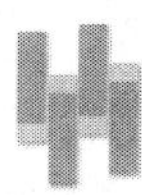

Seguridad Social, 2013 (66): 145 - 148.

[9] Fox L, Palmer E. New Approaches to Multipillar Pension Systems: What in the World is Going On? [J]. New Ideas About Old Age Security, 2000, 20 (2): 73 - 75.

[10] Francese M, Franco D, Tommasino P. Public Pension Reform in Europe and the USA [J]. Ssrn Electronic Journal, 2012.

[11] HELMUT WAGNER. Pension Reform in the New EU Member States: Will a Three - Pillar Pension System Work? [J]. Eastern European Economics, 2005, 43 (4): 27 - 51.

[12] Hinrichs K, Jessoula M. Labour Market Flexibility and Pension Reforms [M]. Palgrave Macmillan, 2012.

[13] Hippe T. Vanishing Variety?: the Regulation of Funded Pension Schemes in Comparative Perspective [J]. Governance of Welfare State Reform, 2007.

[14] Ionescu O C, Jaba E. The Evolution and Sustainability of Pension Systems the Role of the Private Pensions in Regard to Adequate and Sustainable Pensions [J]. Journal of Knowledge Management Economics & Information Technology, 2013 (3): 13.

[15] Knell M. The Austrian System of Individual Pension Accounts - An Unfinished Symphony [J]. Monetary Policy & the Economy, 2014 (4): 47 - 62.

[16] Knoef M, Been J, Alessie R, et al. Measuring retirement savings adequacy in Australia [J]. Jassa 20B.

[17] Pension Economics & Finance. Labour Market Statistics, http://stats.oecd.org/Index.aspx? DataSetCode = STLABOUR, 2016, 15 (1): 55 - 89.

[18] Monika, Queisser. The World Bank The Swiss Mmlti - pillar Pension System: Triumph of Common Sense? [J]. Social Science Electronic Publicing, 2016.

[19] Naczyk M, Domonkos S. The Financial Crisis and Varieties of Pension Privatization Reversals in Eastern Europe [J]. Governance, 2016, 25 (2).

[20] Naczyk M, Domonkos S. The Financial Crisis and Varieties of Pension Privatization Reversals in Eastern Europe [J]. Governance, 2015, 29 (2).

[21] Natali D. Lessons from the UK: When Multi – Pillar Pension Systems Meet Flexible. Labour Market Flexibility and Pension Reform [M]. Palgrave. Macmillan, London, 2012: 125 –154.

[22] Natali D. Public/Private Mix in Pensions in Europe: The Role of State, Market and Social Partners in Supplementary Pensions [J]. Social Science Electronic Publishing, 2013.

[23] OECD Data, https: //data. oecd. org/earnwage/average – wages. htm.

[24] OECD Data, https: //data. oecd. org/pop/elderly – population. htm.

[25] OECD Data, https: //data. oecd. org/socialexp/pension – spending. htm.

[26] OECD. Pensions Outlook 2012. [EB/OL]. P16. https: //www. keepeek. com//Digital – Asset – Management/oecd/finance – and – investment/oecd – pensions – outlook –2012_9789264169401 – en#. WqVO8S_4SKI#page3.

[27] OECD pensions outlook 2014.

[28] OECD Pensions Outlook 2016. https: //www. keepeek. com//Digital – Asset – Management/oecd/finance – and – investment/oecd – pensions – outlook – 2016_pens_outlook –2016 – en#. WqdC4y_4SKI#page3.

[29] OECD Private Pensions Outlook OECD. Pensions at a glance 2013 [EB/OL]. 2013. http: //www. oecd – ilibrary. org/finance – and – investment/pensions – at – a – glance –2013_pension_glance –2013 – en.

[30] OECD. Pensions at a Glance 2015 [EB/OL]. https: //www. keepeek. com//Digital – Asset – Management/oecd/social – issues – migration – health/pensions – at – a – glance –2015_pension_glance –2015 – en.

[31] OECD. Pensions at a glance 2017. http: //www. oecd. org/pensions/oecd – pensions – at – a – glance – 19991363. htm.

[32] OECD. Tax Database, http: //stats. oecd. org/index. aspx? DataSetCode =TABLE_I5#.

[33] Olivera J. Welfare, Inequality and Financial Consequences of a Multi – Pillar Pension System – A Reform in Peru [J]. Working Papers Department of Economics, 2009: 1 –31.

[34] Pedersen A W. The coverage with occupational pensions in Norway [J].

Oslo Fafo, 2000.

[35] Pension Markets in Focus 2016. http://www.oecd.org/finance/private-pensions/pensionmarketsinfocus.htm.

[36] Pension Sustainability Index, https://projectm-online.com/research/.

[37] Pensions at a glance 2011 Publishing O. Pensions at a glance 2011 [J]. Oecd Publishing, 2011.

[38] Queisser M, Vittas D. The Swiss Multi-Pillar Pension System: Triumph of Common Sense? [J]. Policy Research Working Paper, 2000.

[39] Sϕrensen O B, Billig A, Lever M, et al. The interaction of pillars in multi-pillar pension systems: A comparison of Canada, Denmark, Netherlands and Sweden [J]. International Social Security Review, 2016, 69 (2): 53-84.

[40] The 2015 pension adequacy report Wolf F, Zohlnhöfer R, Wenzelburger G. The Politics of Public and Private Pension Generosity in Advanced Democracies [J]. Social Policy & Administration, 2014, 48 (1): 86-106.

[41] Willmore L. Three Pillars of Pensions? A Proposal to End Mandatory Contributions [J]. Ssrn Electronic Journal, 2000.

[42] World Bank, http://data.worldbank.org.cn/indicator/SP.POP.DPND.OL.

[43] Xian Q H. Review of Theoretical Studies on Multi-pillar Pension System [J]. West Forum, 2011.

[44] Yermo J. The Role of Funded Pensions in Retirement Income Systems [J]. 교원교육, 2012, 31 (3): 67-88.

[45] [丹麦] 哥斯塔·埃斯平-安德森. 福利资本主义的三个世界 [M]. 苗正民, 等译. 北京: 商务印书馆. 2010.

[46] [德] 格尔哈德·帕普克. 知识、自由与秩序 [M]. 北京: 中国社会科学出版社. 2001: 136-137.

[47] [美] 戴维·罗默. 高级宏观经济学 [M]. 王根蓓, 译. 上海: 上海财经大学出版社, 2009.

[48] [美] 科克罗蒙. 防止老龄危机: 保护老年人及促进增长的政策 [M]. 北京: 中国财政经济出版社, 1996.

[49] [美] 维托·坦茨. 政府与市场：变革中的政府职能 [M]. 王宇，等译. 北京：商务印书馆，2014.

[50] [美] 约翰·罗尔斯. 正义论 [M]. 何怀宏，等译. 北京：中国社会科学出版社，2009.

[51] [印] 阿玛蒂亚·森. 正义的理念 [M]. 王磊，等译. 中国人民大学出版社，2012.

[52] [英] 大卫·布莱克. 养老金经济学 [M]. 北京：机械工业出版社，2014.

[53] [英] 弗里德里希·奥古斯特·哈耶克. 自由秩序原理 [M]. 北京：读书·生活·新知三联书店，1997.

[54] [英] 安东尼·吉登斯. 超越左与右：激进政治的未来 [M]. 李惠斌，杨雪冬，译. 北京：社会科学文献出版社，2000.

[55] [英] 安东尼·吉登斯. 第三条道路 [M]. 北京：北京大学出版社. 2000.

[56] [英] 弗里德里希·奥古斯特·哈耶克. 通往奴役之路 [M]. 冯兴元，等译. 北京：中国社会科学出版社，1997.

[57] [英] 弗里德里希·奥古斯特·哈耶克. 自由秩序原理（上）[M]. 邓正来，译. 北京：三联书店，1997：25.

[58] [英] 弗里德里希·奥古斯特·哈耶克. 自由秩序原理（下）[M]. 邓正来，译. 北京：三联书店，1997：8.

[59] [英] 霍布斯. 利维坦 [M]. 黎思复，黎廷弼，译. 北京：商务印书馆，2012.

[60] [英] 洛克. 政府论下 [M]. 叶启芳，瞿菊农，译. 北京：商务印书馆，2014.

[61] [英] 以赛亚·伯林. 自由论 [M]. 胡传胜，译. 南京：译林出版社，2011.

[62] [英] 罗伯特·霍尔茨曼，理查德·欣茨等. 21 世纪的老年收入保障—养老金制度改革国际比较 [M]. 郑秉文，等译. 北京：中国劳动社会保障出版社，2006.

[63] [英] 罗伯特·霍尔茨曼，爱德华·帕尔默. 名义账户制的理论与

实践［M］. 郑秉文，等译. 北京：中国劳动社会保障出版社，2017：22.

［64］亚里士多德. 亚里士多德全集（第8卷）［M］. 苗力田，译. 北京：中国人民大学出版社，1996：99－101.

［65］2015年社保统计公报［EB/OL］.［2018－01－15］. 新华网. http://news.xinhuanet.com/finance/2016－05/31/c_129030754.htm.

［66］埃斯特勒·詹姆斯，罗靖，林义. 国有企业、金融市场改革与养老保险制度改革的互动效应——中国如何解决老年保障问题？［J］. 经济社会体制比较，2003（3）：45－58.

［67］北京大学中国经济研究中心宏观组，易纲，汤弦，等. 中国社会养老保险制度的选择：激励与增长［J］. 金融研究，2000（5）：1－12.

［68］财政部，国家税务总局. 关于补充养老保险费 补充医疗保险费有关企业所得税政策问题的通知［EB/OL］.

［69］曹岁明. 福建省推行企业补充与个人储蓄性养老保险挂钩的做法［J］. 中国劳动，1993（1）：24.

［70］陈志武. 对儒家文化的金融学反思［J］. 制度经济学研究，2007（1）.

［71］陈志武. 儒家文化、金融发展与家庭定位［J］. 社会科学论坛，2013（7）.

［72］成海军. 计划经济时期中国社会福利制度的历史考察［J］. 当代中国史研究. 2008（5）.

［73］成欢，林义. 调动市场功能构建多层次养老保险体系［J］. 中国社会保障，2014（3）.

［74］邓正来. 国家与社会——中国市民社会研究［M］. 成都：四川人民出版社，1998.

［75］董克用，孙博. 从多层次到多支柱：养老保障体系改革再思考［J］. 公共管理学报，2011，08（1）：1－9.

［76］董克用，姚余栋，孙博. 中国养老金融发展报告（2016）［M］. 北京：社会科学文献出版社，2016.

［77］董克用，姚余栋，孙博. 中国养老金融发展报告（2017）［M］. 北京：社会科学文献出版社，2017：51.

[78] 董克用，孙博，张栋．“名义户制”是我国养老金改革的方向吗——瑞典“名义账户制”改革评估与借鉴［J］．社会保障研究．2016（4）．

[79] 封进．中国养老保险体系改革的福利经济学分析［J］．经济研究，2004（2）：55－63．

[80] 封进．中国城镇职工社会保险制度的参与激励［J］．经济研究，2013（7）：104－117．

[81] 冯兴元．福利国家的深层困境与替代方案［J］．人民论坛·学术前沿．2015（9）．

[82] 高庆波．中国多支柱养老保险制度发展路径探讨［J］．北京工业大学学报（社会科学版），2016，16（6）：26－35．

[83] 国家财政部，人社部及税务总局．关于企业年金职业年金个人所得税有关问题的通知［EB/OL］．

[84] 国家税务总局．关于企业年金个人所得税征收管理有关问题的通知［EB/OL］．

[85] 国家统计局．全国人口普查公报．［2018－02－26］．http：//www.stats.gov.cn/tjsj/tjgb/rkpcgb/qgrkpcgb/201209/t20120921_30330.html．

[86] 韩克庆．名义账户制：养老保险制度改革的倒退［J］．探索与争鸣．2015（5）．

[87] 何水．哈耶克福利国家危机观评析［J］．武汉大学学报（哲学社会科学版），2009（1）：112－117．

[88] 胡晓义．中国养老金发展报告序言［C］．郑秉文主编《中国养老金发展报告（2016）》，北京：经济管理出版社，2016．

[89] 李秉勤等．欧美福利制度［M］．北京：中国社会出版社，2011．

[90] 李连芬，刘德伟．我国养老金“多支柱”模式存在的问题及改革方向［J］．财经科学，2011（3）：108－116．

[91] 李曜，史丹丹．智利社会保障制度［M］．上海：上海人民出版社．2009．

[92] 李珍．建立多层次多支柱老年收入保障体制的若干思考［J］．行政管理改革，2014（1）：17－21．

[93] 梁君林，余涛．养老保险基金模式选择的经济分析［J］．江西财经大

学学报，2004（2）：49－51.

［94］廖申白．西方正义概念：嬗变中的综合［J］．哲学研究．2002（11）．

［95］刘昌平．养老金制度变迁的经济学分析［M］．中国社会科学出版社，2008.

［96］鲁全．养老金制度模式选择论——兼论名义账户改革在中国不可行性［J］．中国人民大学学报．2015（3）．

［97］刘芸．公平与共享：我国养老保障体系的失衡性剖析与制度调整［J］．温州大学学报：社会科学版，2017，30（2）：24－37.

［98］柳如眉，柳清瑞．人口老龄化、老年贫困与养老保障——基于德国的数据与经验［J］．人口与经济．2016（2）．

［99］柳玉臻．中国多支柱养老保险体系构建初探——基于加拿大的经验分析与启示［J］．社会建设，2016（2）：56－65.

［100］马光荣，周广肃．新型农村养老保险对家庭储蓄的影响：基于CFPS数据的研究［J］．经济研究．2014（11）．

［101］米尔顿·弗里德曼．资本主义与自由［M］．张瑞玉，译．北京：商务印书馆，2009：207－208.

［102］缪艳娟．我国三支柱养老保险体系的重构［J］．扬州大学学报（人文社会科学版），2012，16（1）：33－38.

［103］人力资源和社会保障部．［2018－02－28］．1998年劳动和社会保障事业发展年度统计公报［OL］．http：//www.mohrss.gov.cn/SYrlzyhshbzb/zwgk/szrs/tjgb/200602/t20060207_69891.html.

［104］人力资源和社会保障部．［2018－02－20］．2016年度人力资源和社会保障事业发展统计公报．http：//www.mohrss.gov.cn/SYrlzyhshbzb/zwgk/szrs/tjgb/201705/W020170531358206938948.pdf.

［105］人力资源和社会保障部．［2018－02－28］．关于1993年劳动事业发展的公报［OL］．http：//www.mohrss.gov.cn/SYrlzyhshbzb/zwgk/szrs/tjgb/200602/t20060207_69882.html.

［106］人力资源社会保障部．全国企业年金基金业务数据摘要2015年度［EB/OL］．［2017－12－30］．http：//www.mohrss.gov.cn/gkml/xxgk/201603/

W020160331605955093652. pdf. P30.

[107] 人民日报. [2017 - 12 - 30]. http://www.cnr.cn/gundong/201209/t20120911_510880950.shtml.

[108] 人社部社会保险事业管理中心. 中国社会保险发展年度报告2016. 北京: 中国劳动社会保障出版社. 2017: 4.

[109] 申曙光, 孟醒. 社会养老保险模式: 名义账户制与部分积累制 [J]. 行政管理改革, 2014 (10): 34 - 37.

[110] 束丹. 中国企业年金监管体制探讨 [J]. 中国市场. 2014 (12).

[111] 孙帮俊. 中东欧国家养老金制度改革研究 [D]. 北京: 中国社会科学院研究生院. 2016.

[112] 孙博, 吕晨红. 不同所有制企业社会保险缴费能力比较研究 [J]. 江西财经大学学报. 2011 (1).

[113] 孙静. 多支柱养老社会保障的责任分担机制研究 [J]. 财政研究, 2005 (7): 48 - 50.

[114] 孙祁祥, 锁凌燕, 郑伟. 社保制度中的政府与市场——兼论中国PPP导向的改革 [J]. 北京大学学报 (哲学社会科学版), 2015, 52 (3): 28 - 35.

[115] 孙祁祥, 王国军, 郑伟. 中国养老年金市场未来发展战略与政策建议: 2013—2023年 [J]. 审计与经济研究, 2013, 28 (5): 3 - 13.

[116] 孙祁祥, 肖志光. 社会保障制度改革与中国经济内外再平衡 [J]. 金融研究, 2013 (6): 74 - 88.

[117] 孙祁祥, 郑伟. 中国养老年金市场: 发展现状、国际经验与未来战略 [M]. 经济科学出版社, 2013.

[118] 孙涛, 黄少安. 非正规制度影响下中国居民储蓄、消费和代际支持的实证研究 [J]. 经济研究, 2010年 (增刊).

[119] 宋晓梧. 企业社会保险缴费成本与政策调整取向 [J]. 社会保障评论, 2017 (1).

[120] 田德文. 金融危机背景下的英国社会改革 [J]. 当代世界与社会主义, 2012 (5).

[121] 万树, 蔡霞. 基本养老保险基金: 做实账户制还是名义账户制?

[J]. 南京审计学院学报, 2014, 11 (4): 75 - 82.

[122] 王国新, 向雪. 人口老龄化进程中我国养老保险制度存在的问题及对策研究 [J]. 新疆社会科学, 2015 (2): 134 - 139.

[123] 王朝才, 刘军民. 意大利养老金制度改革考察报告 [J]. 地方财政研究, 2012 (10): 72 - 80.

[124] 王海明. 伦理学与人生 [M]. 上海: 复旦大学出版社, 2009.

[125] 王海明. 平等新论 [J]. 中国社会科学, 1998 (5).

[126] 王延中. 中国社会保险基金模式的偏差及其矫正 [J]. 经济研究, 2001 (2): 20 - 28.

[127] 王延中, 王俊霞. 重构我国社会保险管理体制 [J]. 中国社会保障, 1998 (3): 10 - 13.

[128] 王延中. 打造双层多支柱制度, 破解养老保障难题 [J]. 中国党政干部论坛, 2014 (3): 49 - 52.

[129] 王延中. 加快企业年金发展的思路及对策 [J]. 中国经贸导刊, 2003 (11): 26 - 27.

[130] 王延中. 建立双层多支柱养老保障体系 [J]. 中国社会保障, 2013 (11).

[131] 王延中. 中国社会保险基金模式的偏差及其矫正 [J]. 经济研究, 2001 (2): 20 - 28.

[132] 王延中. 建立基础整合的社会养老保障制度体系 [C]. 中国改革论坛, 2009.

[133] 王延中等. 推动社会保障制度更加成熟定型可靠 [J]. 中国社会保障, 2015 (5): 10 - 15.

[134] 王宇. 谦卑地站在市场之外——《政府与市场: 变革中的政府职能》译者序 [J]. 当代金融家, 2014 (8): 102 - 105.

[135] 冼青华. 多支柱养老保险体系理论研究综述 [J]. 西部论坛, 2011, 21 (3): 42 - 48.

[136] 谢彦, 陈舒超. 中国与瑞典多支柱社会养老保险制度对比研究 [J]. 辽宁行政学院学报, 2012 (10): 94 - 95.

[137] 辛本禄, 蒲新微. 在自发性、诱致性与强制性之间——多支柱养

老保障模式的制度分析及建构［J］. 学习与探索，2005（5）：124－126.

［138］许志涛，丁少群. 各地区不同所有制企业社会保险缴费能力比较研究［J］. 保险研究，2014（4）.

［139］杨帆，郑秉文，杨老金. 中国企业年金发展报告［M］. 北京：中国劳动社会保障出版社，2008.

［140］杨华. 完善我国多支柱养老保障体系的思考——基于我国养老资产充足性的分析［J］. 新疆财经，2016（3）：5－10.

［141］袁志刚. 中国养老保险体系选择的经济学分析［J］. 经济研究，2001（5）：13－19.

［142］张民省. 瑞典的多支柱养老保险金制度及启示［J］. 中国行政管理，2008（10）：83－86.

［143］赵春明，郑海燕. 美国社会福利保障体制改革及对我国的启示［J］. 亚太经济，2000（5）：25－27.

［144］赵海珠. 企业社会保险缴费就业效应分析［D］. 首都经济贸易大学，2017：99.

［145］郑秉文，郭倩. 拉脱维亚"名义账户制"运行十年的政策评估——兼评三支柱体系的架构设计［J］. 俄罗斯东欧中亚研究，2006（5）：38－46.

［146］郑秉文，胡云超. 英国养老制度改革"市场化"取向的经验与教训［J］. 辽宁大学学报（哲学社会科学版），2003，31（4）：93－101.

［147］郑秉文."福利模式"比较研究与福利改革实证分析——政治经济学的角度［J］. 学术界，2005（3）：31－46.

［148］郑秉文. OECD 国家社会保障制度改革及其比较［J］. 经济社会体制比较，2004（5）：111－123.

［149］郑秉文. 第三支柱商业养老保险顶层设计：税收的作用及其深远意义［J］. 中国人民大学学报，2016，V30（1）：1－11.

［150］郑秉文. 养老保险"名义账户"制的制度渊源与理论基础［J］. 经济研究，2003（4）：63－71.

［151］郑秉文. 中国社会保障制度 60 年：成就与教训［J］. 中国人口科学，2009（5）：2－18.

［152］郑秉文."名义账户制"：中国养老保障制度的一个理性选择

[M]. 郑秉文自选集（下卷）. 北京：人民出版社 . 2014：1288.

[153] 郑秉文 . 从做实账户到名义账户——可持续性与激励性 [J]. 开发研究 . 2015 (3).

[154] 郑秉文 . 建立社会保障“长效机制”的 12 点思考——国际比较的角度 [J]. 管理世界，2005 (10)：58 - 66.

[155] 郑秉文 . 欧亚六国社会保障“名义账户”制利弊分析及其对中国的启示 [J]. 世界经济与政治，2003 (5).

[156] 郑秉文 . 社保基金投资体制要加速改革 [OL]，经济参考报 [N]. [2018 - 03 - 04]. http：//news. sina. com. cn/c/2015 - 07 - 31/080632162833. shtml.

[157] 郑秉文 . 社会权利：现代福利国家模式的起源与诠释 [J]. 山东大学学报（哲学社会科学版），2005 (2)：1 - 11.

[158] 郑秉文 . 中国企业年金发展滞后的政策性因素分析——兼论“部分 TEE”税优模式的选择 [J]. 中国人口科学，2010 (2).

[159] 郑秉文 . 中国养老金发展报告 (2012) [M]. 北京：经济管理出版社，2012.

[160] 郑秉文 . 中国养老金发展报告 (2014) [M]. 北京：经济管理出版社，2014.

[161] 郑秉文 . 中国养老金发展报告 (2015) [M]. 北京：经济管理出版社，2015.

[162] 郑秉文 . 中国养老金发展报告 (2016) [M]. 北京：经济管理出版社，2016.

[163] 郑秉文 . 中国养老金发展报告 (2017) [M]. 北京：经济管理出版社，2017.

[164] 郑秉文 . 中国养老金精算报告 (2018—2022) [M]. 北京：中国劳动社会保障出版社，2017.

[165] 郑春荣 . 英国社会保障制度 . 上海：上海人民出版社，2012.

[166] 郑功成 . 从政府集权管理到多元自制管理——中国社会保险组织管理模式的未来发展 [J]. 中国人民大学学报 . 2004 (5).

[167] 郑功成 . 从政府集权管理到多元自制管理——中国社会保险组织管

理模式的未来发展［J］．中国人民大学学报．2004（5）．

［168］郑功成．推进中国社会保障改革的几点思考［J］．中国软科学．2001（4）．

［169］郑功成．中国社会保障改革与制度建设［J］．中国人民大学学报，2003，17（1）：17－25．

［170］郑伟，陈凯，林山君．中国养老保险制度中长期测算及改革思路探讨（研究报告），2013．

［171］郑伟等．中国养老保险制度中长期测算及改革思路探讨［C］．发展中的中国：2010年全国人口普查研究论文集．2013－12．

［172］中国社会科学院经济研究所社会保障课题组，朱玲．多轨制社会养老保障体系的转型路径［J］．经济研究，2013（12）：4－16．

［173］周弘．30国（地区）社会保障制度报告［M］．北京：中国劳动社会保障出版社，2011．

［174］周平轩．论公平与效率［M］．济南：山东大学出版社，2014：38．

［175］朱俊生．福利还是自由？一个重大的抉择［J］．理论视野，2012（12）：37－39．

［176］朱俊生．提升自我保障能力：养老保险改革新思维［J］．老龄科学研究，2013，1（2）：22－28．

［177］朱俊生．发展商业养老保险 完善养老金体系［N］．中国保险报，2017－08－09．

［178］朱晓，范文婷．中国老年人收入贫困状况及其影响因素研究［J］．北京社会科学．2017（1）．

后　记

本书是在我的博士论文基础上修改而成的。转眼间，我已经从教一年有余。回首读博生涯，我真的有好多人要感谢，他们对我的善意和帮助，让我永远铭记于心。由于笔墨有限，所提及的人及所表达出的谢意远不及于心。

首先，我非常感谢我的导师朱俊生教授。不仅感谢他在学术上对我的指导、帮助和鼓励，也非常感谢他在人生方向上对我的指引，生活上对我的关照，为人处世上对我潜移默化的积极影响，更感谢他以博大胸襟和关爱之情包容我的诸多缺点。朱老师是我一生为人处世的榜样，六年的师生情更使我永志难忘！

其次，我要感谢我的同门师姐。赵海珠师姐虽然远在广州，但每当我论文写作遇到困难以及生活遇到困扰时都会给她打电话向她倾诉一番，她每次都会耐心的倾听，给予我温暖的鼓励和真诚的建议。张瑞红姐姐虽然是我下一届的博士师妹，然而早已经是大学教师的她善良、成熟、细心而又热心，在学习和生活上给予我诸多关照。同时，我还要感谢其他已经毕业和即将毕业的师兄、师姐妹，感谢你们在学习上和生活上对我的热心帮助。对于生活在这样一个简单、温暖、有爱的同门集体中使我一直心存感激。

再次，我要感谢在我学习和论文写作中给予我各种帮助的老师、同学及好友。非常感谢劳动经济学院杨河清老师、童玉芬老师、黎煦老师、吕学静老师、纪韶老师、张琪老师、亓昕老师、陈红老师、江华老师等在我博士学习阶段对我的教导和帮助。在我论文开题及预答辩过程中，仇雨临老师、易定红老

师、万海远老师、王延中老师、吕学静老师、纪韶老师、刘冠军老师等都提出了非常宝贵的意见，在此表示诚挚的感谢！感谢我的舍友刘新春、张琳和杨洁，和你们一起度过的日子是那样的温馨和美好！感谢劳经学院的刘晖师兄、廖宇航师兄以及同学郭鑫鑫、王静文、康蕊、惠建国、刘仁宝等，感谢你们在学习上和生活上对我的热心帮助。感谢我的老同学马骥在学习上和人生规划上给予我的真诚建议。感谢Doc免费教我英语和对我生活烦恼的开导。

最后，我要感谢我的父母、妹妹和弟弟。尽管文化程度和所处地域限制了父母的眼界，甚至父母在我眼中已不像在我小时候那样高大。然而，父母对于我们已经倾尽所有，他们尊重我的选择，鼓励和支持我在求学之路不断前行。至今，已经不再年轻的父母仍在辛勤劳作。作为他们的长女未能早日谋生敬养他们，而如今又身在异乡工作，使我深感愧疚。同时，也感谢我的妹妹和弟弟对我的理解和支持！

博士生涯已然结束，如今初为人师的我，切身体会到了为师的不易与艰辛，但也更感受到了学生取得进步时发自内心的幸福与喜悦。我很热爱教师这份职业，我将带着大家的爱、关怀与期望努力前行，并努力将爱与关怀传递下去！

袁铎珍

2019年9月于河北师范大学